사람과 시간을 최상으로 활용하는

# 프로젝트 관리

J. 데이빗슨 프레임 지음 | 양기영 · 한경수 옮김 | 박영민 감수

**HANEON.COM**

사람과 시간을 최상으로 활용하는 프로젝트 관리

펴  냄   2006년 1월 1일 1판 1쇄 박음 / 2012년 1월 15일 1판 2쇄 펴냄
지은이   J. 데이빗슨 프레임
옮긴이   양기영 · 한경수
펴낸이   김철종
펴낸곳   (주)한언
         등록번호 제1−128호 / 등록일자 1983. 9. 30
주  소   서울시 마포구 신수동 63−14 구 프라자 6층(우 121−854)
         TEL. 02-701-6616(대) / FAX. 02-701-4449
책임편집  김훈태
디자인   이지선
홈페이지  www.haneon.com
e-mail   haneon@haneon.com
         이 책의 무단전재 및 복제를 금합니다.
         잘못 만들어진 책은 구입하신 서점에서 바꾸어 드립니다.

ISBN 978-89-5596-304-5   03320

사람과 시간을 최상으로 활용하는
# 프로젝트 관리

## Managing Projects In Organizations

Authorized translation from the English language edition published by Jossey-Bass Inc., publishers.

훌륭한 프로젝트 관리는 당신의 유능함을 더욱 돋보이게 할 것입니다.

TO

FROM

# 이 책은 누가 읽어야 하는가?

이 책은 프로젝트 관리를 위한 입문서이다. 필자는 독자들이 이 책을 쉽고 부담 없이 읽을 수 있도록 구성했으며 프로젝트 관리시 중요한 문제를 찾아볼 수 있도록 배려했다.

이 책은 정보화시대에 살면서 부여된 프로젝트에 관한 도구를 찾고자하는 지식노동자를 위해 씌어졌다. 그들 대다수는 유형의 물질을 다루기보다는 사무직 종사자, 교육자, 정보시스템 관리자, R&D 종사자, 변호사, 작가, 예산편성자 등과 같이 정보를 다루는 사람들이다. 이런 사람들은 일반적으로 작업에서 책임을 져야 하는 위치에 있는 경우가 많다. 그들은 일상적인 작업을 수행하면서 뛰어난 구상력과 조직 능력을 필요로 하는 프로젝트의 책임을 맡게 된다.

# 프로젝트 관리가 왜 중요한가?

프로젝트는 두 가지 관점에서 '일회적인 업무'로 받아들여진다. 첫째, 프로젝트 관리는 최근까지 사람들이 의식적으로 추구하는 직업이 아니었다. 어떤 아이도 "네가 어른이 되었을 때 무슨 직업을 갖기를 바라니?"라는 질문에 "프로젝트 관리자요"라고 대답하지 않는다. 사람들은 우연히 프로젝트 관리 책임을 맡았다가 별 의도 없이 프로젝트 관리자가 된다.

프로젝트 관리가 일회적인 업무인 두 번째 이유는 프로젝트 수행에 관한 지식이 체계적으로 만들어지기보다는 시행착오를 통해 얻어지기 때문이다. 업무에 대한 공식적인 준비물이 거의 없기 때문에 프로젝트 관리자는 프로젝트 관리의 기본적인 교훈을 재창안하기 시작한다. 흔히 시행착오는 값비싼 실수를 초래한다. 하지만 초보 프로젝트 관리자들이 그들의 본분을 지킨다면, 이런 실수들을 경험으로 기록하여 미래에는 그것을 피할 수 있다. 이런 과정을 5년 내지 10년 동안 계속한다면 그 초보자는(그 사람이 이렇게 오랫동안 견뎌낸다면) 계절적 업무의 상태를 끝내게 될 것이다.

최근의 프로젝트에서는 사고의 수준을 줄이는 커다란 진보가 이루어졌다. 1980년대 후반 무렵부터 조직의 주요 의사결정자들은 프로젝트 관리 접근법이 오늘과 같은 혼돈의 시대에 바람직한 결과를 얻는 데 도움을 준다고 인식하기 시작했다. 아마도 톰 피터스 *Tom Peters*의 《해방경영 *Liberation Management*》덕분에 프로젝트 관리에 대한 새로운 관심이 일어나게 된 것 같다. 이 책에서도 저명한 경영사상가 한 명은 '프로젝트 관리는 이 소란스러운 시대에서 생존하기 위한 열쇠'라고 단정적으로 진술했다.

현재 프로젝트 관리는 중심단계에 이르렀다. 기업들은 프로젝트 관리 과정에서 발생하는 사고를 줄이기 위해 종업원에게 프로젝트 관리 기술을 더 체계적으로 학습할 것을 요구하기 시작했다. 이런 흐름을 주도해 온 기업은 정보화시대의 요구를 반영하는 새로운 프로젝트 관리 교과과정을 만들기 위해 애쓴 AT&T라는 회사다. AT&T는 새로운 프로젝트 관리 교과과정으로 수천 명의 종업원을 훈련시켰다.

AT&T는 또한 종업원이 공인 프로젝트 관리전문가가 되게 하여 프로젝트 관리에 몰입하도록 격려했다. 이런 공인프로그램은 비영리단체인 프로젝트관리협회(PMI)에 의해 1984년에 개발되었으나 AT&T 종업원들이 공인자격증을 받기까지 대중적 관심은 그다지 높지 않았다. PMI의 공인프로그램이 시작된 처음 6년 동안에는 단지 350명만이 인증을 받았다. 그러나 AT&T가 개입한 지 5년이 지난 뒤에는 3천 명의 인원이 인증명단에 추가되었고, 이 숫자는 기하급수적으로 증가하기 시작했다.

오늘날 많은 기업들은 프로젝트 관리능력을 향상시키기 위해 성실하게 활동하고 있다. 그런데 이런 노력들이 모든 분야에서 일어나고 있다는 것이 흥미롭다. 이 중 몇몇은 건설, 우주항공, 방위산업과 같은 전통적인 프로젝트 지향적 산업이다. 그러나 대체로는 정보통신, 컴퓨터시스템, 금융, 보험, 제약업과 같은 비전통적인 정보시대 산업들이 관리능력을 향상시키고자 더욱 노력하는 듯하다. 프로젝트 관리 인증을 지원하는 주요 기업들은 AT&T, 벨사우스*Bell South*, 벨코어 *Bell Core*, 벨아틀랜틱*Bell Atlantic*, 시티뱅크, IBM, EDS, 아시아 브라운 보베리*Asea Brown Boveri* 등의 기업들이다. 인증을 지원하는 정부

기관으로는 미국의 방위시스템관리대학과 에너지성(省), 캐나다의 국방부가 있다.

물론 프로젝트 관리기술의 향상은 단지 북미대륙만의 관심은 아니다. 동아시아, 유럽, 중동, 라틴아메리카의 조직들이 지금 프로젝트관리 훈련프로그램을 통하여 종업원들을 적극적으로 평가하고 있고, 그들을 공인 프로젝트 관리 전문가가 되도록 격려하고 있다.

## 필자의 프로젝트 관리 경험

필자는 성인이 된 후 거의 모든 시간을 정보화시대의 프로젝트와 함께 일해 왔다. 학부 또는 대학원 학생으로 과제물, 컴퓨터 프로그래밍, 학기 논문, 박사학위 논문과 같은 정보를 기반으로 하는 프로젝트에 몰두했었고, 약 25년 동안 기업체를 돌며 정보 관련 프로젝트를 수행하면서 7년간은 계속해서 프로젝트 관리자로서 일해 왔다. 그것들 중 대부분은 과학연구 평가시스템의 설계, 소프트웨어 개발, 사무자동화, 기술 보고서의 작성 등이었다.

필자는 대부분의 동료들과 마찬가지로 업무를 수행하면서 프로젝트 관리를 배웠다. 나는 1979년 산업계를 떠나 학계로 나의 무게중심을 옮긴 이후로 프로젝트 관리과정을 대학원에서 가르치고 있다.

그리고 1983년부터는 정보화시대 프로젝트 관리에 관한 세미나를 진행해왔다. 그 동안 약 8천 명의 경험 있는 프로젝트 관리자가 세미나에 참석했다. 나의 가족은 이 세미나를 로드쇼Road Show라고 말하곤 하는데 이는 가족들이 나와 떨어져 지상의 다른 곳에 거주해야 했기 때문이다. 1985년 여름에는 이 로드쇼를 중국에서 갖게 되었다. 또한 최근에는 홍콩, 싱가포르, 태국, 호주 등을 비롯해 아르헨티나, 프랑스, 독일, 영국, 스페인, 캐나다에서 세미나를 개최했다. 그 가운데 재미있었던 일은 머피의 법칙이 미국뿐만 아니라 해외 여러 나라에서도 적용된다는 사실을 발견한 것이다.

## 이 책의 내용

정보화시대에 프로젝트 관리 업무가 원하고 필요로 하는 것은 프로젝트 관리를 수행하는 실질적이고 탄력적인 접근 방법이다. 이 책은 그런 접근 방법을 제공하도록 구성되었다. 또한 필자는 대부분의 전통적인 프로젝트에서 활용된 일반적 도구들이 정보화시대 지식노동자들에게 제한된 유용성만을 제공한다는 점을 인식하고 이 책을 썼다. 따라서 여기에 약간의 수정을 가해 전통적 도구들이 정보화시대 프로젝트에도 유용하게 사용할 수 있다는 것을 보여주고 있다. 이것은 또한 정보화시대 프로젝트의 응용에 적합한 새로운 도구에 대한 통찰력을 제공한다(좀더 진보된 프로젝트 관리 처리법에 관심을 갖고 있는 독자는 필자의 《The New Project Management》를 참고하기 바란다).

이 책의 서문은 프로젝트 관리에 대한 폭넓은 이해에 초점을 맞추고 용어들의 정의와 프로젝트 수명주기의 여러 단계를 기술했다. 필자는 이 책의 핵심 교훈, 즉 프로젝트 수행시 일어나는 함정을 피하고 일이 원활하게 진행되도록 관심을 쏟고 있다.

이 책의 제1부는 3장으로 구성되어 있으며 사람, 팀, 조직을 포함하는 전반적인 프로젝트 상황을 설명한다. 그 중 제1장은 조직적 상황에서의 프로젝트를 검토하고 조직적 문제들이 어떻게 프로젝트의 성공과 실패를 좌우하는지 살펴본다. 여기에서 프로젝트 관리자들이 직면하는 중요한 조직의 현실이 나타난다. 그 중 하나는 관리자에게 프로젝트를 수행하는 데 필요한 자원들을 직접 관리하는 권한이 부족하다는 것이고, 다른 하나는 프로젝트에서 정치적 문제가 매우 중요하다는 것이다. 제1장은 이런 내용을 비롯해서 또 다른 실체들을 다루는 전략을 제시한다.

제2장은 프로젝트 관리자들이 프로젝트에 개입된 사람들에게 좀더 많은 관심을 보임으로써 관리 능력을 향상시키는 방법을 제시한다. 프로젝트 관리에서 가장 어려운 측면은 인적자원의 관리이다. 관리자들이 필요자원을 통제하는 담당자들과 판매업자, 그리고 동료관리자를 다루는 솜씨를 발전시킬 때 프로젝트 성공의 가능성은 매우 높아진다.

제3장의 주제는 '팀 구조와 효과적인 프로젝트 관리 간의 관계' 이다. 우수한 프로젝트 관리자의 주요 목표는 팀 형성을 저해하는 환경에서도 효과적으로 팀을 구축하는 것이다. 제3장에서는 이를 위해 관리자들이 팀 효율성을 높이는 팀 구조를 선택하는 방법과 이로써 프로젝트 성공의 기회를 향상시키는 방법을 제공한다. 여기서는 프로젝트에 특별히 효과적인 4개의 팀 구조(동형적 팀, 전문적 팀, 이타적 팀, 외과 수술적 팀)에 초점을 맞춰 설명했다.

이 책의 내용을 전체적으로 훑어보면 보면 제1부에선 조직적 관점에서 프로젝트에 초점을 맞추었고, 제2부에선 욕구와 요구사항 분석과 밀접한 주제를 조명하고 있다. 모든 사람이 비용과 일정이 초과되는 것을 좋지 않다고 말하지만 정작 심각한 실패는 적게 사용되거나,

오용되거나, 전혀 사용되지 않는 결과물이라고 말하는 사람들도 있다. 이런 방향의 프로젝트를 실패라고 정의한다면, 우리가 수행한 프로젝트의 많은 부분들이 어떤 의미에서 실패라는 것이 분명해진다.

왜 그렇게 많은 프로젝트 결과물이 잘 사용되지 않는가? 이것은 흔히 고객욕구가 충족되지 않거나 요구사항이 빈약하게 명시되었기 때문이다. 그래서 제4장은 어떻게 고객욕구를 식별하는지 그 방법을 제공하고, 제5장은 고객의 요구사항을 좀더 효과적으로 정의하는 것에 관한 대안을 제시한다.

그리고 제3부에서는 프로젝트 관리시 빠지기 쉬운 함정인 빈약한 계획과 통제에 관해 살펴본 후 프로젝트 관리의 도구와 기법을 소개한다. 이에 대한 설명으로 제6장은 계획과 통제를 향상시키는 데 필요한 표준도구, 예컨대 작업분류 체계도와 갠트차트 *Gantt charts*, PERT/CPM 네트워크, 자원 스프레드시트 *spreadsheets*에 관해 기술한다. 그리고 제7장은 보통 전통적인 프로젝트 관리 교과서에서 다루지는 않지만, 특별한 계획 및 통제에 관한 주제인 다수 프로젝트 포트폴리오의 계획과 통제, 대규모 프로젝트, 계약에 따라 수행되는 프로젝트 등에 대해 토론한다. 또한 획득가치접근법, 격차분석, 이정표 검토 스케줄링 기법과 같은 흔히 토론되지 않는 계획 및 통제도구들에 대해서도 다룬다. 그리고 제8장은 여러 가지의 단편적인 주제를 하나로 모아 전체로서 파악한다. 마지막으로 부록에서는 프로젝트 관리자의 핵심적 역량을 설명하고, 전문직으로서 프로젝트 관리를 살펴보는 동시에 추가적인 참고문헌을 제안했다.

이 책은 단순히 프로젝트 관리기법에 대한 지루한 설명에 머무르지 않고, 정보화시대 프로젝트를 다루는 전반적인 방법론을 제시한다.

또한 조직적 상황 안에서 프로젝트를 파악하는 것을 강조하고 있다. 그리고 용이한 후행작업을 위해 초기단계에 힘쓸 것을 잊지 말라고 충고한다.

이상과 같은 '프로젝드 관리' 방법은 프로젝트 관리자가 업무를 수행하는 데 훌륭한 도구가 될 것이다. 그러나 좋은 도구가 프로젝트 관리자의 업무를 더 효율적으로 만들 수는 있지만, 도구 그 자체가 성공을 보장하지는 않는다. 또한 그것은 평범한 성과조차도 보장하지 못할 수도 있다.

프로젝트를 멋지게 수행했을 때 혼돈은 질서로 바뀌며, 프로젝트 관리자는 솔개처럼 하늘을 높이 나는 듯한 느낌을 갖게 될 것이다. 그러나 프로젝트가 잘못되었을 때는 지상이 지옥처럼 느껴질 것이다. 나는 이 책이 프로젝트 관리자에게 높은 곳에 도달할 수 있는 날개를 달아주기를 바란다.

높은 곳에 목표를 두자. 그러나 이카루스[1]와 루시퍼[2]를 잊지 말자.

---

**1** 그리스 신화에 나오는 인물. 밀랍으로 붙인 날개로 크레타 *Crete* 섬에서 탈출했는데, 아버지 다이달루스 *Daedalus* 의 충고를 듣지 않고 너무 높이 날아 태양열에 밀랍이 녹아서 바다에 떨어져 죽었다.

**2** 하나님을 보좌하는 천사들의 가장 높은 우두머리였으나 하나님에게 반역하여 악의 화신인 사탄으로 전락하고 만다.

# 차례

# 프로젝트 관리의 이해

...

인간의 활동이 조직화되기 시작한 이래로 사람들은 프로젝트를 수행해왔다. 선사시대 우리 조상들의 수렵을 위한 활동 역시 일종의 프로젝트라고 할 수 있다. 이것은 음식을 얻는 것을 목적으로 모인 '일시적인 과업'이었기 때문이다. 이보다 한층 복잡한 대규모의 프로젝트도 오랫동안 인류와 함께 해왔다. 피라미드나 중국의 왕릉, 하드리안의 성벽을 축조하는 일은 원자탄을 만든 '맨하탄 프로젝트'나 인간을 달로 보낸 '아폴로 프로젝트'와 같은 차원의 것이었다.

사실 우리의 일상생활은 크고 작은 프로젝트의 연속이라고 할 수 있다. 예를 들어 소풍을 준비하거나 물이 새는 수도꼭지를 고치는 것, 손님을 맞기 위해 집안을 청소하거나 학기 논문을 쓰는 것 등등이 모두 우리가 수행해야 할 프로젝트들이다. 이처럼 프로젝트는 우리 생활과 분리할 수 없는 중요한 부분이다.

그런데 문제는 우리들이 이런 프로젝트를 그때그때 맞닥뜨리는 대로 처리해 버린다는 것이다. 물방울이 떨어지는 소음을 견딜 수 없을 지경이 되어서야 수도꼭지를 고치기 위해 돌아다니기 시작하고, 마감 하루 전에 비로소 학기 논문을 쓰기 시작한다. 마케팅 계획 입안을 위해 즉흥적인 방법으로 부하 직원에게 지시하고, 완성된 마케팅 계획의 가시적 결과가 보이지 않게 되어서야 부하직원과 함께 당황한다. 그 뿐인가? 새로운 연구개발 프로젝트를 위해 지원된 자금을 절반도 진행되기 전에 바닥내곤 한다.

우리는 프로젝트에 둘러싸여 있고, 매일 그것들을 수행한다. 그러나 의식적으로 프로젝트에 대한 능력을 익히려고 노력하는 경우는 거의 없다. 수천 년간 사람들이 프로젝트를 수행해 왔음에도 불구하고 독특한 관리 형태로서 프로젝트 관리가 인식된 것은 최근의 일이다. 그것은 '맨하탄 프로젝트'라고 널리 알려진 제2차 세계대전의 한 프로젝트의 부산물이다. '맨하탄 프로젝트'는 가능한 한 효율적으로 거대한 예산과 일정계획을 조정하기 위해 의식적인 시도로 이루어졌다. 그리고 이는 프로젝트 관리를 '우연'의 영역에서 '계획'의 영역으로 이동시켰다.

특히 과거 몇 년 동안, 프로젝트 관리는 주목받는 관리 방법으로 급성장했다. 미국 경제가 후기산업사회 국면에 이르자 경영자들은 제조업을 위해 설정된 많은 관리 지침들이 더 이상 정보화시대에 유효하지 않다는 것을 알아챘다. 제조업 중심의 환경에서는 예측가능성과 반복적 활동이 강조되고, 관리는 생산 공정의 표준화와 합리화에 초점을 맞추고 있다. 하지만 정보화시대의 경제체제에서는 사건의 독특성이 반복을 대체하고, 정보 그 자체가 역동적이고 영속적으로 변화한다. 또한 탄력성이라는 말이 새로운 질서의 핵심 단어가 되고, 프로젝트 관리는 이 탄력성의 열쇠가 된다.

# 프로젝트란 무엇인가?

우리는 일상대화에서 프로젝트라는 용어를 흔히 사용한다. 예를 들어 남편이 부인에게 "이번 주말에 나의 주요 프로젝트(일과)는 차고를 정돈하는 거야"라고 말하는 것처럼. 이는 프로젝트라는 개념이 우리 일상에 깊숙이 들어와 있다는 것을 의미한다. 그러나 수도꼭지를 고치든 빌딩을 짓든, 혹은 나들이를 준비하든 간에 이 모든 것들이 진정한 프로젝트가 되려면 다음과 같은 특성을 내포하고 있어야 한다.

보통 이런 4개의 특성은 프로젝트를 다른 일반적인 업무와 구별 짓는다. 그런데 이런 특성들은 모두 나름대로의 중요한 의미를 담고 있으므로 하나하나 깊이 알아야 한다.

- 목표 지향적이다.
- 상호 관련된 활동을 조정하는 과업을 포함한다.
- 한정된 기간으로 시작과 끝이 있다.
- 대부분 어느 정도 독특하다.

## 목표지향성

프로젝트는 특정한 목표를 성취하기 위해 관리된다. 즉, 그것은 프로젝트를 유발하는 목표들이기도 한데, 모든 계획과 실행은 이 목표들을 성취하기 위해 수행된다.

프로젝트는 처음부터 끝까지 목표들로 가득 차 있다. 컴퓨터 소프트웨어 프로젝트의 주된 목표는 정교한 데이터베이스 관리시스템을 개발하는 것일 수 있다. 그리고 중간 목표는 버그를 수정하려고 개발중인 시스템을 테스트하는 것이며, 좀더 세부적인 목표는 프로젝트 스태프가 '진척도 회의'에 참석할 수 있는 날짜를 식별하는 것일 수 있다.

프로젝트가 목표 지향적이라는 사실은 프로젝트 관리에 있어 시사하는 바가 크다. 그것은 프로젝트 관리의 중요한 특징이 가장 높은 수준의 계획에서 낮은 수준의 계획까지 결국 한 가지의 일관된 목표를 위해 진행된다는 것을 의미한다. 그것은 또한 프로젝트가 주의 깊게 선택한 목표를 위해 진행해 나가는 동안 궁극적인 목표에 도달할 때까지 항상 상위의 목표를 성취하는 것을 포함한다.

다행히도 프로젝트 관리에 관심을 가진 사람들은 구체적인 목표를 설정하고 성취할 수 있도록 하는 방법을 지난 수십 년에 걸쳐 발전시켜 왔다. 이 방법론은 목표관리(MBO)라고 불리는데, 이것의 발전은 프로젝트 관리의 성장과는 별개로 나타났다. 목표관리의 기본원리를 철저하게 파악하는 것은 프로젝트 관리를 좀더 쉽게 만든다.

목표관리는 명확한 목표 설정(또는 목적, 요구사항, 이정표)과 그것들의 성취가능성을 보증하는 것에 관심을 둔다. 명확한 목표의 필요성은 아무리 강조해도 지나치지 않다. 만약 목표에 명확성이 결여되어 있다면 그것을 다섯 명에게 보여줄 경우, 해석이 다양하게 나타날 것이다. 하지만 목표가 명확하다면 이것을 다섯 사람에게 검토케 한 후 의견취합을 해도 단일한 견해가 나올 것이다.

목표를 명확하게 하는 최선의 방법은 그것을 검증할 수 있는 방법으로 진술하는 것이다. 이것은 목표 진술의 척도를 만듦으로써 이룰 수 있다. 예를 들어 어떤 코치가 유명한 수영선수에게 "가능한 한 빠르게 수영하라"는 목표를 제시했다고 하자. 이런 목표는 대단히 모호하다. '가능한 한 빠르게' 란 도대체 얼마나 빠른 것을 말하는가? 또 어떤 수영장에서 수영하란 말인가? 그리고 어떤 수영법을 사용해야 하는가? 마지막으로 언제까지 그 목적을 달성해야 하는가? 이 목표에는 이처럼 구체적인 사항이 하나도 없다.

그러나 이 목표를 다음과 같이 진술해 놓으면 그 의미가 한층 명확해진다. "3월 15일까지 60초 이내로 자유형 수영법을 이용해서 25미터 풀을 4번 왕복할 수 있도록 하라."

그러나 목표가 명확한 것만으로는 충분하지 않다. 그것이 달성 가능한 것이어야 하기 때문이다. 예를 들어 코치가 수영선수에게 10초 이내에 왕복을 4번이나 하라고 요구한다면 이것은 불가능한 목표를 설정한 것이다.

보다 효과적인 목표관리의 방법은 현실적인 목표를 설정함으로써 작업을 지시하는 사람과 실행해야 하는 사람이 공동으로 목표를 개발해 나가는 것이다. 현실적인 목표는 작업을 수행할 사람들이 특정업무를 성취하는 데 동기부여를 한다. 따라서 목표설정 과정은 모든 면에서 약속의 척도로 작용할 수 있다. 경영자는 작업을 지원하겠다는 약속을 표명하고 종업원은 작업을 수행하겠다는 의향을 공표하는 목표관리 '계약' 에 서명함으로써 목표설정 과정이 완성되는 것이다.

목표관리를 효과적으로 구현하려면 피해야 할 함정들도 많다. 그 중 누구나 빠지기 쉬운 함정은 목표를 설정하고 이를 협의하는 문제에서 헤어 나오지 못하는 것이다. 실제로 그들은 작업을 수행하기보다 어떤 목표가 있어야 하는가를 정의하는 데 더 많은 시간을 할애한다. 그러므로 목표관리 실무자는 목표 설정자의 관료주의적 성향을 줄이기 위해 최선을 다해야 한다.

또 하나의 공통적 문제는 목표를 협상하는 동안에 경영층이 미묘하게 자신이 원하는 바를 종업원들에게 주입시켜 목표를 설정하는 것이다. 이는 종업원의 관심이 있는 그대로 반영되는 것을 막고, 목표관리가 위협적인 과업으로 받아들여져 종업원들의 저항을 유발한다.

## 상호 관련된 활동의 조정

프로젝트는 본질적으로 복잡하다. 프로젝트는 분명한 듯하면서도 미묘한 방향으로 상호 연결된 여러 활동을 수반한다. 예컨대 어떤 과업들은 다른 과업들이 완료될 때까지 실행될 수 없고, 또 어떤 과업은 반드시 다른 과업들과 함께 수행되어야 한다. 또한 이 과업들은 상호 보완적으로 수행되어야 한다. 그렇지 않을 경우에는 전체 프로젝트가 위태로워질 수 있기 때문이다.

프로젝트의 이런 특성을 고려하면 프로젝트가 곧 시스템 자체라는 사실을 인식하게 된다. 즉, 전체는 상호 관련된 하부요소들로 구성된다는 것을 알게 된다. 경영전문가들은 지난 몇 십년 동안 시스템을 다루는 정교한 방법론을 개발해 왔는데, 이는 프로젝트 관리자에게는 행운이다. 이런 방법론을 '시스템 분석'이라고 부른다. 관리자가 시스템 분석의 기본원리를 파악하면 프로젝트를 수행할 때 효과적으로 활용할 수 있다.

오늘날 시스템 분석적 관점은 경영학계에서 다시 부활하고 있다. 피터 센지Peter Senge는 《제5의 경영The Fifth Discipline》라는 저서에서 '복잡한 세계에서 효과적으로 작업을 관리하려면 시스템 전망이 중요하다'고 밝혔는데 이것은 시스템 전망에 대한 관심이 더욱 높아졌다는 것을 보여주는 좋은 예이다.

## 한정된 기간

프로젝트는 정해진 기간 안에서 수행되며 일시적이다. 또한 합리적으로 잘 정의된 시작과 끝이 있다. 즉 기본적 목표들이 성취되면 프로젝트는 곧바로 끝난다. 프로젝트 수행 노력의 대부분은 프로젝트가 약속된 기간 안에 완성되는 것을 보증하는 데 집중된다. 이를 위해서 과업들이 시작하고 끝나는 지점을 보여주는 일정표가 만들어진다.

반면 일반적인 생산은 성공적인 제품을 위해 운영된다. 이 제품은 그것에 대한 수요량에 따라 생산 일정이 좌우되며, 생산운영이 종료되는 시점은 더 이상 수요가 없는 시점이라 볼 수 있다. 이처럼 생산운영은 프로젝트가 아니다.

프로젝트에는 정해진 종료일이 있다 하더라도 프로젝트 팀의 책임은 결과물을 넘긴 후에도 계속된다는 것을 잊어서는 안 된다. 프로젝트 팀은 그들의 작업에 대해 고객이 만족하도록 결과물이 전달된 후에도 계속 운영, 유지될 수 있도록 설계하고 구축해야 한다. 그런 후 그것들의 원활한 인도가 이루어지도록 가능한 모든 업무를 수행해야 한다. 이처럼 프로젝트는 작업을 위한 시간은 한정적인 반면 이에 대한 책임을 져야 하는 기간은 긴, 결코 쉽지 않은 일이다.

## 독특성

프로젝트는 대체로 반복되지 않으며 단일한 종류의 과업이다. 그러나 독특성의 범위는 프로젝트마다 매우 다르다. 가령 당신이 전원주택을 짓는 엔지니어라고 하자. 그런데 이번에 50번째 전원주택을 짓는다면 그 프로젝트의 독특성은 매우 낮아질 것이다. 이런 주택을 짓는 기본요소는 지금까지 지어온 49개의 다른 주택과 크게 다르지 않기 때문이다. 만약 전원주택 짓는 일을 독특하게 하는 요인이 있다면 그것은 집 주위의 토양상태나 새로운 팀의 목수 등과 같이 한정된 것들뿐이다.

반면 당신이 새로운 컴퓨터의 운영체계를 설계하려 한다면 매우 독특한 노력을 들여야 한다. 당신은 전에 하지 않았던 어떤 일을 수행해야 하기 때문이다. 그러므로 이 경우 과거의 경험은 이번 프로젝트에서 필요로 하는 정확한 지침을 제공하지 못한다. 따라서 이 프로젝트는 독특성의 범위는 높겠지만 그만큼 위험과 불확실성을 감수해야만 한다.

## 프로젝트 관리란 무엇인가?

만일 당신이 유능한 프로젝트 전문가에게 프로젝트에서 가장 중요한 목표로 삼아야 하는 것이 무엇이냐고 물으면 아마도 그는 다음과 같이 응답할 것이다. "업무가 수행되게 하라." 이것이 프로젝트 전문가들의 보편적인 신념이다. 여기에서 조금 더 구체적인 답변을 요구하면 프로젝트 전문가는 '시간에 맞추어(on time), 예산범위 내에(within budget), 명세서에 따라서 업무가 진행되게 하는 것(according to specifications)'이라고 덧붙일 것이다.

이런 세 가지 항목은 프로젝트 전문가들이 '3중 제약'이라고 명명할 정도로 프로젝트 관리에서 중요한 변수이다. 이것들은 프로젝트 전문가의 주의력과 에너지의 대부분을 쏟게 하는 요소들이기도 하다. 한마디로 프로젝트 관리란 시간, 돈, 명세서라는 제약조건에 따라 프로젝트를 효과적으로 수행하는 것을 의미한다.

바로 이 프로젝트 관리자의 3중 제약을 해결하기 위해 수년 동안 일련의 도구들이 개발되어 왔다. 시간제약을 다루기 위한 방법으로 종료일을 설정하고 일정에 따라서 작업하며, 시간을 좀더 효과적으로 관리하기 위해 좀더 정교한 컴퓨터지원 스케줄링 도구(PERT/CPM, GERT 그리고 VERT)들을 고안했다.

3중 제약 가운데 자금제약은 예산편성을 통해 관리한다. 이를 위해 우선 프로젝트 과업에 들어가게 될 비용에 대해 추정한다. 그리고 프로젝트가 일단 진행되면, 어떤 비용이 관리하기 어려운가를 보면서 예산 사용을 감시한다. 그리고 프로젝트 관리자는 자금으로 자원을 구매하며 인적, 물적 자원을 관리할 여러 도구(자원적재차트, 자원갠트차트, 선형적 책임차트)를 발전시킨다.

3중 제약 가운데 가장 어려운 것은 명세서의 요구를 잘 반영하는 것이다. 명세서란 프로젝트 노력의 산출물은 무엇이고 이를 위해 수행해야 할 것은 무엇인가를 기술한 것이다. 예를 들어 선박을 건조한다고 하면 명세서에는 배의 구체적인 길이와 선박에 대한 설명이 포함되어야 한다. 만약 워드프로세싱 시스템을 설계하려 한다면, 우리는 그 시스템이 단지 3일 정도의 훈련만으로 학습이 가능하다는 것을 명세서에 나타내기 위해 씨름해야 한다.

그런데 명세서의 문제점은 세부 내용을 설정하고, 모니터링하기가 매우 어렵다는 것이다. 명세서만으로 기술적으로 뛰어난 제품을 정의하는 것으로 충분하지 않고, 실제 제품이 고객을 만족시켜야 하는데 이것이 어려운 점이다. 이 문제는 제4장과 제5장에서 좀더 자세히 살펴볼 것이다.

# 프로젝트 수명주기

프로젝트도 사람처럼 태어나서 성장하고 생명을 마감한다. 프로젝트에서는 이것을 수명주기라고 부른다. 물론 이것은 당연한 것처럼 보일 수 있다. 그러나 진행중인 프로젝트가 프로젝트 수명주기 중에 어디에 위치하느냐에 따라 해야 할 일과 가능한 선택이 결정되기 때문에 중요한 것이다.

프로젝트 수명주기를 조망하는 관점은 여러 가지가 있다. 정보과학 분야에서는 수명주기를 필요성 인식, 요구사항 정의, 시스템 설계, 실행, 테스팅, 유지보수의 6개 국면에 초점을 맞추는데, 일반적인 관점은 구상, 계획, 실행, 종결의 4개 국면으로 나누는 것이다.

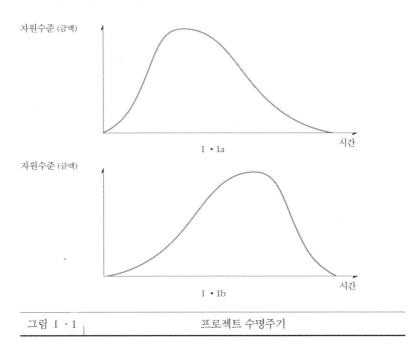

| 그림 Ⅰ·1 | 프로젝트 수명주기 |

그림 Ⅰ·1은 프로젝트 수명주기를 그래프로 보여준다. 이것은 프로젝트가 수명주기 동안 자금, 인력, 자재와 같은 여러 가지 자원을 소비한다는 것을 나타낸다. 그림 Ⅰ·1a의 프로젝트는 그래프가 급격히 최대점에 이르다가 서서히 하강한다. 이와 같은 특징은 인터뷰나 설문지를 통해 소비자 정보를 얻어야 하는, 즉 시장조사 프로젝트인 경우에 나타난다. 수집된 자료는 철저히 분석되고 그 결과 보고서가 작성되면서 자원소비는 점차 줄어든다.

그림 Ⅰ·1b에서는 프로젝트가 점진적으로 정점에 이르다가 빠르게 종료된다. 이와 같은 그래프는 흔히 대부분의 시간이 연구가설의 설정, 실험의 설계, 장비를 준비하는 데 쓰이는 과학적 연구 프로젝트에서 나타난다. 이런 경우에는 프로젝트 활동에서 실험이 실제 수행되고 결과자료가 가시적으로 나타날 때 그래프가 정점에 이른다.

수명주기의 주요 특성을 잘 보여주는 하나의 접근법으로, 프로젝트 과정을 통하여 설명되는 6개의 기능을 주기로 분할하는 것이 있다. 이 접근법은 프로젝트 선택, 계획, 실행, 통제, 평가, 종료의 여섯 가지 기능으로 수명주기를 나누고 있는데, 이는 그림 Ⅰ·2에 잘 나타나 있다. 여섯 기능을 각각 간단하게 살펴보자.

### 프로젝트 선택

모든 프로젝트는 '필요(needs)'로부터 제기된다. 프로젝트 관리과정 전체는 누군가가 어떤 필요를 충족시키고자 할 때 시작된다. 그 필요성은 병원의 환자 수를 줄이는 것일 수도 있고, 인공위성 무기를 개발하는 것일 수도 있으며, 생일 파티를 여는 것일 수도 있다.

불행히도 우리가 사는 세계는 자원이 한정되어 있기 때문에 모든

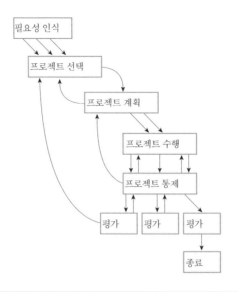

| 그림 Ⅰ · 2 | 프로젝트 수명주기의 변화 |

필요를 충족시킬 프로젝트를 개발한다는 것은 불가능하다. 따라서 선택이 불가피하다. 그런데 모든 선택은 충족되어야 할 '필요의 양' 과 이용 가능한 '자원의 양' 을 대비해본 후 필요를 충족시키는 데 드는 비용 등 여러 가지를 고려하여 이루어져야 한다.

프로젝트를 선택하고 결정하는 것은 우리의 미래와 관련되기 때문에 대단히 중요하다. 프로젝트의 선택에 따라서 특정 기간 동안 자원을 사용하느냐 못하느냐가 결정되기 때문이다. 결국 어떤 프로젝트를 선택하느냐 하는 것이 기회비용을 좌우하는 셈이다.

프로젝트를 선택하는 과정은 여러 가지 요인에 의해 수정되고 다듬어진다. 예를 들어 어떤 프로젝트를 수정할 필요성은 '제안서 요청

(RFP)'이나 '입찰 초청(IFB)'과 같은 외부적 환경으로부터 발생할 수 있다. 이런 경우 잠재고객은 어떤 것을 만들도록 입찰을 간청하거나 특정의 서비스를 요구하기도 한다. 여기서 우리의 관심사는 그런 요청이 시간을 들여 응할 만한 가치가 있냐는 것이다.

이 외에도 프로젝트의 수정 요구는 기업 프로세스를 리엔지니어링 하는 태스크포스 팀이나 경영층과 같은 내부에서 올 수도 있다. 이 때 우리는 자원과 의지는 충분한지, 주어진 프로젝트를 진행할 능력을 보유하고 있는지를 판단하고 결정해야 한다.

## 계획

계획이란 한 지점에서 다른 지점으로 가는 길을 알려주는 일종의 지도다. 이것은 프로젝트가 진행되는 기간 내내 수행된다. 그런데 일반적으로 초기의 계획이 세워지기 전에 우리는 불완전하고 비공식적인 사전계획을 갖는다. 이 사전계획의 형태는 다양한데 그 중 하나로 제안서를 들 수 있다. 이것을 사전계획이라고 볼 수 있는 근거는 제안서가 프로젝트의 나아가야 할 바를 알려주기 때문이다. 이와 마찬가지 이유로 타당성 조사, 기업사례와 경쟁분석도 사전계획에 포함된다. 이런 것들은 프로젝트의 의사결정권자에게 프로젝트가 수반해야 할 아이디어와 이것이 주는 이익이 무엇인지 알려줌으로써 프로젝트를 선택하는 데 중요한 역할을 한다. 이처럼 프로젝트 선택결정은 주로 이런 사전계획을 기반으로 삼는다.

이런 과정을 통해 일단 한 프로젝트를 지원하기로 결정하면 공식적인 상세계획이 수립된다. 상세계획에 따라 프로젝트 이정표가 선명해지고 관련된 일들을 어떻게 할 것인가가 분명해지는 것이다. 이때 작업분류체계도, 자원할당차트, 자원적재차트, 책임차트, 누적비용분포 등과 같은 여러 도구들이 공식적인 프로젝트 계획을 세우는 프로젝트 관리자를 도와준다.

이처럼 사전계획을 세우고 세부적인 상세계획을 세워도 프로젝트가 수행됨에 따라 예상치 않은 상황이 발생한다. 또 새로운 상황에 대한 반응으로 계획은 계속해서 수정된다. 그러므로 프로젝트 계획의 모든 과정이 변동 없이 수행되어야 하는 것은 아니다. 오히려 이것은 프로젝트 스태프가 변화를 질서 있는 형태로 관리하도록 하는 동적 도구이다. 사실, 모든 계획은 추측이라고 볼 수 있다. 따라서 좋은 계획이란 바른 추측이라 할 수 있고 나쁜 계획이란 틀린 추측이라 할 수 있다. 여기서 중요한 사실은 계획이 아무리 훌륭하다 하더라도 실제 상황과 부딪히면 변경이 불가피해질 수 있다는 것이다.

## 실행

일단 공식적 계획이 수립되면 이어서 프로젝트가 실행된다. 계획이 수립되고 프로젝트가 실행되는 이 과정을 '프로젝트 집행(project execution)' 이라고 부르는 사람들도 있다. 하지만 이 단어는 군사용어처럼 느껴지므로 여기서는 '실행(implementation)' 이라는 단어를 사용한다.

프로젝트 계획에서 이미 언급했듯이 '실행' 은 사용자의 필요를 충족시키기 위한 것들을 수행하기 때문에 프로젝트의 심장부에 놓인다. 그런데 프로젝트의 정확한 실행방법은 프로젝트 대상의 특성에 따라 다르다. 건설 프로젝트의 경우에는 기초재료가 부어지고 발판재료가 세워진 후 이에 따른 여러 작업이 수행되면서 진행된다. 또 의약개발 프로젝트에선 새로운 화합물을 테스트한 후 임상실험을 하고, 마케팅조사 프로젝트의 경우엔 소비자의 태도를 설문지와 인터뷰로 측정한다.

## 통제

프로젝트가 실행됨에 따라 프로젝트 관리자는 진척도를 계속해서 점검한다. 그들은 프로젝트가 정해진 일정대로 진행되는지를 살펴보고 계획을 점검하며 이들 사이에 일치하지 않는 사항을 찾아내는데, 이런 불일치 사항들을 '변이(variance)'라고 부른다.

프로젝트 관리에서는 변이가 예외 없이 발생한다. 프로젝트 계획은 미래에 필요한 정확한 아이디어를 언제 얻게 될지 알 수 없으며 상당한 기간의 미래가 불확실성에 가려져 있으므로 항상 불완전하다. 계획은 추측에 불과하다는 것을 결코 잊어선 안 된다. 프로젝트를 통제할 때 우리가 가져야 할 의문은 '변이가 있는가'가 아니라 '변이의 정도가 우리가 수용할 수 있을 만큼 작은가' 하는 것이어야 한다.

변이의 수용 수준은 원칙적으로 프로젝트 초기에 결정되어야 한다. 전형적인 건설 프로젝트의 경우에는 건축 계약자가 주택을 건설하는데 경험이 많고 업무 수행을 위해 해야 할 일을 알고 있기 때문에 수용 수준은 낮아진다. 더군다나 주택은 보통 고정가격 기준에서 건설된다. 그런데 만약 비용 변이가 매우 크고 그것들이 비용의 과다지출을 초래한다면 건축 계약자들은 손해를 입게 될 것이다. 결과적으로 변이를 낮게 유지해야 높은 인센티브를 얻을 수 있다.

한편 결과가 확실치 않은 연구 프로젝트에서는 변이의 수용 범위가 20% 정도로 높을 수 있다. 연구는 근본적으로 불확실성을 수반하기 때문이다. 우리는 어떤 일이 변경되는 시점에 대해 막연히 알 수밖에 없으므로 초기의 예측보다 다양한 변화가 생길 것이라는 점을 감수해야 한다.

이 때 감당할 만한 변이의 범위를 설정하는 과정을 '예외관리(management by exception)'라고 한다. 이것은 '미세관리(micromanagement)'와는 정반대 개념이다. 미세관리로 일을 할 경우, 관리자들은 일어날 수 있는 모든 변이에 대해서 주의를 기울여야 한다. 그런데 예외관리로 일을 할 경우에는 관리자들이 규모가 큰 변이나 특이한 변이에만 주의를 기울여도 충분하다.

통제 과정의 핵심은 프로젝트 진척에 대한 자료의 수집과 평가이다. 프로젝트 관리자에게 이 정보가 주어지면, 그는 할 수 있는 방법을 최대한 동원해 행동하게 된다. 예를 들어 일정대로 계획을 수행할 수 없게 되면, 그들은 자원을 좀더 많이 투입함으로써 중요한 과업들의 진행 속도를 높이려 한다. 또 자료의 수집과 평가를 통해 계획보다 적은 예산을 소비한 것을 발견하면, 작업이 부실하게 실행되었거나 작업 과정 중 한 부분이 잘려 나간 것으로 추측하고 이 변이의 원인을 조사한다.

## 평가

프로젝트가 시작되는 순간부터 끝날 때까지 여러 가지 평가가 수행된다. 평가의 방법은 예비설계 검토(PPRs), 주요설계 검토(CDRs), 목표관리(MBO) 검토 등을 비롯해 감사나 사후평가와 같은 기술적 평가 등이 있다. 통제와 마찬가지로 평가는 중요한 피드백 기능을 수행한다. 그러나 통제와 평가 사이에는 다음과 같은 중요한 차이점이 있다.

일반적으로 평가는 프로젝트 중간단계와 프로젝트 종료시에 시행된다. 그런데 이 두 시기에 행해지는 평가의 역할은 다르다. 종료시에 행해지는 평가는 프로젝트 전반에 걸친 총괄적인 것이지만 프로젝트 중간단계의 평가는 프로젝트의 미래 경로에 영향을 미치는 것들을 발견해서 결과를 활용하기 위함이다. 이 프로젝트 중간단계의 평가결과를 통해 생각지 못했던 많은 문제들을 사전에 예방할 수 있다.

프로젝트 종료평가는 분명히 프로젝트가 완결된 시점에서 행해지기 때문에 프로젝트의 미래경로에 아무런 영향을 미치지 않는다. 단지 프로젝트 종료평가의 근본적 역할은 학습된 내용을 제공하는 것이다. 한 프로젝트를 수행하고서 얻은 교훈을 다른 프로젝트에 적용해 시행착오를 줄이기 위해서다.

---

- 통제는 프로젝트 진행과정 중에 모니터링을 끊임없이 해야 하지만 평가는 정해진 기간 동안만 수행한다.
- 통제는 프로젝트에서 발생하는 세부적인 일들에 초점을 맞추는 반면, 평가는 전체적인 일에 좀더 관심을 둔다.
- 통제는 일에 대한 책임을 맡은 프로젝트 관리자가 해야 하지만 평가는 객관성을 유지하기 위해 프로젝트에 직접 관여하지 않는 개인이나 집단이 수행한다.

---

그런데 불행히도 모든 평가는 평가를 받는 사람들이 평가자의 존재 자체를 위협으로 인식할 수 있기 때문에 한계가 있다. 이와 같은 문제는 불가피하므로 대안이 없다. 오히려 이보다 중요한 것은, 평가 후 발견된 문제에 대해 책임 소재를 규명하느라 문제가 커지도록 방치하기보다 처리가능한 시기에 이를 해결하는 데 주력하는 것이다.

여기서 평가받는 사람들이 제기하고 싶어 하면서도 하지 못하는 질문이 몇 가지 있다. '평가자를 누가 선정하는가?', '그들은 그럴만한 능력이 있는가?', '어떤 순서대로 진행되는가?', '그들은 프로젝트가 진행되는 환경과 친숙한가?' 이와 같은 질문을 제기하지 못하는 것은 평가가 그만큼 두렵기 때문이다. 따라서 평가가 효과적으로 이루어지려면 위협의 수준을 가능한 한 축소해야 한다.

한편 그림 I·3은 이런 프로젝트 목표의 재평가, 계획의 재구조화, 중간단계 평가의 과정 및 주요결과를 요약해서 보여주고 있다.

## 종료

프로젝트는 이와 같은 과정들을 거쳐 마침내 '종료' 의 시점에 이른다. 그런데 프로젝트의 종료를 갑작스럽고 조급하게 재촉하는 경우가 종종 있다. 그러나 프로젝트가 끝나더라도 관리자의 책임은 계속된다. 관리자에게는 여전히 수행해야 할 의무가 남아 있다. 이 때 관리자가 수행해야 할 의무는 프로젝트의 성격에 따라 다르다. 가령 장비가 사용되었다면 새로운 일에 또 쓸 수 있도록 사용된 장비를 평가해야 한다. 또 프로젝트를 담당했던 요원들에겐 새로운 일을 주어야 하고, 작업 결과물이 계약을 만족시켰느냐에 대한 평가도 이루어져야 한다. 그런 후에 관리자는 최종보고서를 작성하고, 사용자들이 작업 결과물에 만족했는지 그들을 만나서 확인하는 등의 마무리 조치들을 해야 한다.

그런데 종료의 단계에 있어서 큰 문제점이 하나 있다. 일의 마무리 단계에 이르면 프로젝트 진행상의 중요하고 흥미로운 일이 거의 끝났고, 도전해 볼 만한 문제도 거의 남아 있지 않게 된다. 이런 상태에서 마무리 작업이란 것은 대체로 지루한 일일 뿐이다. 엄청난 양의 문서 작업과 정리해야 하는 일들을 이 단계에서 해야 하는데, 여기서 항상 관리

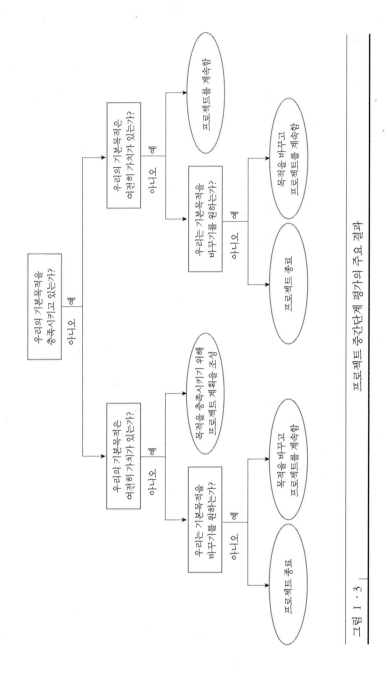

**그림 I · 3**     프로젝트 중간단계 평가의 주요 결과

자를 괴롭히는 다양한 문제가 발생한다. 프로젝트 요원은 이때 지루한 일을 빨리 마치고 좀더 도전적이고 새로운 과제를 찾고 싶은 유혹이 생긴다. 그래서 프로젝트를 완전히 종결짓지 않은 상태에서 대충 마무리를 하게 되는데, 이로 인해 다음 프로젝트에서 문제가 발생하게 된다.

이와 같은 과정이 끝나면 유지보수의 문제만 남는다. 이 유지보수의 형태에는 시스템의 성능 개선, 다른 시스템과의 통합, 시스템의 주기적인 점검 등이 있다. 이와 같은 시스템 유지보수는 매우 중요하다. 비용의 측면에서만 봐도 컴퓨터 시스템을 만들어서 사용하는 과정의 총비용 중 약 60~70%가 유지보수에 투여된다고 추정한다(Boehm, 1987).

프로젝트의 수명주기에 비교해 볼 때, 유지보수의 중요성은 어느 단계에도 뒤떨어지지 않지만 수명주기에 넣지는 않는다. 그 이유는 프로젝트는 분명히 정해진 기간 동안만 노력하면 되지만 유지보수는 정해진 기간이란 것이 없기 때문이다. 물론 유지보수라는 특정한 행위를 하나의 프로젝트로 볼 수 있지만 시작 단계에서 본래의 의도를 담은 프로젝트와는 구별된다.


# 정보화시대의 프로젝트 관리

전통적으로 프로젝트 관리는 복잡한 과업과 빈틈없는 관리가 필요한 건설, 건축, 공학적 과업 등에서 수행되어 왔다. 프로젝트 관리에서 활용되는 대부분의 도구들 역시 큰 일을 감당하면서 발전해 왔다.

그러나 최근 이삼십 년 동안 유형자산보다 무형의 정보를 더 활용하는 시대로 변했다. 이와 같은 사실은 미국 노동인구의 약 75%가 서비스 부문에 종사하며, 그 중 다수가 정보처리에 관여하고 있다는 통계로 알 수 있다.

지식노동자의 프로젝트는 눈에 보이지 않는 영역에서 이루어지기 때문에 건설 산업의 프로젝트와는 근본적으로 다르다. 지식노동자들은 그들이 하고자 하는 바와 시도하는 방법을 정확히 정의하기가 어렵고 복잡한 세계에서 활동하고 있다. 그런데 대부분의 프로젝트 관리 도구는 눈에 보이는 재료로 작업하도록 개발되었기 때문에 지식노동자들이 일하는 데 어려움이 있다.

정보화시대의 프로젝트에는 컴퓨터 소프트웨어 개발이 포함되어 있다. 이 소프트웨어 개발을 위해 시스템 설계자와 분석가, 프로그래머, 통합관리자를 비롯한 테스트 관리자 등이 서로 협력하게 된다. 그런데 과거 이삼십년 동안 소프트웨어 종사자들은 주로 전통적인 프로젝트 관리 접근법을 사용하기보다는 자신들에게 적합한 고유의 접근법을 고안해 왔다. 그들이 사용하는 구조적 설계와 프로그래밍, 검토 회의와 같이 잘 알려진 구조적 기법들은 전통적 프로젝트 관리기법과 다른 독특한 것이다.

이 책에서 필자는 정보화시대에는 어떤 프로젝트 관리가 요구되는지에 주목했다. 정보화시대에 부각되는 프로젝트는 유형의 물질보다 정보를 다루는 작업이 요구되는 사무근로자, 교육자, 정보시스템 관리자, 마케팅 관리자, 금융 분석가, 변호사, 작가, 예산 편성자와 같은 이들이 수행하는 것들이다.

프로젝트 관리가 가장 빨리 성장하는 영역은 정보 부문이다. 건설이나 방위산업과 같은 전통적 프로젝트는 더디게 성장하지만 금융, 마케팅, 제약, 정보시스템 분야와 같이 비교적 근래에 등장한 프로젝트는 실질적이고 꾸준하게 성장하고 있다. 이 책이 엔지니어링 프로젝트 관리서는 아니지만 필자는 건설과 방위산업의 실례를 많이 제시했다. 이런 실례들은 고전적이고 잘 구조화된 예전의 프로젝트 환경과 형태도 불분명하고 수시로 변하는 지금의 프로젝트 환경을 대조적으로 보여준다.

## 프로젝트 관리시 유의해야 할 점

프로젝트 업무는 자동차 운전자가 깨진 유리조각과 돌조각들이 널려 있는 가파르고 꾸불꾸불한 도로를 지나가는 것과 같다. 이처럼 프로젝트 업무는 위태로운 작업이다.

이 책은 프로젝트 관리자가 어려운 여행을 슬기롭게 하는 것을 돕기 위해 씌어진 여행지침서이다. 즉, 비틀어진 굴곡에서 프로젝트 전문가를 바른 길로 인도하려고 고안된 지도와 같다. 이 지도는 프로젝트 전문가들이 '작업'이라는 여행 도중 만날 것으로 예상되는 두드러진 장애물들을 지적하고, 문제가 발생했을 때 필요한 조치를 알려주는 안내서이다.

프로젝트를 수행할 때 주변상황이 복잡하기 때문에 프로젝트를 잘 관리하기란 쉬운 일이 아니다. 프로젝트의 성과를 좌우하는 것 중에 확실한 것은 오직 머피의 법칙뿐이다. 더군다나 프로젝트 관리는 일회적 업무이고, 사람들이 체계적 훈련 없이 프로젝트 관리책임의 부담을 안게 되기 때문에 더욱 어렵다.

프로젝트 관리가 쉬운 것이라고 생각하는 것은 순진한 생각이지만 그렇다고 관리자들이 여러 명 관여해야 할 만큼 어려운 일이라고 생각할 필요는 없다. 효과적인 프로젝트 관리는 학습될 수 있고 학습된 관리자가 있을 경우에는 관리자의 숫자가 중요하지 않기 때문이다.

어느 프로젝트든지 관리시에 빠지게 되는 공통적인 함정이 있는데 이것을 식별하고 미리 피하는 방법을 터득해야 한다. 그런 후 프로젝트를 조직화하고 수행하는 방법을 알아야 하는데 이 두 가지 사항은 프로젝트 관리자에게 필수사항이다. 이 책의 주요 목표는 이 두 가지 교훈을 전달하는 것이다. 우선 이 두 가지 사항에 대해 살펴보자.

## 1. 함정을 피해야 한다

프로젝트가 시작되면 대체로 모든 일들은 의도하지 않은 나쁜 방향으로 나아갈 것이다. 여기에는 예외가 없다. 따라서 프로젝트를 처음으로 수행하는 완벽주의자들은 프로젝트 활동을 계획하고 통제하는데 최선의 노력을 함에도 불구하고 실망하게 되고, 모든 것이 기대만큼 정확하게 진행되지 않는다는 것을 발견할 것이다. 그런데도 원래 계획이 완벽하다고 생각해서 그것을 계속 고집한다면 심각한 문제에 직면하게 된다.

프로젝트 전문가는 최선의 노력에도 불구하고 문제들이 발생한다는 것을 미리 인식해야 한다. 그런 후 예기치 않은 문제들의 부정적인 결과를 최소화하도록 해야 한다. 프로젝트에는 수많은 함정이 있다. 물론 이 함정은 프로젝트 관리자가 만든 것은 아니다. 그러나 프로젝트 관리자는 함정을 다루어야 한다. 그것을 효과적으로 할 수 없다면 어떤 의미에서 프로젝트는 실패하게 될 것이다. 그들은 일정이 지연되거나, 개발중인 제품의 질이 저하되는 손해를 입게 되거나, 관리 불가능한 예산초과에 직면할 수 있다. 유능한 프로젝트 전문가라면 이런 함정들을 예상해야 하고 피할 방법까지 알고 있어야 한다.

프로젝트가 실패하게 되는 원인은 여러 가지가 있다. 하지만 일반적으로는 다음 세 가지 원인 때문에 실패하게 된다.

1. 조직적 요인
2. 빈약하게 확인된 고객욕구와 부적절하게 명시된 프로젝트 요구사항
3. 빈약한 계획과 통제

이 세 가지 요인을 각각 살펴보기로 하자.

## 조직적 요인

공기역학적 관점에서 보면 땅벌은 날 수 없다고 한다. 이와 마찬가지로 프로젝트가 수행되는 조직적 상황만을 고려하면 프로젝트를 효과적으로 시행하는 것은 불가능해 보인다. 대부분의 프로젝트 관리자는 그들이 부딪치는 문제의 원인이 조직적 요인에 있다고 생각한다. 즉, 그들은 작업규칙이 자의적이고, 관리는 미시적으로 이루어지고, 업무에 적절한 사람을 배치하지 못하며, 예산편성을 위험하게 했기 때문에 일이 어려워진다고 생각한다.

흥미로운 것은 프로젝트 전문가들은 그들이 직면하는 문제를 그들 조직에만 있는 독특한 것이라고 믿는다는 것이다. 그들은 자신의 특수한 환경 밖의 일들이 더 나을 것이라고 생각을 한다. 그들은 자신들이 직면하는 조직의 많은 문제들이 어디에나 있는 것이라는 사실을 깨닫지 못한다.

또, 프로젝트 전문가들은 직접적 통제를 거의 하지 않는다는 것을 고려해야 한다. 그들은 자신이 책임진 일들이 나쁘게 전개되는 것을 막아야 하는 책임은 있지만, 일들이 전개되는 방법에 대해서는 권한이 거의 없거나 전혀 없다.

예를 들어 고층 현대식 빌딩의 큰 사무실로 이사해 자리 재배치를 필요로 하는 프로젝트를 맡은 관리자를 생각해보자. 어떤 사람이 그와 함께 일하게 될 것인가? 이 프로젝트에 지원한 스테프는 온종일 일할 수 있지만 이는 프로젝트 기간 동안만 유효한 계약 관계일 뿐이다. 그 지원자는 프로젝트가 끝날 때 조직의 다른 부서의 정규업무로 되돌아 갈 것이다. 또한 이 프로젝트 관리자는 새로운 시설의 배치를 설계하기 위해 여러 주 동안 건축가와 함께 일할 수도 있지만 그 건축가 역시 그의 피고용인은 아니다. 이뿐 아니라 가구설치를 위해 인테리어 회사, 운송 회사, 빌딩 유지보수 요원, 회사의 고위경영층과 함께 일할 것인데 이들도 역시 영구 고용직은 아니다.

대부분의 경우에 건축가, 인테리어 회사, 운송 회사를 영구히 프로젝트에 할당하는 것은 효과적이지 못하기 때문이다. 프로젝트의 외부 조건이 이러하므로 관리자는 업무를 수행하는 각각의 개인에게 직접적인 권한을 행사하지 못한다. 만약 그 프로젝트가 성공한다면 주로 관련된 프로젝트 담당자를 조정하고 영향을 행사하는 그의 능력과 협동하려는 노력의 결과이다.

유능한 프로젝트 전문가는 조직적 요인으로 인해 발생하는 문제들을 처리해야 한다. 그들은 전통적인 관점에서의 보스*boss*가 아니라 프로젝트 전문가로서 본질적으로 조정자인 동시에 영향력의 행사자임을 인지해야 한다.

이 책에서는 프로젝트 실패의 주된 원인을 책임과 권한의 분리에 있다고 보고, 여기에 초점을 맞추었다. 그리고 1장, 2장, 3장에서는 추가적으로 조직 문제의 원인에 대해서도 살펴보고 있다. 이런 문제들의 명백한 인식과 그것들이 야기되는 이유를 아는 것은 프로젝트 관리자들이 업무를 수행하는 데 큰 도움이 된다. 그들이 직면한 문제가 자신의 잘못에서 비롯한 것이 아니고 조직적으로 유도된 것이란 것을 알아야 대처 방안을 모색할 수 있다. 이런 지식이 있다면 그들은 조직이라는 풍차에 돌격하는 데 쓰는 시간을 줄이고, 그들이 영향력을 행사할 수 있는 업무에 대해 좀더 많은 시간을 쏟을 수 있을 것이다.

## 고객의 욕구(needs)와 요구(requirements)를 정확히 파악하지 못함

너무나 빈번하게도 고객이 바라던 것을 얻지 못하는 경우가 발생하곤 한다. 고객이 요구한 것을 바르게 이해하지 못한 상태에서 진행된 프로젝트의 결과물은 사용되지 않는다. 이것은 아무리 예산범위 내에서 개발되고 기한 내에 산출되었다 하더라도 실패한 것이다. 그런데 이와 같은 일은 자주 일어난다.

최종 작업의 결과물이 고객의 요구를 실질적으로 반영하지 못한 경우 고객은 그것을 이용하지 않는다. 이런 일이 발생하는 이유는 여러 가지이다. 만약 프로젝트가 하향식(top-down)으로 진행되었다면 고객의 실질적인 요구가 반영되지 않고 최고경영층의 견해를 반영하기가 쉽다. 또는 작업 결과물이 고객의 민감성에 관계없이 고객에 대해서 가장 좋은 시스템 설계자의 의견(즉 '전문가'의 의견)을 반영할 수도 있다. 그러나 이보다 근본적인 문제는 고객 자신도 진실로 자신이 원하는 것을 알지 못한다는 데 있다.

그런데 이와 같은 문제는 흔히 프로젝트 종료 직전이 되어서야 드러난다. 프로젝트 중간검토 기간에 고객과 프로젝트 스태프들은 프로젝트 사양이 의미하는 바에 대해 다른 해석을 함으로써 때때로 틀어지게 된다. 한편 프로젝트 스태프들은 프로젝트 일정과 함께 여러 가지 특징을 바꾸라는 고객의 요구를 듣게 된다.

여기에서 우리는 부적절한 고객요구의 정의와 잘 문서화되지 못한 프로젝트 사양의 중도변경으로부터 야기되는 문제들과 직면하게 된다. 그런 문제들은 필연적으로 비용과 일정의 초과를 초래한다. 이런 과정을 거쳐 나온 작업 결과물이 활용되지 않는다면 그 프로젝트는 실패라고 할 수 있다. 프로젝트에 있어서 국방성(省)은 거의 그런 문제들에 압도당한다. 우리는 계속 값비싼 무기체계의 개발, 즉 예정된 일을 하지 않거나 감추어진 비용의 초과지출과 일정의 지체에 관한 신문기사를 읽는다. 이런 이야기를 읽으면서 우리는 대개 방위산업 계약자들의 타락된 실상과 정부의 어리석음을 탓한다. 이처럼 우리들 대부분은 프로젝트의 실패 뒤에 숨겨진 진짜 중요한 이유가 빈약한 욕구 인식과 요구사항에 대한 부적절한 정의라는 것을 알지 못한다.

고객의 욕구와 프로젝트에 대한 요구사항은 프로젝트의 성패를 좌우하는 중요한 요소이므로 모든 프로젝트 관리자는 이를 다룰 수 있어야 한다. 프로젝트 관리자들이 고객의 욕구와 요구사항에 좀더 민감하다면 많은 실패들을 피할 수 있다. 제4장과 제5장에서 고객의 욕구와 요구사항들을 정의하고 조정하기 위한 많은 기법들이 제시될 것이다.

## 빈약한 계획과 통제

빈약하게 계획된 프로젝트는 난관을 만든다. 반면 훌륭하게 계획된 프로젝트는 성공의 지름길이다. 마찬가지로 훌륭한 프로젝트 통제도 중요하다. 그것들은 계획이 적절히 수행되고 있는지를 살펴보게 하며, 프로젝트가 일정을 유지하도록 프로젝트에 대하여 필요한 조정을 할 수 있게 한다. 반면 빈약한 통제를 수행하는 프로젝트는 제어할 수 없는 프로젝트나 마찬가지다.

프로젝트 성공을 위해서 계획과 통제가 중요하다는 것은 널리 알려진 사실이다. 계획과 통제에 대한 주제는 프로젝트 관리 문헌의 대부분을 차지한다. 프로젝트 관리와 매우 밀접한 관련을 갖는 갠트차트, PERT/CPM 차트, 자원적재차트와 같은 도구들은 계획 및 통제를 위한 수단이다.

계획과 통제에 주의를 기울이는 데는 합당한 이유가 있다. 첫째, 계획과 통제는 실질적이고 구체적인 활동이다. 우리는 예산을 계획하고 통제한다. 그리고 예산은 원이나 달러 등 구체적인 단위로 표기되기 때문에 원하는 것과 실제로 얻은 것을 측정할 수 있다. 마찬가지로 일정의 계획과 통제는 시간처럼 측정 가능한 것을 통해 일할 수 있도록 해준다. 우리는 하나의 활동이 시작되어야 할 정확한 시간을 십진법으로 측정할 수 있고, 일정이 우리로부터 얼마나 떨어져 있는가를 동일한 정밀도로 측정할 수 있다. 계획과 통제는 측정이 용이하기 때문에 우리를 돕는 도구들을 쉽게 개발하고 활용할 수 있다.

계획과 통제에 주의를 기울이는 두 번째 이유는 그것들이 종종 부적절하게 수행되기 때문이다. 아무도 주어진 상황에 대한 계획을 수립하지 않기 때문에 예산초과가 발생하고, 누구도 과업이 제때에 완성되고 있는가를 점검하지 않기 때문에 일정 지체가 발생한다는 것은 공공연한 사실이다.

프로젝트 실패의 세 가지 주요 원인 중에서 계획과 통제는 프로젝트 관리자와 스태프들에게 잘 전수될 수 있기 때문에 다루기가 가장 쉽다. 조직 또는 개별 프로젝트 관리자들은 약간의 터무니없는 계획과 통제의 실수를 제거하는 정규계획 및 통제규약을 설정할 수 있다. 계획과 통제 절차는 전산화가 가능하고, 컴퓨터 사용의 폭발적인 증가로 우리는 상업적으로 이용 가능한 예산편성, 일정계획, 자원할당 소프트웨어를 얻을 수 있다.

그러나 모든 계획과 통제 문제가 다 해결되는 것은 아니다. '얼마나 많이 계획과 통제를 수행해야 하는가' 라는 질문이 번번이 제기되는데, 이 질문은 계획과 통제에 관한 다양한 상충관계와 관련이 깊다. 예를 들어 우리는 창조적이고 합리적인 프로젝트 수정을 막는 지나친 계획과 통제를 할 수 있다. 지나친 계획과 통제는 결과적으로 프로젝트에 해를 끼치며, 반면 모자란 계획과 통제는 계획 및 점검 메커니즘의 결여로 프로젝트를 실패로 몰고 갈 수도 있다.

제6장과 제7장은 빈번히 마주치는 계획 및 통제 문제를 설명하고 그것들을 다루는 기법을 제공한다.

## 2. 반드시 결과물을 만들어 내라

여러 해 전 한 기업의 프로젝트 관리자들에게 계획과 통제에 관한 설명을 한 적이 있었는데 한 참석자가 자신의 문제를 토로해 왔다. 그는 필자의 설명은 흥미로웠으나 불행히도 새로운 것은 배우지 못했다고 말했다. 그는 필자가 설명한 기법들에 관하여 이미 알고 있었고, 사실 자신의 프로젝트에서 그것들을 세심하게 활용했다고 했다. 그는 또한 약간의 프로젝트 관리 함정들을 우회하는 데 꽤 솜씨가 있다고 했다. 그러나 올바로 단추를 끼우고 효과적으로 지렛대를 당기고 있음에도 불구하고 프로젝트는 별 성과가 없었다는 것이다. 그는 사태가 개선되지 않는다면 프로젝트 관리 책임에서 물러나야 한다며 두려워했다. 그는 "왜 나의 프로젝트는 아무런 성과가 없는 것처럼 보일까요?"라고 물었다.

필자는 그와 단지 몇 분밖에 함께 있지 않았지만 몇 가지 문제점을 찾아냈다. 그는 발음이 똑똑하지 못하고, 인간관계에 서투르고, 지나치게 훈계조였다. 그는 그의 문제가 무엇인가에 관해 필자의 의견을 물었지만 실제로 나의 견해를 듣는 것에는 관심이 없었다. 그는 필자가 다섯 단어를 말할 때마다 필자를 저지하고 반대했다. 의심할 나위 없이 그는 프로젝트를 수행했던 방법에 있어 이 책을 따르고 있었다. 그러나 필자와의 짧은 만남으로 비춰볼 때 그는 사람을 다루는 방법이 미숙하고 역시 업무처리에 비효과적인 사람임을 짐작할 수 있었다.

일찍이 언급한 것처럼 유능한 프로젝트 전문가는 함정을 피하는 중요한 교훈을 습득한다. 그러나 이것으로 충분하지 않다. 효과적인 프로젝트를 위해서 프로젝트 전문가는 가능한 한 최선의 방법으로 적극적으로 프로젝트를 수행할 수 있도록 이끌어야 한다.

한마디로 말해 프로젝트란 올바른 리더십이 없이는 안 된다는 것이다. 이런 이유로 이 책에선 과학적이며 직감적인 리더십에 대해 많이 다루었다. 이것은 또한 기업가 정신과 유사하면서 정치와 닮은 면도 있다. 정치란 한마디로 다른 사람에게 영향력을 행사하는 능력이다. 프로젝트 관리자는 어떤 일에는 직접 통제를 거의 하지 않지만 다른 사람이 그의 명령을 따르도록 영향력을 행사하는 데 효과적이어야 한다. 즉, 그들은 훌륭한 정치가가 되어야 한다.

## 프로젝트의 3요소 : 사람, 팀, 조직 PART 1

# 1
# 조직의 구성요소와 환경

...

필자는 여러 해 전에 안면 있는 프로젝트 관리자 4명과 프로젝트 관리 경험을 이야기하며 호텔 로비에 앉아 있었다. 그 때 한 관리자가 다른 사람들에게 이렇게 말했다.

나는 가끔 이런 생각을 한다네. 어느 날 갑자기 회사의 예산관리자, 고위경영층, 구매대리인, 그리고 변호사가 '훅' 하고 증발한다면 프로젝트를 얼마나 잘 수행할 수 있을까 하고 말이야.

다른 세 동료들이 고개를 끄덕이며 그의 말에 적극적으로 동의했다. 만약 이 말을 수천 명의 프로젝트 관리자 앞에서 했다면 그들 역시 대부분 고개를 끄덕였을 것이다. 이처럼 많은 관리자들은 프로젝트가 정규조직이라는 테두리 밖에서라면 더 잘 수행될 것이라고 생각하고 있다.

이와 같은 견해는 어느 정도 타당성이 있어 보인다. 그러나 이것은 바람직하지 못한 생각이다. 즉 이런 생각은 비현실적이라는 것이다.

모든 프로젝트는 조직 내에서 일어난다. 조직상황을 벗어나 프로젝트를 설계하고 관리하는 것은 마찰 없는 세계를 가정하고 기계를 설계하는 것과 같다. 이는 문서상으로는 그럴 듯해 보이지만 실제 세계에서는 잘 운영되지 않는다.

이 책의 제1부 1장, 2장, 3장에서는 조직적 관점에서 프로젝트 관리를 살펴보기로 하겠다. 이 장들은 조직상황을 벗어나 프로젝트를 연구하는 것이 성과가 없다는 사실을 보여준다. 또한 조직의 현실에 반대하는 투쟁보다는 '조직의 현실'에 대해 알아보고 이것과 함께 효과적으로 일하는 방법을 집중적으로 생각해 볼 것이다.

이런 현실을 알아보는 과정의 하나로 우선 제리 왈렌스타인의 가상 사례와 그가 프로젝트 관리와 조직 현실과 어떤 첫 만남을 가졌는지 살펴보자. 사실 제리가 직면한 경험은 능숙하지 못한 프로젝트 전문가에게 일어나는 매우 일반적인 것이다. 프로젝트 시작일로부터 종료일까지 제리가 겪었던 이 사례는 프로젝트 스태프가 아무리 최선의 노력을 다해도 통제할 수 없는 문제가 여전히 있을 수밖에 없다는 사실을 보여준다.

제리는 회사에서 쓰고 있는 컴퓨터와 근거리통신망(LAN)과의 연계 가능성을 조사하는 프로젝트 관리자가 되자 기뻐했다. 이 LAN은 기업 요원을 컴퓨터상의 네트워크로 연계시킴으로써 기업 내 의사소통을 크게 향상시킬 수 있기 때문이었다. 제리의 회사도 이를 통해 낭비되는 종이를 거의 제로에 가깝게 줄일 수 있었다. 예컨대 전자게시판이 조직 차원의 문제에 대해 알려주며, 관리자들은 회사의 중앙컴퓨터에 저장된 데이터에 직접 접근할 수 있었다. 월별 보고서들도 부하들로부터 감독자들에게 이를 통해 순식간에 전달될 수 있었다. 간단히 말해서 그 회사는 제리를 흥분시키는 정보시대로 빠르게 전진해나갈 수 있었다.

이 프로젝트는 제리에게 최초의 실질적인 관리 경험이었다. 그는 대학을 마친 후 바로 MBA 학위를 받았고 글로버스 엔터프라이즈에 취직했다. 이 업무는 그에게 상위 수준의 의사결정에 참여할 기회를 여러 번 제공했지만, 그는 업무 수행자가 아니라 의사결정 과정의 탐색자이기 때문에 스스로 좌절감을 느껴야 했다.

제리는 '해야 할 것'이라고 명명된 목록을 작성했다. 그 목록의 맨 위에는 '프로젝트 스태프를 모으라'는 항목이 있었다. 그는 상사인 바이너에게 "얼마나 많은 요원과 함께 일할 수 있습니까?" 하고 물었다. 바이너는 이에 대해 "귀하가 필요한 만큼 활용하시오"라고 대답했다. "중요한 것은 한 달 안에 당신이 발견한 사항에 대한 보고서를 나에게 제출하는 것이오. 당신의 예비조사는 우리에게 글로버스를 LAN화하는 방법에 관한 아이디어를 줄 것이고, 우리는 다음 분기 중 역회의를 위해 적절한 정보가 필요하오."

제리는 그의 프로젝트를 잘 수행하기 위해 비서, 보좌역, 컴퓨터 전문가, LAN 전문가, 회사의 5개 사업부 대표와 같은 사람들이 필요하다고 결정했다. 그는 그 중 자신과 비서, 보좌역을 유일한 풀타임 프로젝트 작업자로 생각했다. 마찬가지로 프로젝트 팀의 다른 구성원들도 그것이 한 달 안에 완료된다고 생각하여 그 프로젝트에 대해서 상당히 실질적인 공헌을 해주었다. 즉 그들은 프로젝트에 자기 시간의 약 25%를 헌신했다.

제리는 5명의 사업부 대표자들로 하여금 운영의 생산성에 대한

LAN 시스템의 영향을 평가하도록 했다. 아울러 그들 사업부가 필요로 하는 정보를 나열하면서 연구의 각 절을 기술하게 하겠다는 계획을 세웠다. 컴퓨터와 LAN 전문가들은 이 보고서의 기술적 부분을 작성하기 위해 그의 보좌역과 함께 일했다. 이때 제리의 주요 직능은 다른 사람들의 노력을 조정하고 모든 부분을 응집력 있는 전체로 통합하는 것이었다.

그런데 제리는 그가 팀을 형성하기로 한 시간부터 난관에 부딪혔다. 그의 첫 번째 어려움은 프로젝트를 위해 풀타임으로 근무하는 비서를 얻지 못하는 것이었다. 그의 사업부는 조직을 재평가하는 과정에 있었기 때문에 모든 비서들이 이미 과중한 부담을 안고 있었다. 제리가 이 문제로 바이너에게 갔을 때 그는, 상황은 이해하지만 주어진 날짜까지는 활용 가능한 인력만으로 일하는 수밖에 없다고 말했다.

제리는 프로젝트 팀에서 일할 자유로운 사람을 찾기 위해 반나절을 소비한 후에 계약 및 조달 부서에서 일하고 있는 밥이라는 사람을 만났다. 밥은 퇴직까지 2개월가량을 남기고 있었기 때문에 업무 부담이 점차 줄어들고 있었다.

한편 비교적 쉽게 채용한 팀 구성원은 컴퓨터 전문가였다. 제리는 정보자원 관리책임자(IRM)에게 컴퓨터 및 LAN 전문가가 필요하다고 말했다. 그 IRM 책임자는 즉시 마가렛이 제리를 돕도록 주선해 주었다. 그러나 그는 LAN 경험이 없었기 때문에 LAN 전문 업무를 위해서는 외부 컨설턴트에게 도움을 청해야 했다.

제리는 각 사업부의 대표자를 채용하는 데에는 어느 정도 성공했다. 특히 그는 재무사업부로부터 좋은 응답을 받았다. 재무부 사장인 메리는 지금이 글로버스 엔터프라이즈가 20세기에 진입할 시간이라고 공표하고, 프로젝트에서 제리를 돕기 위해 그녀의 사무실에서 사람을 할당하게 된 것을 기쁘게 여긴다고 말했다. 반면 데이터처리 사업부에서는 그에게 대단히 냉담했다. 그 사업부 부사장인 샘은 지원에 대한 그의 요청을 장기간 묵살했다. 마침내 샘은 "나는 당신과 바이너가 이런 일을 시작하는 이유를 전혀 이해할 수 없어요. 당신은 이 LAN을 설치하는 것에 대한 우리의 의견을 묻지 않았소. 우리는 당신이 이 일을 시작하기도 전에 이미 두 명의 전문가와 이 일에 대해 연구하고 있었어요"라고 말했다. 그는 협력을 약속하지 않은 채 제리를 내쫓았고 '개인적으로 살펴보겠다'는 모호한 말을 했다.

제리는 데이터처리 부사장을 만난 이후 용기를 잃고 말았다. 지금까지는 글로버스의 모든 사람이 제리에게 우호적이었는데 부사장이 냉담하게 대하자 자신을 잃게 된 것이다. 제리는 사무실 밖에서 프로젝트의 새로운 보좌역인 밥에게 가까이 가서 말을 걸 때에도 여전히 샘과의 회의에 대하여 걱정하고 있었다.

"들어보세요, 제리." 밥이 말했다. "당신도 아시다시피 나는 두 달이 지나면 퇴직할 것입니다. 나는 당신의 이 프로젝트를 돕고 싶습니다. 그러나 나는 컴퓨터에 관해서 아는 것이 전혀 없습니다. 솔직히 나는 어떤 사람이 우리 둘을 이 프로젝트에 관여하도록 계략을 썼다고 생각합니다. 하지만 나는 기꺼이 당신과 함께 일하겠습니다. 그러나 너무 많은 것을 기대하지는 마십시오."

이 모든 것은 프로젝트의 셋째날인 목요일에 일어난 일이다. 프로젝트를 빨리 진행하기 위해 제리는 다가오는 월요일 아침 9시에 모든 프로젝트 스태프와 회의를 하기로 결정했다. 그런데 데이터처리 사업부는 여전히 대표를 할당하지 않았기 때문에 회의석상에서 그 부서를 대표하는 사람이 없었다. 재무사업부 대표는 빠르게 움직이는 것은 좋은 아이디어라고 말했다. 그러나 불행히도 그는 주중에 다른 지방에 있게 될 것이라고 했다. 다른 프로젝트 구성원은 회의에 출석했으나 그다지 열의가 있어 보이지는 않았다. 회의에 관심 있는 유일한 사람은 컴퓨터 전문가인 마가렛 뿐이었다. 제리는 그가 LAN 전문가를 얻기 위해 무엇을 하는지를 확신하지 못했다. 다음 주에 그것에 관하여 바이너에게 이야기할 것이다.

제리는 회의를 준비하기 위해 주말을 모두 소비했다. 그는 다섯 페이지의 예비 배치서를 준비했고, 팀 구성원이 만나서 가져야 할 이정표를 확인했고, 수행해야 할 활동의 지침을 마련하며 LAN 기술에 관한 여러 개의 학술논문을 읽었다. 그러나 월요일 9시에 제리는 회의실에 도착해서 방이 텅 비어 있는 것을 발견했다. 9시30분까지 단지 두 명의 팀 구성원이 나타났다. 그의 보좌역 밥과 마가렛은 결석했다.

낙담한 채 제리가 사무실에 돌아왔을 때 마가렛에게서 메시지가 와 있었다. 그는 그녀에게 전화했다. 그녀는 회의에 빠진 것에 대해 사과하고 정보자원 관리부(데이터처리 사업부의 한 파트인)의 상사가 그녀에게 프로젝트에서 빠지게 했다고 설명했다. 그녀는 이유를 잘 몰랐다.

1시 30분에 바이너는 제리를 사무실로 불러서 LAN 프로젝트를 취소하고 있다고 말했다. 그는 설명했다. "샘은 사장에게 가서 한 쌍의 아마추어인 당신과 내가 할 일 없는 사업을 시도하며 미친 듯이 날뛰고 있다고 불평했어. 유감이네. 당신은 이번 일에서 얻은 것도 있지만 잃은 것도 많아. 다음번에 우리는 더 잘 할 거야, 어때?"

"좋습니다." 제리는 어리둥절한 상태에서 말했다. 그는 이것이 의미하는 모든 것을 이해하지 못했다. 그가 생각할 수 있는 것은 누군가가 회사 대표에게 자신을 아마추어라고 말했다는 것이다. 제리는 글로버스에서의 자신의 미래를 의심하고 있다.

# 책임과 권한이 분리된 프로젝트 관리자

프로젝트 관리에 대한 제리의 경험은 대다수 프로젝트의 공통적인 특성을 말해준다. 이 사례를 통해 알 수 있는 가장 분명한 것은 제리가 업무를 진행할 책임은 갖고 있었으나 의사결정을 실행할 권한은 거의 갖지 못했다는 것이다. 이것은 프로젝트 팀 구성원을 채용할 때 그가 처했던 어려움을 통해 알 수 있으며, 또한 밥이라는 그의 보좌역과 다른 풀타임 팀 구성원에 대해서만 한계적 통제를 행사할 수 있다는 사실에서 증명된다.

제리의 이야기를 통해 우리는 대부분의 프로젝트 관리에서 책임과 권한이 분리된다는 특징을 발견할 수 있다. 프로젝트 전문가들은 그의 작업을 수행하는 데 거의 권한을 갖고 있지 않다. 즉, 그들은 프로젝트 성공과 실패 사이의 차이를 만드는 사람과 사물에 대해 거의 직접적인 통제를 하지 못한다. 또한 그들의 스태프는 프로젝트를 위해 일시적으로 외부에서 데려올 뿐이다. 이 스태프들은 승진하는 것, 급여가 올라가는 것, 대학원 과정을 위해 학자금을 얻는 것을 생각해야 하는 다른 곳에서 일한다. 또한 프로젝트에서 필요한 자재들은 역시 다른 사람들의 통제 아래 있거나 그들에게 빌려와야 한다.

이런 곤경을 관찰한 사람은 "이 문제는 쉽게 해결할 수 있을 것 같습니다. 프로젝트 전문가에게 프로젝트에 사용되는 모든 자원에 대한 권한을 줍시다"라고 말할 수 있다. 그러나 말처럼 쉽지는 않다. 프로젝트 전문가는 일부 사람이나 물건에 대해서 직접적인 통제를 거의 하지 못한다. 이 사실은 프로젝트의 본질이 훼손되거나 자원이 낭비되지 않고 효율적으로 활용되어야 한다는 조직의 요구사항에 근거하고 있다. 이를 통해 서론에서 제기한 프로젝트의 기본 정의의 여러 특징들을 살펴보자.

---

• 프로젝트는 일시적이다

프로젝트의 진행 기간은 일시적이며 유한하다. 예를 들어 제리의 프로젝트는 한 달의 기간으로 설정된 것이었다. 물론 이 기간은 일률적인 것이 아니다. 즉 프로젝트의 성격에 따라 몇 시간 혹은 몇 주가 될 수도 있고 몇 달 혹은 몇 년간 지속될 수도 있다.

• 프로젝트는 독특하다

프로젝트는 일종의 단기 업무이다. 예를 들어 글로버스 엔터프라이즈에서 시행하는 LAN 시스템의 타당성 조사는 일상적 업무가 아니다. 프로젝트는 순간적인 필요를 설명하기 위해 구조화된다.

• 프로젝트는 시스템이다

프로젝트는 여러 다른 부분들이 정교한 방법으로 구성된다. 전문기술을 갖고 있는 사람은 각각의 부분에서 일한다. LAN 프로젝트 팀은 대부분의 구성원이 프로젝트에 자신의 전문기술(예를 들어 컴퓨터에 대한 지식, 재무 관련 업무지식, 타이핑기술)을 적용할 수 있도록 구조화되었다. 프로젝트가 그것의 수명주기대로 진행되어 나갈 때 프로젝트 팀의 구성이 계속 변경된다는 것은 특별한 일이 아니다. 오히려 프로젝트에 풀타임 작업자를 고용하는 것이 예외적인 일이다.

---

　프로젝트는 원래 성격상 인간과 자원을 영구히 과업에 할당하기보다는 외부에서 차입하여 사용하도록 되어 있다. 그런데 프로젝트 스태프가 차입된 자원을 활용하는 한, 그들은 제한된 통제만을 할 수 있다. 제리는 일주일 동안 프로젝트의 이런 실체를 알고는 매우 놀랐다. 우선 그는 프로젝트에 풀타임으로 할당될 비서를 얻을 수 없었다. 그의 풀타임 보좌역은 중요한 시작회의에 나타나지도 않았다. 제리는 마가렛이라는 협동적이고 유능한 컴퓨터 전문가를 만났다. 그러나 상사는 상황의 정치적 역학관계 때문에 그를 프로젝트로부터 떠나게 했다. 글로버스는 LAN 전문가가 없었기 때문에 제리는 외부 컨설턴트로부터 필요한 전문지식을 얻어 와야 했는데, 거기에 대한 통제가 어느 정도는 가능했지만 또 얼마간은 불가능했다.

　제리의 관점에서 보면, 그는 LAN 타당성조사의 프로젝트 관리자임에도 불구하고 권위가 부여된 상사가 아니었다. 제리가 최초 프로젝트 사태에 대해 머리를 짜며 몇 시간을 보낸 후에 바이너가 그의 작업에 필요한 자원에 대해 권한을 행사할 수 있는 상사가 되어준다면 프로젝트에서 성공할 것이라는 결론을 내린 것은 이해할 수 있는 일이다. 하지만 그것은 순진한 결론이었다. 그것은 제리가 불쾌한 프로젝트 경험에서 많은 것을 배우지 못했다는 것을 의미한다. 상사가 되기 위해 그는 작업요원의 경력 개발에 대해 통제할 수 있어야 했다.

　또한 제리가 처한 문제의 대부분은 경험이 없었기 때문에 생긴 것이다. 예를 들어 그는 자신의 권한을 강화할 아무런 조치도 취하지 않았다. 그는 글로버스의 다른 부서와 실랑이하기보다는 그의 부사장인 바이너를 통하여 일을 처리해야 했다. 그는 요구의 목적을 설명하고 바이너가 서명 날인한 메모를 기안할 수도 있을 것이다. 그러나 이런 방법으로는 프로젝트의 진행상황을 제대로 관찰할 수 없다. 제리가 회사 내의 부사장과 직접 접촉하는 것은 부사장에겐 매우 성가신 일이다. 데이터처리 부사장이 제리의 행동을 자기 영역에 대한 침범이라고 본 것도 당연하다.

## 권한 키우기

프로젝트 스태프에게는 권한이 결여되어 있다. 권한은 사람들이 자신을 진지하게 받아들이고 명령을 따르게 하는 능력이다. 옛날에 왕은 자신의 군대가 가진 능력에 기반을 둔 권한을 가졌다. 능력 있는 왕이 명령을 내릴 때 현명한 백성들은 듣고 순종했다. 의사에게 부여된 권한의 근거는 환자를 치료하는 의학지식이다. 사람들은 확실히 의사를 진지하게 받아들인다. 그들은 일반적으로 지시된 규칙을 따르고 의심 없이 처방된 약을 먹는다.

오늘날 생활에서 권한의 특성을 가장 잘 나타내주는 사람은 경찰관이다. 한 사회가 불법과 폭동에 휘말릴 때 우리는 흔히 그런 상황을 '권한의 붕괴'라고 말한다.

광고 전문가들은 일반인들이 권위자의 말에 따른다는 것을 항상 염두에 두고서 광고를 제작한다. 그 결과 우리는 텔레비전에서 좌약이나 진통제와 같은 모든 종류의 약을 소리쳐 파는, 의사복장을 한 남녀를 볼 수 있게 되었다. 얼마 전에는 어떤 배우가 텔레비전 광고에 의사의 모습으로 나와서 무카페인 커피가 신경피로를 위한 진정요법이 된다고 말한 적이 있었다.

프로젝트 전문가들은 사람들이 그들을 진지하게 받아들이고 명령을 따르도록 하려면 권한의 기반을 만들고 성장시키는 일을 해야 한다. 이를 위해 다섯 가지 유형의 권한에 유의해야 한다. 이것은 조직적인 권한과 개인적인 권한으로 분류된다. 조직적인 권한에는 공식적·재무적·관료적 권한이 있다. 그것들은 프로젝트 전문가들이 자신을 발견하는 특정한 조직상황에서 비롯된다. 개인적인 권한은 말 그대로 개인적이며 기술적이고 카리스마적인 권한이다. 그것들은 본질적으로 프로젝트 전문가의 인격과 성취에 관련되어 있다.

## 공식적 권한

모든 프로젝트 전문가들은 일을 원만히 수행하기 위해 어느 정도 공식적 권한을 소유한다. 이 공식적 권한은 그들이 프로젝트에 지명되자마자 자동적으로 부여된다. 이 임명 자체는 조직의 리더인 특정 개인에게 프로젝트를 수행할 수 있다는 자신감을 주며 비록 적은 부분이라 할지라도 그가 상부로부터 지원을 받고 있다는 것을 보여줌으로써 요원들에게 신뢰를 줄 수 있다.

프로젝트 전문가가 소유한 공식적 권한이 만약 특정 장소의 사람에게만 적용되는 것이라면 그 권한은 사람들이 자신의 명령을 따르게 하는 데 도움이 되지 못한다. 이와 반대로 기업 대표이사가 프로젝트 전문가를 임명하는 식순을 갖고 새롭게 임명된 사람이 대표이사의 완전한 지원을 받고 있다는 것을 모든 사람에게 명확히 한다면 조직 내의 사람들은 프로젝트 전문가의 권위를 인정하고 좀더 주목하게 될 것이다. 이럴 때 공식적 권한은 실질적이고 운영 가능한 권한이 될 수 있다.

그러나 대부분의 경우는 고위경영층의 지원을 받지 못한다. 보통 그들이 갖고 있는 공식적 권한은 사람과 자원에 대한 그들의 직접적인 통제를 방해하는 다른 요인을 상쇄할 만큼 충분치 못하다.

보통 경험이 없고 불안정하며 상상력이 부족한 프로젝트 관리자들은 공식적 권한을 선호하고 그것에 의존한다. 그래서 그들은 공식적 권한이 저절로 부여되기를 바란다. 그들은 권한을 만들기 위해 일하지 않는다. 그러나 불행히도 저절로 부여된 공식적 권한은 피상적인 수준의 힘밖에 갖지 못한다.

## 재무적 권한

프로젝트 관리자들이 예산상의 재량을 효과적으로 활용한다면 그들은 재무적 권한을 수행할 수 있다. 이런 종류의 권한은 단지 프로젝트 관리자의 예산행동에 영향을 받는 개인을 다루는 데 효과적이며 인도된 재화와 용역에 대한 지급에 의존하는 외부 판매업자와 계약자를 다루는 데 특별히 유용하다.

재무적 권한을 잘 사용하려면 당근과 채찍을 효과적으로 활용하는 것이 중요하다. 미래사업에 대한 약속 또는 일정에 앞선 작업에 대한 인센티브의 지급은 외부판매업자와 계약자가 좋은 업무를 수행하도록 격려할 수 있다. 반대로 잘못한 일에 대해서는 지급을 유보하는 위협을 함으로써 부진한 판매업자가 성과를 개선하도록 자극할 수 있다. 그러나 이미 잘못된 일정, 비용 또는 품질성과 등으로 채찍이 필요한 것이 분명해진다면 프로젝트가 심각한 위험에 빠진 경우이다.

프로젝트 관리자가 직면하는 또 하나의 문제는 예산에 대해 엄격한 통제를 가할 수 없다는 것이다. 그러나 비금전적 자원통제를 통한 재무적 권한은 사용할 수 있다. 예를 들어 그들은 사람들의 시간에 대해 어느 정도의 통제를 할 수 있다. 그리고 깨끗한 임무를 맡는 사람과 지저분한 일을 맡는 사람을 결정할 수도 있다. 그들은 또한 신규장비를 얻는 사람과 가장 바람직한 사무실 공간을 차지하는 사람을 결정할 수도 있다.

## 관료적 권한

역사를 살펴보면 관료적 기술의 습득을 통하여 조직 내에서 권력을 거머쥔 개인들의 사례가 많이 있다. 관료적 권한에 대해서는 20세기의 가장 성공적인 미국정치인 중 한 사람인 린든 존슨 *Lyndon Johnson*의 말에 그 의미가 잘 나타나 있다. 그는 '당신이 시스템을 작동시킬 수 있도록 시스템의 작동방법을 배우라' 고 말하기를 좋아했다. 관료적 권한을 잘 사용한 일례로 스탈린을 들 수 있다. 스탈린의 권한은 공산당과 정부 관료가 그의 명령에 따르도록 조정하는 능력을 가졌다는 점에서 레닌의 카리스마적 권한과는 명백히 대조된다. 그는 개인적 지시의 세세한 부분에 초점을 맞췄다.

조직은 좋은 관료적 기술을 가진 프로젝트 관리자에게는 장애물이 아니다. 사실, 조직의 지식과 그것의 점검을 위한 규정은 긍정적인 것이다. 훌륭한 관료적 기술을 가진 관리자들은 현재 조직에 거스르지 않는 대신 흐름에 따라 행동한다. 그들의 권한은 서류작업을 정확히 하는 것, 프로젝트 상황보고를 위해 다소 자의적인 마감일을 충족시키는 것, 그리고 상세한 조직의 조달절차를 아는 것의 중요성을 인식하는 데서 시작한다.

## 기술적 권한

기술직 종사자는 일반적으로 기능적 권한에 대해 높은 존경심을 갖고 있다. 흔히 그들은 다른 작업자의 가치를 그들의 기술적 능력에 따라서 판단한다. 예를 들어 실험실에서 일하는 연구자는 동료과학자가 5년 동안 가치 있는 보고서를 전혀 발표하지 못했을 경우 그에 대한 존경심은 낮아질 수 있다.

기술직 종사자는 기술적 능력을 중요시하기 때문에 그들에 대한 경영층의 권한에 대해 분개하곤 한다. 필자는 실험실에 있는 많은 연구자들이 '기술적으로 해박하지 못한' 상사를 위해 일하는 것에 대해 불평하는 얘기를 자주 들었다. 한 과학자는 이런 이유로 직장을 그만두고 자신의 회사를 설립했다. 그는 자신보다 우수하지 못한 사람을 위해서는 일하고 싶지 않았던 것이다. 양자역학을 이해하는가에 따라 사람의 가치를 평가하는 사람에게는 1학년짜리 미적분학 수준을 넘지 못하는 상사를 위해 일하는 것처럼 고통스러운 일은 없다.

우리 사회에는 기술적 성취나 지적인 성취를 이룬 사람들에 대해서 높게 평가하는 경향이 있다. 토마스 에디슨, 알버트 아인슈타인과 같은 위대한 지적 성취를 이룬 사람을 대중이 찬사하는 것을 생각해보라. 우리는 이보다는 좀더 세속적인 수준에서 조직의 전문가를 존경한다. 즉, 정상보다 10배나 빨리 컴퓨터 코딩을 할 수 있는 사람, 또는 복잡한 세법을 마스터한 사람, 또는 과거 15년 동안 1년에 두 명의 중증 환자를 회복시킨 사람 등이 그들이다. 사람들은 이런 사람들이 말할 때에는 순종한다. 그들의 요청을 들어주는 것은 그들에 대한 존경심 때문이다.

기술적 권한을 소유한 프로젝트 관리자는 이런 권한을 활용하기에 매우 유리하다. 그들은 급여나 인사권으로써가 아니라 기술적 능력으로 사람들이 그 명령에 따르게 만들 수 있다.

기술적 능력이 부족하면 기술적 프로젝트를 관리하는 데서 제외된
다. 예를 들어 소규모 소프트웨어 개발 프로젝트 같은 경우 기술적인
과업을 수행할 프로젝트 관리자가 요구되는 것은 합리적이다. 그러나
흔히 기술적 배경은 프로젝트 관리자가 기술적 의무를 수행하지 않을
때에도 요구된다. 그 이유는 기술적으로 훈련된 개인만이 프로젝트
스태프로서 직면한 문제의 기술적인 본질을 평가할 수 있기 때문이
다. 그러나 좀더 중요한 이유는 비기술적 관리자가 프로젝트 스태프
들로부터 신뢰를 얻지 못하고 진지하게 받아들여지지 않기 때문일 것
이다. 이런 이유로 비기술적 관리자는 프로젝트를 관리할 기술적 권
한이 부족하게 된다.

## 카리스마적 권한

카리스마적 권한을 소유한 프로젝트 관리자는 다른 사람이 그들을
경청하고 명령에 따르게 할 수 있다. 카리스마적 권한의 특징은 프로
젝트에서 프로젝트로, 조직에서 조직으로 옮겨갈 수 있는 편리한 이동
성에 있다. 이 권한을 적절히 개발한다면 이것은 주요 작업자들에게
영향을 끼쳐 프로젝트의 성공과 실패를 좌우하게 된다.

카리스마적 권한은 여러 가지 특성에 뿌리박고 있다. 카리스마적
관리자는 흔히 사명감을 소유하고 유머감각이 있으며 스태프의 요구
사항에 대해 민감하고 열정적이며 자신감에 차 있다. 카리스마적 관
리자는 관리자라기보다는 '리더'인 것이다.

카리스마적 권한이나 공식적·재무적·관료적·기술적 권한을 갖
지 못한 프로젝트 관리자는 문제를 겪게 된다. 실질적으로 그들이 이
런 형태의 권한 중 하나만을 갖고 있다면 여전히 문제가 될 수 있다.

예를 들어 프로젝트 관리자가 단지 카리스마적 권한만을 갖고 있다면, 요원은 처음에는 그 경영스타일을 즐길 것이지만 나중에는 겉은 있으나 내용은 없는 사람으로 인식할 수도 있다. 또 관료적 기술이 잘 연마되지 않았다면 그는 성가신 업무를 수행하기 위해 결정적인 최종 기한을 놓칠 수 있다.

일반적으로 프로젝트 관리자는 적어도 두 가지 형태의 권한을 개발하고 성숙시켜야 한다. 권한의 중요성은 그것이 프로젝트 환경에서 다른 구성원에 대해 지렛대 역할을 하기 때문이다. 그런 지렛대가 없다면 프로젝트 관리자들은 그들의 프로젝트를 실질적으로 통제할 수 없다.

## 프로젝트를 둘러싼 환경

제리의 경험은 우리에게 프로젝트 환경에 대해 최소한의 문제제기만을 할 뿐이다. 그의 사례는 열쇠구멍을 통하여 방을 들여다보는 것과 같다. 조금만 노력해도 물론 방 안의 의자나 침대 정도는 식별할 수 있겠지만, 방 안의 전체적 배치나 구도에 대해서는 막연한 생각밖에 갖지 못할 것이다.

완전한 프로젝트 환경을 가정하고 경영적 관점으로 이를 살펴보면 대단히 복잡한 상황이 드러난다. 그림 1·1은 마치 천동설의 관점에서 보듯이 전체적인 프로젝트 환경을 그리고 있다. 관리자는 사물의 중앙에 놓여 있다. 물론 이것은 왜곡된 견해이다. 사실 관리자는 지동설과 같은 상황에 대처해야 한다.

그림 1·1을 살펴보면 흥미로운 사실들을 볼 수 있다. 먼저 관리자

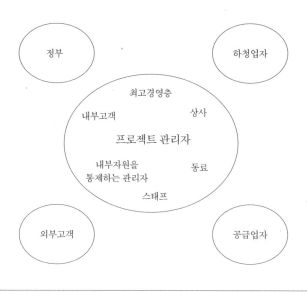

| 그림 1·1 | 프로젝트 관리자의 운영환경 |

가 다룰 많은 사람들이 수명주기 동안 부딪치게 될 복잡한 업무를 알수 있다. 그런데 복잡한 업무 때문에 프로젝트가 궤도를 이탈할 수 있다. 예를 들어 한 공급자가 결정적으로 중요한 부품을 늦게 인도하면 프로젝트 일정 전체는 치명적인 손실을 입게 된다. 이런 문제가 복합적으로 발생하면 프로젝트 관리자들은 구성원들을 통제하지 못하게된다. 또한 이 그림은 프로젝트 관리자가 조직의 외부환경과 내부환경을 관리해야 한다는 것을 보여준다.

프로젝트에 있어 인간관계를 다루는 서적이나 강좌들은 보통 프로젝트 관리자와 스태프와의 관계에 초점을 맞춘다. 이런 관계들은 확실히 중요하다. 그러나 그림 1·1에서 나타나듯 다른 구성원과의 관계 역시 중요하다. 그들 중 하나에 문제가 생기면 프로젝트 전체가 위태로워질 수 있기 때문이다. 좀더 적극적으로 그들과 좋은 관계를 갖는 것은 프로젝트를 많이 지원할 수 있게 한다. 좀더 깊이 이런 구성원과 프로젝트 관리와의 관계를 살펴보자.

## 최고경영층

조직에서의 최고경영층은 프로젝트에 직접 개입할 수도 있고 안 할 수도 있다. 규모가 큰 프로젝트일수록 가시적이며, 대규모 프로젝트의 관리자들은 최고경영층과 직접적인 상호작용을 한다. 360라인의 메인프레임 컴퓨터를 개발하는 IBM의 프로젝트는 최고경영층이 밀접하게 개입한 사례이다.

가시적인 프로젝트 관리는 긍정적인 측면과 부정적인 측면을 모두 가지고 있다. 긍정적인 측면은 최고경영층으로부터 지원을 받을 수 있다는 점이다. 즉, 프로젝트를 수행할 최상의 스태프를 채용하고 필요한 자원을 획득하기에 용이하다. 결과적으로 가시적인 프로젝트는 프로젝트 관리자의 조직 내 입지를 강화하는 역할을 한다.

가시적인 프로젝트의 부정적인 측면은 그것이 실패했을 때 그 파장이 크다는 점이다. 게다가 거기에 비용이 많이 투입됐다면 재정적 손실은 소규모 프로젝트의 그것보다 클 수밖에 없다. 또 다른 부정적 측면은 최고경영층이 미세한 관리를 하면서 프로젝트 관리자들을 간섭하고 싶은 유혹에 빠질 수 있다는 것이다. 최고경영층에 의한 미세한 관리는 프로젝트 관리자를 궁지에 몰아넣는다.

가시성이 낮은 프로젝트에는 최고경영층의 직접적인 개입은 없다. 그러나 최고경영층은 전체 조직의 분위기를 형성하기 때문에 프로젝트가 수행되는 방법에 대해 주요한 영향력을 행사한다. 예를 들어 최고경영층이 조직 내에 자유롭고 개방적인 의사소통 분위기를 형성하면 프로젝트 관리자와 스태프는 프로젝트의 성패를 보고하는 데 좀더 정직해진다. 한편, 최고경영층이 실패는 용납하지 않는다는 분위기를 만들면 프로젝트 관리자와 스태프는 진척도를 보고하는 데 정직할 수 없을 것이다.

## 상사

오늘날 상사의 개념은 재평가되고 있다. 현대조직이 전통적인 명령 구조로부터 팀 중심적 구조로 재편됨에 따라 보고 체계의 문제가 불분명해졌다. 우리는 감독자가 절대적 권한을 가지는 독재적 모델에서는 벗어났지만 상사가 사라진 상황에는 아직 이르지 못했다. 상사는 여전히 존재하고 업무를 조율한다. 상사는 일상적 환경을 조성하고, 조직 내에서 프로젝트 관리자의 경력을 결정하기 때문에 여전히 중요하다.

상사는 조직생활을 편안하게 만들 수도 있고 고통스럽게 만들 수도 있다. 일반적으로 상사는 프로젝트에서 함께 일할 사람을 결정해주고 사태가 나쁘게 진행될 때 방패가 되어주기도 한다. 이해력이 깊은 상사를 만난다면 편하게 일하게 되겠지만 이와 반대로 사소한 난관의 징조에도 책망거리를 먼저 찾는 상사와 일을 한다면 매우 불편한 상황을 맞을 것이다.

## 동료

조직 내에서 다른 프로젝트 관리자와 구성원은 동료일 수도 있고 적일 수도 있다. 그들이 동료가 되려면 적어도 두 가지 의미를 가져야 한다. 프로젝트 관리자에게 중요한 정보와 인적, 물적 자원을 제공하고 조직 내에서 일이 추진되도록 도움을 주는 동맹자로 여길 때 비로소 동료라고 할 수 있다. 개별 프로젝트 관리자는 필요하다고 판단되는 장비를 구매할 만한 충분한 능력이 없을 수도 있지만, 동료들과 화합한다면 구매자금을 확보할 만한 충분한 영향력을 소유할 수 있다.

또한 동료는 적이 될 수도 있다. 동료 간 갈등의 원인은 자원의 희소성 때문이다. 물론 프로젝트 관리자가 유능한 스태프나 필요한 장비를 확보하기 위해 동료들과 경쟁하는 것은 특별한 일이 아니다. 만약 이 경쟁이 우호적인 감정으로 수행된다면 별 문제가 되지 않는다. 또 동료는 경력을 쌓는 데 경쟁자가 되기 때문에 적이 될 수 있다. 이점은 요즘같이 조직의 규모가 축소되는 시기에 있어선 특히 의미심장하다.

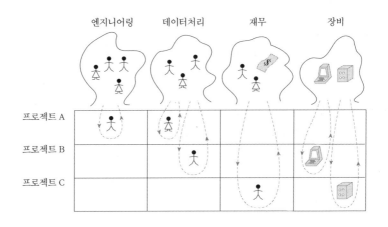

| 그림 1 • 2 | 매트릭스 구조 |

## 스태프

프로젝트 관리자가 이용하는 스태프는 풀타임으로 프로젝트에 투입되기보다는 외부에서 잠시 차입되는 것이 보편적이다. 관리자는 이점을 잊어서는 안 된다. 이런 사실을 인식하면 프로젝트 조직은 때때로 자신들을 매트릭스 구조로 조직화한다.

그림 1·2는 순수한 매트릭스 구조이다. 이 그림에서 가로축은 자원 저장소 역할을 하는 기능적 집단을 나타낸다. 엔지니어링 부서는 광범위한 종류의 엔지니어들로 채워지고, 데이터처리 부서는 프로그래머와 분석가들로 충원된다. 그리고 재무부서는 회계요원과 재무전문가로 채워진다. 한편 세로축에는 매트릭스의 왼편에 특별한 자원을 필요로 하는 개별 프로젝트가 있다. 예를 들어 프로젝트 A는 엔지니어와 데이터 처리자를 필요로 한다. 이 필요성이 충족되었을 때 그들은 다른 프로젝트의 작업에 투입될 수 있도록 기능 그룹으로 되돌아간다.

이와 같이 매트릭스 구조는 우리가 여러 번 주목한 것을 결합한다. 프로젝트의 일시적이고 독특하고 복잡한 특성 때문에 프로젝트의 기간 전체에 자원을 할당하는 것보다 필요할 때마다 자원을 차입하는 것이 좀더 효율적으로 보인다.

오늘날 매트릭스 관리는 두 가지 기능을 갖고 있다. 하나는 그것이 적절히 기능할 때 효율적인 자원 활용에 이르게 한다는 점이다. 필자가 3주가 소요되는 프로젝트에서 단지 이틀간만 편집자를 필요로 한다면 굳이 그를 3주 동안이나 고용할 필요가 있을까? 매트릭스가 있다면 우리는 필요한 대로 자원을 활용하고 우리가 그것들을 가지고 일한 후에 그것의 기능영역에 돌려보낼 수 있을 것이다.

매트릭스 관리가 갖는 두 번째 기능은 다양한 문제들에 대하여 교차적인 해결방법을 모색한다는 것이다. 오늘날의 복잡한 문제들은 좀 더 넓은 범위의 전문가를 필요로 한다. 예를 들어 고객만족을 증대시키기 위하여 소프트웨어 개발팀은 사업 분야뿐 아니라 기술적 문제를 인지하는 구성원을 포함해야 한다.

매트릭스 접근법은 자원의 비효율성을 줄이고 교차 기능적 문제해결을 유도할 수 있는 반면, 그것은 또한 프로젝트 관리자의 주된 불평의 이유가 되기도 한다. 사실 이들 자원의 능력을 한시적으로 빌린 것이므로 기능적 그룹과 기능적 그룹관리자의 도움에 의지하고 있는 것이다.

## 내부자원을 통제하는 관리자

프로젝트 관리자에게 특별히 중요한 동료 중 하나는 필요자원을 통제하는 다른 관리자이다. 프로젝트 관리자는 일반적으로 자원을 차입하는 위치에 있기 때문에 그것을 통제하는 사람들과의 관계가 특별히 중요하다. 그들과의 관계가 좋다면 프로젝트를 위한 좋은 스태프와 최상의 장비를 지속적으로 획득할 수 있다. 그런데 만약 그들과의 관계가 좋지 않다면 업무에 적합한 사람과 물적 자원을 얻지 못할 수 있다.

## 내부고객

프로젝트는 내부고객과 외부고객의 욕구를 충족시키기 위해 수행된다. 내부고객이란 내부적으로 실행된 프로젝트에 관해 설명을 원하는 조직 내의 구성원이다. 예를 들어 데이터처리부서 프로젝트는 보통 내적 수요를 충족시키기 위해 수행된다. 또한 데이터처리부서는 기업의 외상매출금 시스템을 업그레이드하거나 자동화하는 방법으로 업무환경을 지원할 수 있다.

## 외부고객

외부고객이란 외부환경에 있는 개인과 조직을 말한다. 외부고객의 필요성은 두 가지 방법으로 설명할 수 있다. 첫 번째로 프로젝트는 외부의 소비자에게 마케팅할 제품이나 프로세스를 개발하는 데 초점을 둘 수 있다. 이 경우 소비자가 그 제품이나 프로세스를 구매하고 싶어 한다는 보장이 없으므로 프로젝트는 시장에서 실패할 위험을 감수해야 한다. 프로젝트 관리자들은 시장에서 성공할 만한 제품에 관해 계속 고민해야 한다. 만약 그들이 중요한 신제품을 개발하는 과정이라면 적시에 프로젝트를 완결하는 것이 특히 중요하다. 그러지 않으면 그 제품은 경쟁력을 잃게 된다. 신제품 도입을 발표해 놓고 뒤늦게 시장을 공략해서 실패한 기업의 이야기를 우리는 종종 듣곤 한다.

프로젝트는 또한 계약(상세한 내용은 제7장을 참고)을 통하여 외부고객이 무엇을 원하는지에 대해 설명한다. 예를 들어 정부는 의도된 프로젝트를 수행하기 위해서 보통 계약자에게 자금을 제공한다. 여기서 프로젝트 관리자들은 고객이 누구인가에 대해서 생각을 분명히 해야 한다. 이런 정보가 주어지면 그들이 실제로 고객의 욕구를 만족시키고 있다는 것을 보증하기 위해 고객과의 원활한 의사소통을 유지해야 한다.

그러나 사실 이것은 말처럼 쉬운 일이 아니다. 4장과 5장에서 살펴보겠지만, 종종 고객은 그들이 원하는 것이 무엇인지 스스로도 정확하게 알지 못한다. 고객의 욕구는 프로젝트가 전개됨에 따라 변하는 경향이 있고, 프로젝트가 진행되면서 그들의 욕구를 충족시키고 있는지 정확하게 알게 된다. 이런 환경에서 프로젝트 관리자는 프로젝트에 대한 계속적인 요구변경이 시간을 지연시키고 비용초과를 유발한다는 것을 미리 알고 고객을 만족시키려는 노력에 균형을 맞추어야 한다.

## 정부

대부분의 프로젝트 관리자는 자신의 프로젝트에서 정부에 대해 신경 쓸 필요는 없다. 그러나 제약, 살충제, 금융 산업과 같이 심하게 규제된 환경에서 일하는 사람들은 자신의 프로젝트가 관여된 정부규제에 대해 정통해야 한다. 그들은 모든 프로젝트 관리자들에게 공통된 문제뿐 아니라 정부규제라는 추가적인 제약 속에서 일해야 한다.

## 하청업자

한 조직이 스스로 모든 프로젝트 과업을 수행할 충분한 기술과 능력을 갖지 못하는 경우가 있다. 일반적으로 이런 예는 대규모의 복잡한 프로젝트나 건설 프로젝트에 많다. 이런 경우엔 하청업자에게 도급을 준다. 이때 프로젝트 관리자들은 프로젝트의 성공이 부분적으로 하청업자의 작업에 의존하기 때문에 우선 그들의 성과를 점검해야 한다.

다시 말해 하청업자로 인해 많은 문제들이 발생할 수 있다. 예컨대 작업의 품질이 표준 이하이거나 비용이 과다하게 지출되거나 일정이 지체되는 문제들이 생긴다. 하지만 그들의 작업은 프로젝트 관리자가 직접 관리할 수 있는 영역 밖에서 운영되기 때문에 통제가 쉽지 않다. 조직 내에서 일상적으로 마주치는 사람을 단속하는 것도 어렵지만 외부 작업자를 통제하는 것은 더욱 어렵다.

따라서 프로젝트 관리자는 기본적인 계약법에 대한 지식과 하청업자와의 계약에 대한 근본적 지식을 갖고 있어야 일을 수월하게 진행할 수 있다.

## 공급업자

대부분의 프로젝트들은 외부 공급업자가 제공한 재료에 많이 의존한다. 건설 프로젝트의 경우 목재, 못, 벽돌, 시멘트와 같은 기본재료들이 대부분 외부 공급업자에 의해 얻어진다. 그런데 만약 재료가 늦게 배달되고 공급량이 부족하며 품질이 나쁘거나 인도가격이 견적가격보다 높다면 그 프로젝트는 심각한 문제에 빠질 수 있다. 대부분의 건설 프로젝트들은 필요한 자재가 제시간에 도착하지 않거나 인도된 제품의 품질이 조악하여 배달을 거절해야 하는 경우에 일정이 늦어진다.

그래서 성공적인 프로젝트 관리를 위해선 신뢰할 만한 공급업자를 구하는 것이 중요하다. 성공한 일본 기업은 대부분 공급업자와의 관계에 관심을 기울여 왔다. 일례로 그들은 필요한 물품이 예정일에 정확하게 공장에 도착하는, 그 유명한 JIT(Just-In-Time) 시스템을 만들어 낮은 가격으로 높은 품질의 제품을 생산하는 데 성공했다.

그런데 프로젝트 관리자들은 다른 중요한 일에 주의를 집중하다보면 자칫 공급업자 문제를 등한시하고 싶은 유혹에 빠진다. 그들은 '이들 공급업자들은 전문가이고, 나는 다만 그들이 전문적인 방법으로 행동할 것이라고 생각한다'고 말한다. 그런데 이런 가정을 하는 프로젝트 관리자는 종종 난처한 상황에 처하게 될 것이다.


# 프로젝트의 정치학


정치가들은 정치가 영향력의 기술이라는 것을 안다. 공직자가 되려고 하는 후보자들이 우선 해야 할 근본적인 업무는 그들을 위해 투표하는 대다수의 선거구민에게 영향력을 행사하는 것이다. 예를 들자면 연설, 아기들에게 키스하기, 정치적 광고와 같은 것 등이다. 일단 공직에 들어서면 정치가들은 입법제안을 지원하고 선거구민을 풍요롭게 하는 프로젝트의 기금을 마련하기 위해 일하며 다른 정치인에게 영향력을 행사하는 일을 하기에 바쁘다. 이런 모든 노력의 목적은 다음 선거 때 투표할 선거구민에게 영향력을 행사하기 위한 것이다. 다른 사람들에게 영향력을 행사하는 능력은 정치인의 가장 중요한 자산이다.

그런데 정치인이라고 해서 그 능력을 선천적으로 타고나는 것은 아니다. 일반적으로 그들은 권한의 도구로 사용할 수 있는 자금을 많이 가지고 있지 못하다. 그들은 사람들을 위협하여 그들이 원하는 것을 하도록 완력을 행사하지도 않는다. 사람들에 대한 지배력을 강화하는 가치 있는 지식을 소유한 것도 아니다. 그들이 소유한 능력은 오직 다른 사람에게 영향력을 행사하는 능력에 뿌리를 두고 있다. 이 능력을 잃을 때 그들은 더 이상 정치인으로서 효과적인 역할을 감당할 수 없다. 제2차 세계대전 때의 윈스턴 처칠과 같이 전능해 보이는 사람도 동료들에 대해 충분한 영향력을 행사할 수 없게 되자 급격히 몰락했다.

프로젝트 관리자들은 어떤 면에서 정치가와 같다. 일반적으로 그들은 협력자, 하청업자와 공급업자에게 직접적으로 자신의 의도를 부과할 수 있는 능력을 타고나지는 않는다. 그들이 정치인과 같이 자신의 방법대로 일을 하고자 한다면 다른 사람에게 효과적으로 영향력을 행사하는 것을 연습해야 한다. 우리는 이 장 앞부분에서 다른 사람에게 명령에 따르게 하는 것도 권한을 창출하고 기르는 것의 한 형태라는 것을 보았다. 그러나 정치가들은 단순히 권한을 소유하는 것 이상을 필요로 한다. 그들은 또한 이 권한이 실행되어야 할 전반적 환경에 대한 날카로운 이해력을 가질 필요가 있다. 즉 그들은 현실주의자가 될 필요가 있다.

블록 *Block*은 훌륭한 프로젝트 정치가가 추구해야 할 과정을 다음과 같이 정의한다.

1. 환경을 평가하라
2. 주요 구성원의 목표를 확인하라
3. 자신의 능력을 평가하라
4. 문제를 정의하라
5. 해결책을 개발하라
6. 해결책을 시험하고 가다듬어라

4단계까지는 프로젝트 관리자로 하여금 발생하는 일에 대한 현실적 관점을 갖게 하기 위해 고안되었다. 대부분의 프로젝트 관리자들은 프로젝트를 진행할 때 이 단계들을 지나치고 즉시 문제에 대한 해결책을 찾으려 하는데, 이런 사람들은 훌륭한 프로젝트 정치가가 될 수 없다.

모든 프로젝트는 정치적인 면을 포함하고 있다. 그런데 이 정치적인 면은 진행상에 중요한 영향을 미치므로 위의 6단계를 자세히 짚고 넘어갈 필요가 있다.

## 환경을 평가한다

환경에서 가장 중요한 요소는 프로젝트에 직·간접적으로 개입한 사람들이다. 그런데 환경을 평가할 때 프로젝트 관리자는 여기에 관련된 사람들이 누구인지 알아야 한다. 이것은 생각보다 행동하기가 쉽지 않다.

예를 들어 워드프로세싱 시스템을 사무실에 도입하는 프로젝트를 생각해보자. 좋은 프로젝트 관리 실무진은 '워드프로세싱 시스템의 사용자 욕구를 분석해야 한다'고 제시한다. 이것의 사용자는 누구인가? 물론 비서들일 것이다. 그래서 우리는 그들 요구에 관심을 집중한다. 그러나 조금 깊이 생각해보면 워드프로세스의 필요성을 설명할 때 그 비서의 상사까지 고려해야 한다는 것을 알 수 있다. 최고경영층은 효율성을 높이기 위해서 프로젝트를 제안하며, 예산 담당자는 워드프로세서의 구매를 위한 자금공급을 승인해야 한다. 또 정보자원 관리자는 신규 소프트웨어가 기존 소프트웨어와 호환되는가를 확인하기 위해 모든 소프트웨어 취득을 승인한다. 교육 담당자는 새로운 워드프로세서 훈련이 필요한 사람을 결정해야 한다. 이런 담당자들이 프로젝트의 궤도를 바꿀 수 있기 때문에 프로젝트에 있어서 그들의 관심을 고려하지 않는다면 우리는 무능한 정치가가 된다.

일단 관련된 사람들을 확인한 다음에는 권한이 있는 곳이 어디인지 알아야 한다. 우리가 마주치는 많은 사람들 중에서 누가 가장 중요한가? 누구의 행동이 가장 큰 영향력을 가지는가?

## 목표를 확인한다

담당자가 누구인지를 알았다면 그들의 목표를 확인해야 한다. 무엇이 그들로 하여금 행동하게 만드는지 정확히 알아야 하는 것이다. 그들이 목표를 설정하는 데는 실제 작업과 관련된 순수한 동기보다 이면에 숨겨진 심리적 동기를 철저히 파악해야 한다.

물론 겉으로 드러난 목표에 주의를 기울여야 한다. 그러나 우리는 공식적으로 설명되지 않는, 감추어진 일정과 목표들을 인식해야 한다. 워드프로세싱 사례에 있어서 최고경영층의 가시적 목표는 문서작업의 생산성을 높이는 것이지만, 감추어진 목표는 조직 내에서 가장 현대적으로 보이는 사무실을 가지는 것일 수도 있다. 프로젝트 관리자는 가시적 목표와 감추어진 목표를 함께 만족시키기 위해서 고품질의 워드프로세싱 소프트웨어를 구매하는 것을 고려해야 한다.

가시적 목표와 감추어진 목표를 함께 다루는 데 있어서 능력 있는 구성원의 목표에 특별히 신경 써야 한다. 능력이 있는 사람을 알고 그들의 명시적·암시적 목표를 인식함으로써 그들의 행동에 영향을 받는 사람들이 받을 충격을 사전에 줄일 수 있다. 이런 지식은 나아가 프로젝트를 성취하는 데 도움을 줄 만한 사람들에게 영향력을 끼칠 수 있게 해준다.

## 자신의 능력을 평가한다

너 자신을 알라. 프로젝트 관리자들은 자신의 장점과 약점을 잘 알아야 한다. 자기평가는 프로젝트와 환경에 대해 현실적인 전망을 개발하는 결정적인 단계이다. 만약 프로젝트 관리자들이 자신의 능력에 대해 잘못 알고 있으면 프로젝트는 심각한 문제에 봉착하게 된다.

특별히 중요한 것은 사람들과 효과적으로 협력하는 방법과 의사소통 능력이다. 기본적으로 발음이 선명하지 않은 프로젝트 관리자는 최고경영층에 진행상황 보고를 하지 말아야 한다. 이런 보고는 빈약한 의사소통 능력을 드러낼 뿐이기 때문이다. 만약 경영진의 검토가 필수적이라면 발음이 선명하지 못한 관리자는 발음이 분명한 다른 스태프에 의존해야 한다. 자신의 능력을 평가함에 있어 프로젝트 관리자는 자신의 가치를 판단하는 데 민감해야 한다. 우리의 가치체계는 우리가 누구인가를 정의한다. 즉, 그것은 우리가 세계를 보는 방법을 결정하는 인지적 여과장치이고, 행동하는 방법에 대한 지침도 제공한다.

프로젝트 관리자는 똑같은 기계에서 생산된 자동인형이 아니다. 그들의 의사결정은 자신의 가치체계가 지배한다. 어떤 프로젝트 관리자들은 프로젝트를 삶의 일부분으로 생각하는 반면, 어떤 사람은 프로젝트에 모든 것을 종속시킨다. 첫 번째 사람은 주말에 초과근무를 하기 싫어할 것이고, 두 번째 사람은 프로젝트를 위해 먹고 마시고 잘 것이다. 또 자신의 개인적 가치에 민감한 프로젝트 관리자는 가치충돌을 일으키는 상황을 피할 것이고, 이런 충돌을 피하기 위해 충돌이 일어날 만한 상황에 대해 잘 이해하고 있을 것이다.

## 문제를 정의한다

프로젝트 관리자들이 환경과 자신의 능력에 친숙해진 후에는 직면하는 문제들을 정의해야 한다. 그 문제정의 노력은 체계적이고 분석적이어야 한다. 이때 문제를 구성하는 사실들을 분리하여 밀접히 평가해야 한다. 그리고 문제를 정의하는 접근법에 전제가 되는 기본적 가정을 이해해야 한다. 또 실제 상황이 무엇인지 계속해서 되물어야 한다. 이 접근법을 취하는 프로젝트 관리자는 피상적인 관찰만으로 순진하게 문제를 정의해서는 안 된다.

## 해결책을 개발한다

프로젝트 스태프는 대부분 해결책 개발 단계에서 프로젝트를 시작한다. 그들은 문제를 완전히 이해하기도 전에 해결책을 내놓는다. 말할 필요도 없이 그런 접근법으로 얻은 해결책은 유용하지 못하다. 그러나 그들이 여기서 논의된 처음 4단계를 수행하면서 자기통제를 하고 성숙하지 못한 해결책을 내놓지 않는다면 현실적 문제에 대한 실질적인 해결책을 발견하게 될 것이다. 이런 노력을 통해서 프로젝트 실패의 가능성을 줄일 수 있게 된다.

## 해결책을 시험하고 가다듬는다

초기 단계에서 고안된 해결책은 막연하여 추가적으로 수정을 해야 한다. 프로젝트 스태프가 처음 5단계에서 적절한 기초적인 준비를 해왔다면 이 마지막 단계의 재작업 노력이 필요 없고, 대신 개발된 현실적인 해결책에 대한 마무리 작업을 하는 데 초점을 맞추면 된다.

이 여섯 단계에 있어 색다른 것은 없다. 그것들은 단지 상식적 관점에서 결합한 것일 뿐이다. 그러나 프로젝트 관리 스태프는 그것의 중요성을 인식하고도 사후관리를 잘 하지 못한다. 필자는 프로젝트 관리를 공부하는 학생이 문제를 해결하는 방법을 보기 위해서 50번의 비과학적 실험을 한 적이 있다.

필자는 여러 그룹의 학생들에게 전형적인 상황을 묘사한 사례를 주고 조직이 나아갈 방향에 대한 경영 자문을 하도록 했다. 그런데 이 가운데 프로젝트에 의해 영향을 받은 담당자의 전체 명부를 체계적으로 식별하는 그룹은 없었고, 의식적으로 담당자의 동기부여를 고려하는 그룹도 없었다. 또한 프로젝트 상황에 암시적으로 숨겨진 비망록을 찾아내는 데 시간을 보내는 그룹도 없었다. 그들은 즉시 쉽고도 피상적인 형태로 진술된 해결책밖에 내놓지 못했다. 해결책은 매우 부적절하여서 그룹들은 그것을 수정하고 재작업하는 데 대부분의 시간을 허비해야 했다. 그들이 내놓은 해결책의 대부분은 3차원 세계를 살면서 1차원적인 생각만 하는 듯한 피상적인 수준의 것들이었다.

학생들이 과업을 끝낸 후에 필자는 그들이 심오하고 풍부하며 실질적인 해결책을 개발하는 데 필수적인 교훈을 무시했다는 사실을 지적했다. 필자는 그들에게 새로운 사례를 주고 여기서 토의된 6단계 방법론을 명시적으로 사용하도록 했다. 이렇게 해서 만들어진 해결책은 먼저의 것보다 훨씬 우수했다. 새로운 해결책은 폭넓은 범위의 책임자, 숨겨진 의제(agenda), 그리고 개인적 가치 등을 고려했기 때문에 보다 실현가능한 것이었다.

## 결론

프로젝트는 조직 내에서 수행되기 때문에 조직상황에 대한 철저한 이해는 프로젝트 성공에 필수적이다. 이와 같은 사실은 PERT/CPM 차트와 자원적재차트, 예산과 같이 복잡한 기법과 씨름하는 프로젝트 관리자가 간과하기 쉽다. 우리는 너무 자주 프로젝트 관리와 프로젝트 관리 도구로써 개발된 예산편성 및 일정계획기법의 통달을 혼동한다. 이 도구들은 배우기 쉬운 것이다. 그런데 조직적 복잡성의 이해는 쉽지 않다. 가장 훌륭한 프로젝트 관리자는 기본적 일정계획과 예산편성도구에 탁월할 뿐만 아니라 그들이 작업하는 조직에 관해 그 누구보다도 잘 이해하고 있는 사람이어야 한다.

# 2
# 프로젝트에서 사람을 관리하는 법

...

이번 장에서는 프로젝트 내에서 사람들의 역할에 대해 살펴보자. 우선 프로젝트의 적절한 인적 문제들에 초점을 맞추어 살펴보면 다음과 같은 질문을 할 수 있다. 의사결정은 누가 할 것인가? 프로젝트 스태프에게 기대하는 바는 무엇인가? 프로젝트를 완성하는 데 필요한 스태프가 만성적으로 부족한 경우 무엇으로 대처할 수 있는가?

우리는 이와 같은 질문에 대한 답변으로 스태프, 상사, 판매업자, 고객들이 저마다의 기능을 다할 수 있도록 통찰력을 주는 마이어스–브리그스*Myers-Briggs* 유형의 지표를 사용한다. 이것은 사람들이 자신을 둘러싼 세계에 대한 인식이 저마다 다름을 보여줌으로써 갈등의 원인을 이해하게 하고 부적절한 사람이 업무에 배치되지 않도록 한다.

이번 장에서는 프로젝트 관리자에 초점을 맞추어 살펴볼 것이다. 프로젝트 관리자는 일이 적시에, 예산 내에, 명세서에 따라 진행되도록 책임져야 한다. 물론 이 정도는 많은 사람들이 알고 있다. 그러나 그들이 다른 어떤 책임을 갖는지, 그들이 어떤 경영스타일을 가지고 있는지, 또 어떤 환경에서 그것들을 행하는지에 대해서는 대부분 잘 알지 못한다. 따라서 여기서는 그런 문제들을 집중적으로 살펴보기로 한다.

# 일반적 문제

프로젝트 관리자들은 낚시와 승마를 즐기는 사람들처럼 성공의 비밀을 다른 사람에게 말하기를 즐긴다. 필자가 아는 가장 성공적인 프로젝트 관리자는 자신이 유능한 프로젝트 스태프를 선발하는 데 일가견이 있음을 자랑하곤 한다.

아시다시피 프로젝트 수행시 유능한 사람은 매우 귀중한 자원이지요. 하지만 그런 사람을 찾아내기란 모래밭에서 금을 찾는 것과 같지요. 제가 가장 유능한 사람을 찾아내는 방법은 가장 바쁜 사람을 찾는 것입니다. 프로젝트 관리자로서 나는 25년 동안 항상 그렇게 해왔습니다.

최상의 프로젝트 스태프는 수요가 많다. 그들은 함께 일하길 원하는 사람이 많기 때문에 계속해서 바쁘다. 특히 재미있는 것은, 그들은 시간에 맞추기 힘든 요구를 받더라도 일을 해내는 방법을 알고 있다는 것이다. 때때로 그것은 당신이 그들에게 맡기는 일이 많으면 많을수록 더 잘 하는 것처럼 보인다.

이처럼 유능한 사람은 프로젝트의 가장 중요한 자산이다. 프로젝트가 실패하거나 성공하는 것은 일하는 사람들의 수완에 의해 결정된다. 그런데 불행히도 이런 사실을 프로젝트 관리 교과서를 쓰고 프로젝트 관리 세미나를 제공하는 사람들조차 종종 잊어버린다. 그래서 그들은 사람들에 초점을 두지 않고 기법에 초점을 두게 된다. 그 결과 프로젝트를 선정하고 거기에 관해 의사소통하고 비용을 측정하는 접근법을 가르치는 데 대부분의 시간을 소모하곤 한다.

물론 기법에 우선순위를 두는 데는 그럴만한 이유가 있다. 기법은 손쉽게 가르칠 수 있기 때문이다. 필자 역시 몇 시간의 교육만으로 학생들에게 PERT/CPM 일정계획을 익히는 방법을 보여줄 수 있는 교육자이기 때문에 기법을 가르치는 것을 좋아한다. 게다가 시험을 통하여 학생들이 수업을 잘 받았는가를 평가할 수도 있다. 학생들은 학습으로부터 어떤 편익(그들이 시간을 유익하게 보냈다는 것을 증명할 수 있는)을 얻고자 하기 때문에 기법의 교육에 적극 참여한다.

그러나 기법을 중요시 하는 것은 프로젝트에서 발생하는 일에 대한 왜곡된 견해를 갖게 한다. 대부분의 프로젝트는 일정계획과 예산편성 기법을 활용하는 방법을 몰라서 실패하는 것이 아니다. 필자는 PERT/CPM 네트워크가 손상되어서 프로젝트가 실패했다는 이야기를 들어본 적이 없다. 그러나 고위경영층이 프로젝트 스태프에게 비현실적인 명령을 내리거나, 리더십 결여로 목표 없는 방향으로 이끌어서 프로젝트가 해체되는 경우는 많이 있다.

오늘날에는 '사람'이 조직 성패의 핵심이 된다는 것이 널리 인식되고 있다. 이것은 산업혁명 이래로 경영적 전망을 지배해왔던 비인간적 계층구조를 대대적으로 포기했음을 의미한다. 오늘날 대부분의 회의는 권한을 위임받은 종업원과 수평화된 조직, 그리고 팀 경영으로 구성된다. 얼마 전까지는 경영층의 직무라는 것이 지휘하고 통제하는 것으로 인식되었으나 오늘날에는 노동력이 가능한 한 최상으로 업무를 수행할 수 있도록 '지원하는 것'으로 변하고 있다. 이런 변화는 오늘날 점차 증가하는 '복잡성'과 '고객만족'이라는 두 요소 때문이기도 하다.

경영의 역사에 있어서 주목할 만한 발전의 양상은 고객만족에 대한 관심이 증대를 들 수 있다. 기업과 정부가 고객만족이 생존을 위한 열쇠라는 사실을 인식하기 시작한 것은 겨우 1980년대의 일이다. 데밍 *Deming*, 주란*Juran*, 크로스비 *Crosby*, 이시가와*Ishigawa*와 같은 품질전문가들이 신성시된 것과 함께 품질보증의 대유행은 고객의 새로운 힘을 증명했다.

이에 따라 조직은 광적으로 고객의 인정을 얻기 위해 몸부림쳤고, 결국 고객의 기대는 점점 상승하기 시작했다. 그리고 이런 추세가 계속되면서 고객의 기대를 충족시키지 못하는 조직들은 뒷전으로 밀려나고, 그것을 할 수 있었던 조직만 번영해온 것이다.

이제 전통적인 하향식(top-down)의 계층 구조로는 더 이상 고객의 기대를 충족시킬 수 없다는 것이 분명해졌다. 계층적 구조의 의사결정은 느리다. 하지만 고객은 자신의 요청에 대한 신속한 반응을 요구한다. 신속한 반응을 하려면 무엇보다 고객과 만나는 하위계층의 사람들이 즉석에서 의사결정을 할 수 있는 권한을 부여받아야 한다. 따라서 오늘날 대개의 정부나 기업들은 고객요청에 신속한 반응을 보이기 위해 작업자에게 많은 권한을 부여하고 있다.

한편 오늘날과 같이 복잡한 세계에서는 아무도 문제를 적절히 설명하는 지혜를 갖고 있지 않다. 아무리 지혜로운 솔로몬 왕이라 할지라도 오늘날 우리들이 직면하는 대부분의 문제에 대하여 판단을 내리는 데 두 번 이상 생각해야 할 것이다. 따라서 경영자들은 작업자에게 명령하기보다는 그들을 지원해 주는 것이 더 필요하다.

또한 오늘날의 복잡성은 집단적인 지식을 보유한 기능적 팀이 협력하여 의사결정 할 것을 요구한다. 이런 상황에서 관리자의 업무는 다양한 기능적 팀 구성원들이 추구해야 할 행동방향이 무엇인가에 관한 효율적인 합의를 이룰 수 있는 환경을 조성하는 것이다. 특히 건설 분야의 프로젝트 관리는 하향식으로 이루어져 왔다. 물론 초기의 건설 계획이 마지막 세부사항까지 별 변동 없이 지속되는 정상적 건설 프로젝트의 경우엔 실질적인 수준의 하향식 관리가 지속될 수 있다.

하지만 예측이 불가능한 정보화시대에서는 대부분 프로젝트의 의사결정을 팀 전체에 분산해야만 한다. 경영층이 전지전능한 의사결정자처럼 일하기에는 너무 많은 것들이 세분화·전문화되었고 아울러 수많은 복잡성과 불확실성이 존재하기 때문이다. 더욱이 정보기반 프로젝트의 지식노동자들은 모두 그들이 가진 특별한 기술 때문에 고용되는데, 이들의 전문성을 효과적으로 적용하기 위해서는 그들이 독립적인 의사결정을 할 수 있어야만 하는 것이다.


## 업무의 담당자는 누구인가?

빈번히 제기되면서도 답변하기 어려운 프로젝트 관련 질문 중의 하나가 '이 업무의 담당은 누구인가' 라는 것이다. 프로젝트의 의사결정은 다음 사례와 같이 분산되어 있다.

비디오그래픽스*Videographics*는 산업훈련용 비디오테이프와 필름을 제조하는 소규모 회사이다. 이 회사의 마케팅부서는 화재방지훈련 비디오테이프에 대한 수요가 많다고 결론지었다. 마케팅 부장은 파악한 수요의 본질과 잠재적 시장수요를 기술한 서류를 준비했다. 그리고 회사 사장과 공장장, 재무부서장과 회사의 중역위원회에 서류를 제출했다. 그들은 함께 신규 비디오테이프사업을 수행하는 비용을 추정하고, 재무이익을 계산하고, 훈련비디오 시장에서 회사의 위치와 화재방지훈련 테이프의 공헌도를 평가했다.

위원회는 사업을 진행하기로 결정하고 3만 달러의 프로젝트 예산을 승인했다. 그리고 마케팅 부장은 2주 내에 프로젝트 계획을 설정하라는 업무를 맡았다. 프로젝트가 진행되려면 그 전에 중역위원회로부터 계획을 승인받아야 하기 때문이다. 결국 이 프로젝트 계획은 생산부서와 협력하여 마케팅 부서가 수립하였다. 그리고 소소한 수정을 거친 후 마침내 중역위원회에서 승인되었다.

프로젝트 관리자로는 성공적인 훈련테이프를 생산한 탁월한 경력이 있는 에밀리 앤도가 위임되었고, 프로젝트를 완료하기 위한 기간으로 6개월을 부여받았다. 앤도는 둘째, 넷째, 여섯째 달의 말일에 중역위원회에 상세한 중간 보고서를 제출해야 했다. 앤도는 두 명의 대본작가와 비디오테이프 프로듀서를 포함하는 핵심 프로젝트 팀을 구성했다. 당연히 작가는 대본을 만들고, 프로듀서는 제작과정에서 기술적인 세부사항을 처리하였다. 그리고는 다섯 명의 배우가 대본에 씌어진 주요역할을 연기하기 위해 고용되었다. 반면에 마케팅 부서는 판매촉진 이벤트를 준비하고 잠재 고객을 목표로 정했다.

중역위원회는 첫 번째와 두 번째 진척도 회의에서 생산에 중요한 변수를 가진 몇몇의 변경을 제안하였고 이것들을 채택했다. 앤도는 계획에 따라 프로젝트를 완료하고 한 달 후에 새 비디오테이프를 판매하기 위해 집중적으로 노력했다.

　이 회사의 사례를 통해 우리는 프로젝트의 일반적인 진행과정을 알수 있다. 이 사례에서 볼 수 있듯이 중요한 의사결정은 프로젝트 전체의 여러 개인에 의해 이루어진다. 그리고 프로젝트 착수 가능성 탐색과 의사결정은 마케팅 부서에서 이루어진다. 또 프로젝트를 착수하는 의사결정은 중역위원회가 담당하고 계획의 의사결정은 마케팅과 생산 부서가 공동으로 관여한다. 그런가 하면 실행 단계에서 프로젝트 조정을 위한 의사결정은 프로젝트 관리자가 하고, 대본이 형성되고 생산이 수행되는 방법에 대한 상세한 의사결정은 대본작가와 생산전문가가 각각 실행한다. 그리고 변경사항에 대한 의사결정은 일정한 프로젝트 검토회의에서 중역위원회 구성원이 한다.

　이제 우리는 '누가 담당하는가' 라는 질문에 대답하기가 어렵지 않다. 즉 그 질문에 대한 답은 '각각의 영역에서 모든 사람이 담당한다'이다.

　그러나 프로젝트 구조를 통한 의사결정의 확산은 혼동과 갈등을 유발할 수 있다. 1986년 초의 우주왕복선 챌린저호의 비극적인 폭발이 그 좋은 예이다. 이 사고를 조사한 결과 미항공우주국(NASA)의 내·외부 사람들이 그 비극이 발생하도록 의사결정을 한 것으로 확인되었다. 물론 단독 범죄자는 없었다. 만약 우주왕복선 프로젝트의 의사결정이 통일된 형태로 조직화되었다면 챌린저호의 참극은 발생하지 않았을 것이다. 그러나 좀더 통일된 의사결정 접근법이 그런 복잡성을 가진 프로젝트에서 존재할 수 있는가는 명확하지 않다. 좀더 통일된 의사결정 접근법은 의심할 나위 없이 다른 문제를 야기했을 테고, 아마도 전반적 프로젝트 비용을 대단히 증가시켰을 것이다. 때문에 이같이 복잡한 명령체계를 가진 견고한 계층 구조에서는 의사결정이 프로젝트 전체로 분산되기 마련이다.

앞 장에서 보았던 것처럼 프로젝트 관리자는 전통적 의미의 '상사'가 아니다. 프로젝트 관리자들은 일반적으로 그들이 직접적으로 통제하는 스태프가 없다. 비디오그래픽의 사례에서도 우리는 이와 같은 특징을 볼 수 있다. 여기서 프로젝트 관리자들은 하향식의 의사결정자가 아니라 모든 중요한 프로젝트 의사결정의 최종 조정자이다. 일

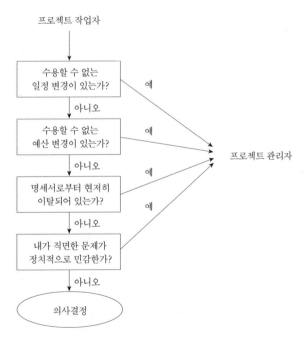

| 그림 2·1 | 예외 관리 |

반적으로 그들은 업무가 수행되는 방법이 결정되는 프로젝트 초기의 몇몇 중요한 의사결정에서 배제된다. 가령 그들은 프로젝트 선택이나 계획, 의사결정 등에 개입하지 않는 것이다. 또한 프로젝트가 추진되면 그들은 때때로 프로젝트 정치의 실체가 그들 손에서 떠난 의사결정을 받아들여야만 한다. 프로젝트의 독특성과 복잡성이 전문성에 크게 의존하기 때문에 다른 사람이 수행한 판단에 따라야 한다.

그림 2·1에서는 프로젝트 관리자들이 '예외 관리'의 실무자라는 것을 보여주고 있다. 이 접근법에 따르면 개인의 의사결정이 예산, 일정, 자원 활용에 막대한 영향을 미치지 않고 주요한 정치적 문제를 만들지 않는 한, 스태프는 의사결정에 있어 광범위한 위상을 가진다. 단지 프로젝트 목표에서 근본적으로 벗어나 있을 때에만 관리자가 의사결정에 직접적으로 개입할 뿐이다.

## 완벽한 프로젝트 스태프가 갖춰야 할 자질

스미스라는 완벽한 프로젝트 스태프가 있다고 가정해보자. 조직은 그에게 많은 것을 요구한다. 그 이유는 무엇일까?

아마도 그는 자신의 프로젝트에 철저히 몰입할 것이다. 그는 일이 되는 것은 무엇이나 할 것이다. 바로 이 점 때문에 그가 자신의 아들 생일파티를 하고 있다 하더라도 조직은 그를 호출할 수 있고, 그 역시 기꺼이 조직을 위해 그 파티에서 빠질 것이다. 이것은 또한 그가 봉급 생활자로서 주당 40시간에 해당하는 급여를 받을지라도 유쾌하게 주당 80시간을 근무할 것이라는 사실을 의미한다. 더욱이 프로젝트에 비상사태가 생기고 비서가 병으로 결근한다면 그는 손수 타이핑을 하고 복사를 하며, 그것을 개인적으로라도 고객에게 전달할 것이다.

조직이 그를 찾는 두 번째 이유는 그가 지적이고 폭넓은 상식을 보유하고 있기 때문이다. 그는 열심히 과제를 분석하며 지시를 신중하게 수행한다. 그래서 그는 예기치 못한 사건이 일어났을 때 그것들을 다루는 것을 두려워하지 않는다. 그는 자신의 한계를 알고 자신의 역량을 넘는 일에 무리하게 돌진하지 않는다.

또한 그는 기술적으로 유능하다. 그는 자신의 과제를 잘 알고 있고, 프로젝트 관리자가 그에게 수행할 과업을 줄 때 그것이 효율적으로 진행될 것이라는 확신을 준다.

간단히 말해 스미스는 관리자의 생활을 더 편하게 만들어 준다. 관리자가 프로젝트를 떠나야 할 경우에도 그가 대신해 업무를 잘 수행할 것으로 믿기 때문에 관리자는 마음 놓고 다른 일에 신경 쓸 수가 있다.

그러나 스미스라는 인물은 완전히 가공의 인물일 뿐이다. 그럼에도 프로젝트 관리자는 그와 같은 스태프보다 더 완벽한 인물을 원하는 경우가 많다. 스미스와 같은 특성을 가진 사람이 드물 수밖에 없는 이유는 구조적으로 보통 사람들은 프로젝트에 몰입을 할 수가 없기 때문이다. 다시 말해 프로젝트 몰입이 어려운 것은 구조적 이유와 심리적 이유 때문이다. 먼저 구조적 문제를 살펴보자.

### 프로젝트 몰입이 어려운 구조적 이유

많은 기업에서 사용하는 매트릭스 구조는 개별 프로젝트에 대한 스태프의 몰입을 좌절시킨다. 매트릭스 체계에서 프로젝트 스태프는 각각의 부서에서 차출된 후 필요에 따라 프로젝트에 할당된다. 그들은 자신의 기술적 과업을 수행하는 동안만 프로젝트에 머물고 과업이 완료되면 떠난다. 또한 그들은 어떤 한 프로젝트에 몰입하지 않고 동시에 여러 프로젝트에 자신의 전문성을 투입할 수 있다.

왜 그들이 개인적 이해관계가 없는 과업에 시간외 근무를 해야 하는가? 따라서 이와 같은 구조적 환경에서 프로젝트에 가담할 추가시간을 요구하는 것이 무리이다.

## 프로젝트 몰입이 어려운 심리적 이유

프로젝트를 맡은 사람들의 공통적인 어려움은 집에 가기가 어렵다는 것이다. 일반적으로 프로젝트 작업자들은 그들의 삶이 전적으로 업무에 의해 지배되는 1차원적인 인간이 아니다. 일은 그들 생활의 한 부분일 뿐이다. 예컨대 그들은 일 외에도 관심을 기울여야 할 가족이 있고, 사회적 관계와 그들의 가치체계가 있다. 그러나 그들이 직장에 도착하면 이런 비업무적 요소들에 대한 배려를 기대할 수는 없다.

우리의 가치관은 우리가 작업을 수행하는 방법에 크게 영향을 미친다. 만약 어려운 작업에 대한 보상이 반드시 있다고 믿고 이것에 가치를 두는 사람이라면 프로젝트에 주당 80시간을 할애할 의향도 있을 것이다. 하지만 인생은 오직 한 번뿐이고 세상을 다양하게 경험하고 즐겨야 한다고 생각한다면 사무실을 떠나 주말을 맘껏 즐기고 싶어 할 것이다. 또 정직을 중요시해서 사람들을 솔직하게 대해야 한다고 생각하는 사람이라면, 프로젝트에 개입되는 정치적 음모에 대해 마음 내켜하지 않을 수도 있다.

여기서 우리는 매우 단순한 진리를 기억해야 한다. 모든 사람은 다차원적이다. 프로젝트에서 일하는 사람 역시 예외는 아니다. 프로젝트 관리자가 이것을 고려하지 않거나 그들의 작업만이 유일하게 중요한 것처럼 사람들을 취급한다면 두 가지 결과에 직면하게 된다. 첫째,

그들은 이런 현실적인 기준에 따라 판단하기 때문에 자신의 스태프에게 계속 실망하게 될 것이다. 둘째, 그들은 자신의 상황에 잘 맞는 사람이 단지 일차원적 사람이라고 생각할 수 있다는 것이다. 왜 우리는 선택의 폭을 스스로 좁히는가?

## 똑똑하게 일하기

프로젝트 관리자들이 스미스 같은 완벽한 스태프를 만나기란 어렵다. 우리는 불완전한 세계에서 살고 있다. 그러므로 불완전함을 한탄하기보다는 갖고 있는 불완전한 자원을 가능한 한 효과적으로 활용하는 방법을 찾아내는 데 힘써야 한다.

대부분의 프로젝트 관리자들은 스태프가 더 열심히 일할 수 있도록 그 방법을 고안하는 데 노력을 집중한다. 즉 그들은 사람들을 고무시키기 위한 당근과 채찍을 고안하는 데 두뇌를 혹사한다. 그들은 될 수 있는 대로 작업에 투입되는 에너지를 늘리려 할 것이다.

그런데 이런 노력들은 대부분 잘못된 방향으로 흘러간다. 스태프가 프로젝트에 몰입하지 않는다면 당근과 채찍은 그들을 더 열심히 일하게 하는 데 효과적이지 않다. 한편, 스태프가 일반적으로 프로젝트에 대해서 생산적이지 못하다면 그들을 더 열심히 일하게 하는 것보다는 차라리 그들이 똑똑하게 일하도록 만드는 것이 현명한 방법이다.

우리는 자원의 생산성을 증가시키는 방향으로 노력을 집중해야 한다. 따라서 일을 현명하게 하기 위해 지켜야 할 몇 가지 규칙이 있다.

### 처음에 일을 바르게 하라

프로젝트 관리자들은 스태프들이 일을 시도할 때 처음부터 바르게 할 수 있도록 모든 조치를 취해야 한다. 생산 및 제조에 관한 많은 연구들은 불량품을 재작업하는 것이 애초에 그것들을 올바르게 생산하는 것보다 비용이 훨씬 많이 든다는 것을 보여준다. 이것은 또한 프로젝트 업무에도 적용된다. 사람들이 과업을 올바르게 수행하기까지 두세 번씩 일을 거듭해야 한다면 엄청난 노력이 낭비될 것이다. 이에 대한 해결책은 작업자의 주당 근무시간을 연장하기보다는 사람들이 처음부터 일을 정확하게 처리하게 하는 방법을 찾아내는 것이다.

예를 들어 당신의 스태프가 당신의 지시를 적절하게 따르지 않았을 경우 재작업을 하게 되는 경우가 많다. 이 문제는 상호간에 의사소통이 되지 않아서 일어날 수 있는데 이유가 무엇이든 간에 스태프는 관리자가 기대하는 것을 완전히 이해할 수는 없다. 그래서 그들은 실제의 프로젝트 요구사항을 단지 제한적으로 수행하곤 한다.

이때 프로젝트 관리자는 몇 가지 방법으로 그런 잘못된 의사소통을 줄일 수 있다. 우선 스태프에게 프로젝트 요구사항을 주의 깊게 설명하고 이 요구사항을 심사숙고할 시간을 줘라. 그런 후 그들이 요구사항을 이해했다고 생각될 때 그들이 이해한 내용을 물어 보라. 당신은 아마도 그들에게 전달했다고 생각하는 것과 그들이 전달받았다고 생각하는 것이 일치하지 않음에 놀랄 것이다.

잘못된 의사소통의 문제는 프로젝트에서 매우 보편적이기 때문에 여러 가지 전략을 효과적으로 사용하는 것이 필요하다(특별히 제4장과 제5장을 보라).

## 현실적 목표를 설정하라

당신의 프로젝트가 비현실적인 기대에 근거하고 있다면 계획에 따라 업무가 진행되도록 하고, 충분하지 못한 자원을 잘 관리해야 한다. 이것은 당신이 스태프에게 업무에 대해서 추가적 시간을 투입하도록 강요해야 함을 의미한다. 그러나 우리가 살펴본 것처럼 구조적 이유나 심리적 이유 때문에 프로젝트에 몰입할 수 없는 사람이라면 밤늦게나 주말까지 작업하는 것 또한 꺼릴 것이다. 더군다나 초과근무가 요구되는 이유가 조악한 계획 때문이라는 것을 알게 되면 그들은 그렇게 요청한 당신을 원망할 것이다.

이 문제에 대한 해결책은 적어도 이론상으로는 간단하다. 현실적으로 계획하라. 요컨대 프로젝트 스태프를 위한 현실적인 목표를 설정하라는 것이다. 당신이 주관하지 않는 사람들에게 의존하지 말라. 현실적인 계획과 목표를 설정하면 초과 근무를 요구할 필요가 없고, 프로젝트에 남달리 헌신적인 사람을 거느릴 필요도 없다.

그러나 이런 해결책의 치명적 약점은 프로젝트 관리자들이 종종 계획과정에 관여하지 않는다는 것이다. 계획은 프로젝트 관리자가 프로젝트에 투입되기 전에 이미 작성된다. 프로젝트 관리자가 계획이 지나치게 낙관적이라는 것을 알게 된다면 그 계획을 좀더 현실적으로 만들기 위해 재협상을 시도할 수 있다. 그리고 이 접근법이 실패하더라도 프로젝트 관리자는 스태프가 초과근무를 하도록 압력을 넣을 수 있다.

### 기술적으로 유능한 사람을 확보하라

여러 종류의 과업을 수행하는 사람들의 능력에는 커다란 변동이 있다. 우리는 보통사람들과는 비교할 수 없을 정도로 매끄러운 문장을 써내는 작가들을 만나곤 한다. 소프트웨어 프로젝트에 있어서도 놀라운 능력을 가진 프로그래머는 평균적인 프로그래머보다 시간당 10배의 코드를 만들어 낼 수 있다. 그러므로 프로젝트에 유능한 사람을 고용하는 것은 매우 중요한 일이다.

필자는 여러 개 프로젝트 집단의 관리자로서 가장 문제가 없었던 해를 기억한다. 그해에 필자는 기술적으로 대단히 유능했던 여러 명의 스태프를 만나는 축복을 누렸다. 필자의 프로젝트 계획은 평균적인 작업자와 일한다는 가정으로 시작했다. 그런데 계획된 과업들이 예정보다 두 배나 빠른 속도로 진행되었다. 그 스태프들은 남는 시간이 있었기 때문에 조직의 다른 어려운 부분에서 일하는 프로젝트 작업자들을 도울 수 있었다. 그래서 그 해에는 초과근무를 할 필요가 없었고 결과물의 상태도 가장 훌륭했다.

흔히 과업에 대한 생산성이 낮은 것은 우리가 슈퍼맨이 아니라서가 아니라 과업을 수행하는 작업자들이 기술적으로 유능하지 않기 때문이다. 필자는 프로젝트 스태프가 정보시스템에 대한 훈련도 받지 않은 채 사무자동화 프로젝트를 담당하는 것을 본 적이 있다. 일반적으로 한두 명의 스태프는 사무기술에 대해 논의하며, 닥치는 대로 모든 문헌을 부여잡고 뛰어다닌다. 그들은 아마추어이기 때문에 갖은 노력에도 불구하고 자신이 하고 있는 일을 분명히 알지 못한다. 결국에는 사무자동화 문제에 대해 공부하느라 수많은 시간을 허비하고 잘못되거나 매우 불완전한 지식에 근거하여 중요한 결정을 맹목적으로 하게된다. 이런 이유로 그들이 오랜 시간 동안 비효율적으로 일하는 것보다 전문가가 자투리 시간에 한 것이 더 좋은 결과를 낳는 경우가 많다.

'우리는 우리가 가진 것으로 최선을 다하고 있다'는 것은 누구나 하는 말이다. 하지만 '우리 스태프 중에는 기술적으로 유능한 사람이 없다'고 말하게 되는 경우라면 외부 컨설턴트를 고용할 필요가 있다.

유능한 컨설턴트를 고용하는 비용이 아마추어의 빈약한 작업에 지불하는 비용보다 적게 든다.

# 심리적 유형 이해하기

수년 동안 심리학자들과 경영전문가들은 사람들이 행동하는 이유를 좀더 잘 이해하기 위해서 일련의 테스트들을 개발해왔다. 이런 테스트들은 관리자들에게 갈등, 인간행동, 생산성의 근원에 대한 통찰력을 제공하고 여러 가지 목적을 위해 활용되었다. 예를 들어 새로운 직원을 고용하는 것, 사람들을 자신의 성격에 어울리는 업무에 할당하는 것, 특별한 능력을 결정하는 것, 진부한 기술을 가진 직원을 제거하는 것, 사람들에게 좀더 정확한 자기인식을 갖게 하는 것 등이다.

그런 테스트 중의 하나로 토머스-킬만 *Thomas-Kilmann* 갈등 모델은 사람들이 갈등상황에서 경쟁, 협력, 타협, 회피, 수용하는 행동을 측정한다. 그리고 T-P(Task-People)리더십 설문지는 개인이 작업 환경에서 과업 대(對) 사람에 집중하는 정도를 평가한다.

FIRO-B 인식척도는 또한 '당신은 그룹활동에 포함되기를 얼마나 원하는가', '당신은 다른 사람을 포용하기를 좋아하는가' 라는 질문으로 측정하는 '포용' 의 차원과 '당신은 통제 아래 있는 상황을 좋아하는가', '당신은 상황을 통제할 필요성을 강하게 느끼는가' 라는 질문으로 측정하는 '통제' 의 차원, 그리고 '당신은 다른 사람에게 사랑받는 것이 중요한가', '당신은 다른 사람에게 애정을 표현하는가' 와 같은 질문으로 측정하는 '애정' 등의 세 가지 차원으로 평가한다.

이런 테스트들이 조직적 어려움을 해결하는 만병통치약은 아니다. 사실, 그것들은 항상 잘못 사용될 위험이 있다. 그러나 이런 테스트가 적절히 활용되기만 한다면 관리자에게 주는 통찰력은 실제적인 것이 된다.

프로젝트 관리자를 위한 가장 유용한 테스트는 마이어스-브리그스 유형의 지표이다. 마이어스-브리그스 접근법의 장점은 이론적 토대가 견고한 칼 융 C. G Gung 학파의 이론에 근거하여 광범위하고 실증적으로 실험되었기 때문에 이해하기 쉽고, 프로젝트 상황에 적절하게 적용할 수 있다는 것이다.

## 배경

사람들은 다른 사람들과 똑같은 방법으로 행동하지 않고 동일한 욕망을 가지고 있지도 않다. 그들은 여러 가지 자극에 대해 다르게 반응한다. 간단히 말해서 모든 사람의 행동은 독특하다. 그러나 그들의 독특성에도 불구하고 대강의 일반화를 꾀할 수 있고, 이 일반화를 통하여 그들에게 동기를 부여하고 벌을 줄 수 있다. 어떤 사람들은 적극적이고 어떤 사람은 수동적이다. 어떤 사람은 다른 사람들과 함께 잘 어울리고 어떤 사람들은 그렇지 않다. 또한 호기심이 많은 사람이 있는가 하면 호기심이 거의 없는 사람도 있다.

스위스의 유명한 정신분석학자 칼 융은 심리유형(그가 명명한)으로 사람들을 구분하는 데 관심이 있었다. 1923년에 그는 이런 유형을 설명하는 저서를 출간했다. 융의 작업은 그의 이론을 받아들여 자신의 아이디어와 결합시킨 캐서린 브리그스 Katherine C. Briggs가 수행한 연구와 일치한다. 브리그스의 노력은 그녀의 딸 이사벨 브리그스 마이어스*Isabel Briggs Myers*에 의해 정립되었다. 이것의 최종 결과가 바로 사람의 심리유형을 판별하기 위해 설계된 많은 심리테스트로부터 고안한 마이어스-브리그스 유형 지표이다.

마이어스-브리그스 접근법은 4개의 척도(각 척도는 인간행동의 여러 가지 차원을 반영한다)에 따라서 사람들을 범주화한다. 각 척도는 외향적-내성적, 감각적-직관적, 사고적-감정적, 판단적-인지적 차원으로 이루어져 있다. 이 4개의 척도는 다시 사람이 처할 수 있는 총 16개의 심리적 유형으로 나누어진다. 예를 들어 당신은 외향적, 직관적, 사고적, 인지적 유형(혁신자의 특성)일 수 있고 내성적, 감각적, 사고적, 판단적 유형(행정가의 특성)일 수 있다.

각 심리유형은 그것과 관련된 저마다의 행동 특성을 가진다. 만약 우리가 어떤 사람의 유형을 알면 그 사람이 다양한 환경에서 행동하는 방법에 대한 좋은 아이디어를 개발할 수 있다. 이런 정보는 일반적으로 여러 종류의 환경에서 많은 다른 사람을 다루며 사람들이 제 기능을 다하도록 하는 프로젝트 관리자에게 유용하다.

이 책에선 마이어스-브리그스 접근법의 기본원리만을 간단히 요약했다.

### 외향적(Extravert) · 내성적(Introvert) 차원

마이어스-브리그스 구조에서 외향적인 사람은 사람과 사물의 외부 세계를 지향하는 사람인 반면, 내성적인 사람은 개념과 관념의 내면적인 세계를 좀더 지향하는 사람이다. 외향적인 사람은 자신의 주위에서 진행되고 있는 것을 조율하기 때문에 실질적인 경향이 강하다. 그들은 또한 한 번에 여러 가지 일을 하는 것을 좋아한다. 반면 내면의 세계를 지향하는 내성적인 사람들은 이리저리 궁리하며 자신의 머릿속에서 주로 생활한다. 그들은 외향적인 사람보다 좀더 깊게 생각하는 경향이 있다.

만약 당신이 사무실에 외향적인 사람과 내성적인 사람을 함께 둔다면 문제가 발생할 수 있는 소지가 있다. 외향적인 사람은, 느리고 비현실적이며 세계와의 관계에서 매우 딱딱한 내성적인 사람과 협력하는데 문제가 있다. 그는 한 번에 한 가지 문제에만 접근하고 추상적인 문제의 해결책을 추구하는 내성적인 사람의 주장에 지루해 한다. 그리고는 내성적인 사람이 한 가지 관념에만 몰두하는 답답한 사람이라고 결론을 내려버린다.

내성적인 사람 역시 피상적이고 깊이가 없고 실속 없어 보이는 외향적인 사람과 협력하는 데 어려움을 느낀다. 그는 외향적인 사람이 문제를 조급히 분석하고, 하나의 주제에서 다른 주제로 비약된 주장을 하는 것을 매우 불쾌해 한다.

마이어스-브리그스 접근방법은 세계에 대한 지향성의 차이 때문에 생길 수 있는 불협화음을 미리 막고, 다소의 차이가 있는 사람끼리 서로에 대해 건전한 의견을 가질 수 있도록 해준다. 이런 요소로 프로젝트 관리자들은 실질적인 이익을 얻을 수 있다.

예를 들어 최신기술의 소프트웨어개발 프로젝트를 담당하는 외향적인 프로젝트 관리자를 생각해보자. 그의 기술 스태프는 내성적이기 때문에 작업 마감일 같은 외적인 실체에 둔감할 수 있다. 이때 프로젝트 관리자는 작업의 마감일에 대해 둔감한 듯한 그들의 태도가 단지 프로젝트 관리자를 곤란하게 만들려는 의도라고 생각하거나, 스태프들이 잘 조직화되지 못한 까닭이라고 치부하기보다는 이들 스태프들의 내향성 때문이라고 생각해볼 필요가 있다. 또한 관리자의 외향성이 스태프들에게는 마감일자 같은 프로젝트의 피상적 측면에만 급급하고 본질적 내용을 등한시하는 것처럼 보일 수 있다는 것을 알아야 한다. 프로젝트 관리자가 이런 통찰력으로 무장하면 스태프들의 외관상 비타협적인 태도에 감정적인 태도를 취하지 않고 자신의 스태프들을 지적으로 관리할 수 있다.

### 감각적(Sensing) · 직관적(Intuition) 차원

칼 융은 사람들이 자신 주변의 세계를 인식하는 데는 두 가지 기본 방향이 있다고 지적하였다. 감각적인 사람은 자신의 오감을 충분히 활용한다. 외부세계에 대한 그들의 인지는 시각, 청각, 촉각, 미각, 후각에서 얻은 정보에 근거한다. 그들은 감각을 통하여 직접 획득한 자료를 중요하게 생각한다. 감각적인 사람은 자신의 감각을 사용함으로써 커다란 기쁨을 얻는다. 반면 직관적인 사람은 자신의 감각을 통하여 얻은 정보를 수용하고 그것을 조작한다. 직관적인 사람은 사실 그 자체에는 관심이 없고, 사실이 제시하는 가능성에 관심을 갖는다. 그들은 상상력을 사용하면서 사물이 실제적으로 어떠한가보다 사물이 어떠할 수 있는가에 좀더 관심을 갖는다. 상상력이 뛰어난 사람들은 대부분 직관적이다.

외향적인 사람과 내성적인 사람에서처럼 감각적 유형과 직관적 유형 사이에서도 갈등이 일어날 수 있다. 감각적인 사람은 직관적인 사람을 행동이 빠르고 사실에 대해서는 둔감한 사람으로 보는 경향이 있는 반면에, 직관적인 사람은 감각적인 사람을 무미건조하고 상상력이 없는 사람으로 보는 경향이 있다.

## 사고적(Thinking) · 감정적(Feeling) 차원

칼 융은 사람들이 실체를 파악한 후에는 그것의 의미에 대해 판단한다고 말한다. 어떤 사람들은 냉정하고, 초연하고, 논리적 과정을 따라서 판단한다. 그들은 사고적 유형의 사람들이다. 그들은 사람보다는 사물과 개념을 다루기를 좋아한다. '스타트랙 *Star Trek*' 이라는 텔레비전 프로그램의 뾰족한 귀를 가진 스포크 *Spock*는 사고적 유형의 좋은 예이다. 또 다른 사람들은 마음으로부터 나오는 주관적 사고나 반응에 의존해 판단한다. 그들은 사물보다는 사람을 다루는 것을 좋아한다. 그들은 감정적 유형의 사람이다.

이런 두 가지 접근법과 관련된 다른 판단 유형의 좋은 예가 있다. 집을 물색하던 신혼부부가 하루 종일 걸어다닌 끝에 적당한 집을 발견했다. 남자는 그 집에 들어서자마자 가스와 배선을 체크하고, 홈통과 지붕을 조사하고, 해충의 징후를 살펴보는 등 일반적인 사항을 확인했다. 10분 후 그는 그 집이 많은 비용을 들여 수리해야 하기 때문에 구매할 가치가 없다고 판단했다. 그는 그 결론을 아내에게 말하기 위해 거실에 앉았다. 그런데 아내는 그 집을 무척 마음에 들어 했다. 아내는 "바로 우리가 찾던 집이에요, 여보. 나는 그걸 몸으로 느낄 수 있어요" 라고 말했다.

이 이야기는 사고적 · 감정적 차원의 특성을 재미있게 보여준다. 어떤 대상에 대한 접근법에 남녀 간의 차이가 있다는 것이다. 약 60%의 남자가 사고적 유형인 반면 약 60%의 여자는 감정적 유형이다. 남녀 간의 싸움은 그들을 둘러 싼 세계에 접근하는 방식이 근본적으로 다르다는 것을 나타내는 흥미로운 일이다.

### 판단적(Judging)·인지적(Perceiving) 유형

마이어스-브리그스 체계의 판단적·인지적 유형의 구분은 사람들이 세계에 대한 생각을 이끌어내는 모습을 보여준다. 그 중 한 유형으로 판단을 빠르게 내리는 사람들이 있다. 그들은 어떤 상황에서도 의견을 제시할 수 있다. 오히려 오랜 시간이 걸리는 생각은 그들을 신경질적으로 만든다. 그들은 내려진 결정에 따르기보다 즉시 의사결정을 내리고 싶어 한다. 그들은 명령과 계획을 좋아한다. 이런 유형의 사람은 엄격하고 마음이 닫혀 있으며, 성숙하지 못한 판단을 내리는 부정적인 측면이 있다. 대체로 이런 유형은 판단적 유형의 사람들인 경우가 많다.

또 다른 유형의 사람들은 이용가능한 정보가 충분히 확보될 때까지 판단을 유보하는 사람들이다. 그들은 탄력적이고 개방적인 마음을 갖고 있다. 그러나 그들은 결정을 내리기 전에 어떤 정보를 기다리다가 우물쭈물하는 함정에 빠질 위험이 있다.

판단적 유형과 인지적 유형의 사람 사이에서 발생할 수 있는 충돌은 분명하다. 예컨대 닐 사이몬*Neil Simon*의 '묘한 한 쌍*The Odd Couple*' 이라는 연극은 까다롭고 조직화된 사람과 자유분방하고 비조직적인 사람으로 짝 지어진 두 룸메이트의 시각 차이에 초점을 맞추었었다.

### 심리유형이론을 프로젝트에 적용하기

마이어스-브리그스 테스트를 받은 사람들은 그 테스트가 자신의 심리적 특성을 정확히 알아낸다는 사실에 많이 놀란다. 자신의 검사 결과를 받은 후에 어떤 사람이 필자에게 "그 검사가 저를 표현하는 방법이 섬뜩해요. 그 검사는 저의 어머니보다 저를 더 잘 알고 있어요. 어떻게 그럴 수 있는지 놀랍군요."

사실 여기에 마법 같은 것은 없다. 그 검사를 받게 되면 당신은 자신의 선호도를 묻는 질문을 받을 것이다. 예를 들어 그 테스트는 당신이 교사로서 사실적 정보를 알려주는 것을 좋아하는지 이론적 내용을 가르치기를 좋아하는지 물을 수 있다. 당신이 사실적 정보를 좋아한다고 대답한다면 이로써 직관보다는 감각적인 것을 선호한다는 것을 알 수 있다. 이런 유형의 질문에 모두 대답함으로써 당신은 앞에서 언급한 4개의 차원에 대한 전체적인 선호도를 표현하게 된다. 이런 질문들에 대한 답변이 모이면 당신은 16개 범주 중 하나에 설정된다. 주어진 범주에 속하는 사람들끼리는 공통된 심리특성을 공유하게 된다. 그래서 누군가 당신의 마이어스-브리그스 유형을 안다면 당신을 사귀지 않더라도 당신 성격의 중요한 면모를 정확하게 말할 수 있을 것이다.

마이어스-브리그스 접근법을 아는 것은 여러 가지 중요한 분야에서 프로젝트 관리자가 사람들을 성공적으로 관리하는 데 도움을 준다. 예를 들면 스태프를 선발하는 것, 갈등의 원인을 진단하는 것, 스태프와의 관계를 개선하는 것, 관리자가 자신을 더 잘 확인하는 것 등이다.

## 스태프 선택하기

마이어스-브리그스 이론의 응용은 스태프를 선택할 때 두드러진다. 경영층은 모든 스태프 구성원 후보들에게 마이어스-브리그스 검사를 받게 할 수 있다. 일반 공학 프로젝트는 ESTJ 성향(외향적, 감각적,

사고적, 판단적 유형)을 가진 스태프를 선택하는 것이 좋다. 그리고 설계팀은 ENTJ나 INTJ(외향적 또는 내성적, 직관적, 사고적, 판단적 유형) 성향의 사람들로 구성된다. 프로젝트 마케팅관리자는 ESFJ 성향(외향적, 감각적, 감정적, 판단적 유형)의 사람이 좋다.

그런데 마이어스-브리그스 접근법에는 두 가지 문제점이 있다. 마이어스-브리그스 검사는 지능, 추진력, 기술적 능력을 측정하지는 못한다. 이 검사는 어떤 사람이 특별한 환경에 심리적으로 적합한가에 대한 통찰력은 주지만 요구되는 과제물을 수행할 만큼 충분한 지식이 있고 동기부여가 되어 있는가를 말해주지는 못한다. 그러므로 지능이나 기술적 능력을 많이 고려해서 인원을 충원해야 하는 프로젝트에서 마이어스-브리그스 유형 지표에 크게 의지하는 것은 좋지 못하다.

### 갈등의 원인을 진단하기

마이어스-브리그스 접근법을 아는 것은 프로젝트 관리자가 프로젝트 중에 갈등의 원인을 진단하는 데 매우 유용하다. 갈등은 프로젝트 환경에서 다양한 방법과 여러 구성원의 결합으로 일어날 수 있다. 예를 들면 프로젝트 관리자와 스태프 사이의 갈등, 프로젝트 관리자와 상사와의 갈등, 스태프와 고객 사이의 갈등의 경우이다. 이런 갈등은 심리적 요인에 근거하고 있기 때문에 다음 사례에서 마이어스-브리그스 접근법은 갈등을 효과적으로 관리하는 좋은 기술을 가르쳐 준다.

소프트웨어 핸들러스*Software Handlers*는 약 75명의 프로그래머와 시스템 분석가를 고용하고 고객욕구를 충족시키는 소프트웨어를 설계·개발하는 회사이다. 2년 전, 소프트웨어 핸들러는 스태프와 고객이 효과적으로 상호작용하지 못해서 생기는 문제와 싸우고 있었다. 스태프는 고객들이 컴퓨터능력이 부족하고 자신들이 원하는 것을 잘 모르며 변덕이 심하다고 느꼈다. 그런데 소프트웨어 핸들러의 경영층은 스태프의 기술적 직관력과 고객을 대할 때의 성급함과 제한된 시야를 벗어나지 못하는 무능력 때문에 고객에게 많은 불평을 듣고 있다고 생각했다.

경영층은 이런 상황에 대처할 여러 정책을 설정했는데, 그 중 하나가 스태프에게 마이어스—브리그스 접근법에 대한 교육을 받게 하는 것이었다. 모든 스태프는 마이어스—브리그스 검사를 받고 마이어스-브리그스 전문가로부터 결과에 대한 설명을 들었다. 그들은 고객을 대하는 데 있어 고객의 심리유형에 대한 지적인 평가를 해야 한다는 조언을 들었다. 이런 정보를 가지고 그들은 고객을 대하는 방법을 그려나가기 시작했다. 예를 들어 고객이 높은 기술적 유형의 사람(예를 들어 INTP형 과학자)이라면 회사 내의 유사한 유형(예를 들어 INTP나 INTJ)의 스태프가 접촉하도록 했다. 한편, 고객이 비기술적 ESFJ형(예를 들어 사회봉사기관의 관리자)이라면 INTP나 INTJ형 스태프를 피하고 유사한 유형의 사람이 프로젝트에서 고객업무를 맡도록 했다.

소프트웨어 핸들러의 경영층은 이 방법이 스태프와 고객의 갈등을 실질적으로 줄였다고 말하고 있다.

### 스태프와의 관계를 개선하기

프로젝트 관리자의 책임은 프로젝트 스태프의 책임과 다르다. 일반적으로 프로젝트 관리자의 업무는 감독하고, 조정하고, 통제하고, 문제를 해결하는 것이다. 스태프는 일반적으로 좀더 집중된 책임을 가지고 있다. 스태프들은 관리자보다 시야가 좁다. 이것은 좋은 프로젝트 관리자의 기본적 특성이 좋은 스태프의 특성과 실질적으로 다르다는 것을 의미한다. 마이어스-브리그스 방법에서 우리는 프로젝트 관리자의 심리유형이 스태프의 심리유형과 다를 것이라고 말한다.

일반적으로 우리는 프로젝트 관리자들이 실제적이고 자신의 환경을 인식하는 사람이기를 바란다. 또한 그들이 세부사항에 대해 주목하며 논리적이고 이성적이기를 원한다. 덧붙여 프로젝트 관리자들이 질서정연하게 의사결정을 해주길 바란다. 여기서 기술하는 내용들은 일반적으로 ESTJ형 사람에 대한 것이다.

그런데 기초적인 연구 프로젝트를 담당한 관리자들의 유형은 어떻고 관리자의 스태프는 어떤 유형인가? 갈등은 심리적 유형이 다른 관리자와 스태프 사이에서 발생할 것이다. 심리적 유형의 차이를 알지 못하는 ESTJ형 프로젝트 관리자들은 비실제적이고 조직화되지 못하고 사물의 실제보다 가능성에 더 관심을 두는 자신의 부하에 대해 분통을 터뜨릴 것이다. 이런 프로젝트 관리자들이 자신의 스태프를 ESTJ형 틀에 끼워 맞추려고 한다면 그들은 저항할 것이다.

ESTJ형 프로젝트 관리자들이 심리유형의 차이에 민감하다면 그들도 스태프들을 변화시키려고 하기보다는 결과물의 품질을 높이기 위해 자신이 가진 모든 지식을 활용하려 할 것이다. 예를 들어 관리자들은 스태프들이 자신의 연구결과물을 출간하게 하거나 그들과 관심이 유사하면서 창의적인 사람들이 모인 전문 컨퍼런스에 참가하게 할 수 있다. 만약 프로젝트 작업이 평범하고 도전적이지 않다면 관리자들은 스태프들이 다른 창의적인 일을 할 수 있도록 시간을 따로 줄 수 있다. 그런 정책을 수행한다면 스태프들은 프로젝트 관리자들이 자신의 요구에 민감한 사람이라고 인식하고 피상적이고 임의적인 프로젝트 요구사항을 불만 없이 해낼 것이다.

### 자신에 대해 바로 알기

제1장에서 살펴본 바와 같이 프로젝트 관리자들이 정치적 역량을 발휘하기 위해선 자신의 장점과 약점을 아는 것이 중요하다. 그런데 마이어스-브리그스 접근법은 자신의 약점과 장점을 알게 해준다. 그 접근법은 관리자들이 모든 사람에 대해서 항상 유능할 수 없다는 것을 알려준다. 관리자가 실제적이고 외향적인 유형의 사람이라면 내성적인 사람이 잘하는 일에는 미숙할 것이다. 예를 들어 오랜 시간에 걸쳐 한 가지 문제에만 매달리는 일에서 그렇다. 만약 관리자들이 사실을 다루는 데 매우 뛰어나다면(즉, 그들이 감각적 유형의 사람이라면) 그들은 직관적 유형의 사람들이 좋아하는 심사숙고하는 것에 대해서는 거부감을 느낄 것이다.

관리자들이 모든 사람에 대해서 항상 잘 어울릴 수 없다는 것을 알게 된다면 유능한 관리자들은 자신의 약점을 보완할 수 있는 스태프를 활용하는 지혜를 갖게 될 것이다. 예를 들어 조직적이지 못하고 결정을 내리는 데 문제가 있는(인지적 유형) 관리자들은 판단적 유형에 속하는 보좌역과 조언자가 있다면 일을 더 잘하게 될 것이다.

# 프로젝트 관리자

이번 절에서는 프로젝트 관리자에게 초점을 맞추어 관리자들이 채택한 관리유형과 그들의 책임에 대해서 알아본다.

## 프로젝트 관리자의 책임

서문에서 언급한 것처럼 프로젝트 관리자에게 맡은 책임이 무엇이냐고 물으면 그들은 일이 예정대로, 예산 내에서, 명세서에 따라 잘 진행되도록 하는 것이라고 답변할 것이다. 물론 프로젝트 관리자의 책임은 이것 이상이다. 관리자들은 또한 스태프를 개발하고, 상위경영층과 프로젝트 관리자의 중재자로서의 역할을 수행하며, 학습한 교훈을 조직 내에 전달하는 책임도 있다.

### 스태프 개발하기

프로젝트 관리는 일회적 업무이다. 사람들은 프로젝트를 우연히 경험한다. 프로젝트 관리자들은 기본적인 관리원칙에 대한 공식적 교육을 거의 받지 않는다. 프로젝트 관리의 비법은 비공식적으로 전수된다. 관리자들은 프로젝트를 수행하면서 배우고, 경험 있는 프로젝트 관리자로부터 비결을 전수받는다.

프로젝트가 잘 진행되도록 프로젝트 관리자들은 자신의 사람들에게 거래의 기교를 가르친다. 당신이 프로젝트를 일정대로 예산 범위 내에서 명세서에 따라 수행하고 사람들이 일처리를 제대로 하기를 원한다면 당신은 그들에게 일을 잘 처리하는 방법을 보여주어야 한다. 그렇게 한다면 당신은 그들을 조직의 능력 있는 구성원으로 만들 수 있다. 이

때 인식 여부에 상관없이 당신은 스태프를 개발하고 있는 것이다. 그러면 어느 날 이 스태프들이 서열대로 주요한 프로젝트 책임을 맡고, 자신의 스태프에게 프로젝트의 지혜를 전수할 수도 있을 것이다.

### 경영층과 스태프의 중개자

프로젝트 관리자는 샌드위치 안의 소시지와 같다. 그들은 위로는 상위경영층과 아래로는 부하들 사이에 위치해 있다. 그래서 프로젝트 관리자의 위치는 미묘하다. 한편 그들은 관리층의 일부이고, 관리층처럼 행동하도록 요구받는다. 그들은 상위경영층의 정보를 작업자에게 보내는 파이프와 같다. 스태프는 프로젝트 관리자를 통하여 조직의 목표를 살펴보고 상위경영층의 기대치를 알게 된다. 그래서 프로젝트 관리자들은 상위경영층의 심부름꾼으로 스태프에게 인식될 우려도 있다.

다른 한편으로 프로젝트 관리자들은 종업원 중의 한 부분으로서 상위경영층이 작업자들의 요구, 능력, 기대치를 알게 해준다. 이런 측면에서 프로젝트 관리자들은 상위경영층에게 미숙하게 행동하는 것처럼 보이지 않도록 주의해야 한다.

### 학습된 교훈 전달하기

프로젝트 관리자들은 실제적인 프로젝트 지식을 가진 커다란 창고와 같다. 그들은 스태프로 시작해 관리자가 되기까지의 경험을 통해 이런 지식을 얻는다. 프로젝트의 성패는 그들의 기억 속에서 잊혀지지 않고 여전히 남아 있다. 그들은 학습된 교훈을 동료 관리자와 고위경영층, 스태프에게 효과적으로 전달함으로써 기업에 공헌할 수 있다.

프로젝트 관리자들은 여러 가지 방법으로 교훈을 전달한다. 그 중 대부분은 비공식적으로 이루어진다. 관리자들은 자신의 지식을 새로 온 스태프에게 전달한다. 그들은 또한 여러 가지 방법으로 고위경영층에게도 교훈을 전달한다. 프로젝트 관리자들은 조언을 요청받을 때나 비공식적 회의시간에 동료 프로젝트 관리자에게 교훈을 전달할 수도 있다.

## 관리 스타일

관리 스타일에서 중요한 것은 관리자가 스태프와 상호작용하는 방법이다. 여기서는 경영학 책에서 흔히 논의되는 기본스타일인 독재적, 자유방임적, 민주적 스타일을 살펴본다.

일반적으로 독재적 관리는 엄청난 자본을 가진 사장의 전통적인 이미지와 관련된다. 이 관리 스타일에 있어서 상사들은 모든 의사결정을 한다. 그들은 자신의 스태프에 대해서 엄격한 통제를 하며 근엄한 표정으로 자리를 지키고 있다. 당신은 상사를 막을 수 없다. 만약 칭기즈칸이 살아서 오늘날 기업에서 일한다면 그는 독재적 관리자가 되었을 것이다.

자유방임형 관리에서는 무슨 일이든 진행가능하다. 스태프는 자신들이 원하는 모든 것을 할 수 있다. 자유방임형 관리는 비(非)관리라고 말할 수도 있다. 여기에선 아무도 책임지는 사람이 없다.

한편 민주적 관리는 참여를 중요시한다. 관리자와 스태프는 공동으로 의사결정을 내린다. 이것은 모든 사람은 평등하고 우리에게 영향을 미치는 결정에 대해 우리의 견해가 반영되어야 한다는 민주주의적 가치관이 담겨있으므로 범인류적 관리라고 부를 수 있다.

이런 세 가지 스타일의 역동적 측면을 이해하고 차이를 평가하기 위해서 정보 흐름(그림 2 · 2를 참조하시오)에 따라 분석할 필요가 있다.

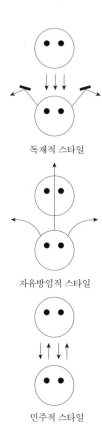

그림 2 • 2      여러 가지 관리 스타일에 따른 정보의 흐름

**독재적 관리자**

　독재적 관리자는 자신의 외부에서 오는 정보의 처리에 관심이 없다. 그는 스태프로부터의 피드백에도 관심이 없다. 독재적 관리자는 의견을 수렴해서 행하는 일이 거의 없다. 전통적인 견해로 보면 독재자는 자신의 스태프를 다루는 데 있어서 퉁명스럽고 심술궂은 사람이다. 그러나 반드시 그렇지는 않다. 기술적 독재자는 충분한 웃음과 풍부한 유머가 있는 사람일 수도 있다. 기술적 독재자는 자신의 스태프와 동료들이 그를 민주적으로 볼 정도로 개방적 이미지를 갖고 있을 수도 있다. 기술적 독재자는 스태프를 포용하고 자신의 견해에 동조하도록 격려하면서 개방적 정책을 세울 수도 있다. 그러나 기술적 독재자는 직선적으로 말하고 자신의 스태프로부터 받는 정보에 대해서 아무것도 하지 않기 때문에 여전히 독재자다.

　독재적 관리 스타일은 부정적 측면만 있는 것이 아니라 긍정적 측면도 있다. 스태프가 단순히 명시된 계획만을 수행하는 규칙적이고 위험부담이 적은 프로젝트에 적합하다는 것은 긍정적 측면이다. 그런 상황에서 스태프의 피드백은 위험하고 유동적인 프로젝트에서만큼 중요하지 않다. 독재적 접근법은 또한 신속한 의사결정이 이루어질 필요가 있을 때 성공적이다. 독재자는 의견을 일치시키고 자신의 의사결정에 근거가 될 많은 양의 정보를 모으는 데 관심이 없기 때문에 의사결정을 신속하게 내릴 수 있다.

　독재적 접근법의 부정적 측면은 의사결정과정에서 의미 있는 의견을 반영하지 않기 때문에 스태프의 사기 저하를 유발할 수 있다. 창조적이고 지적인 지식노동자는 자신의 견해를 갖기 원한다. 그들은 상사가 그들의 견해를 듣고 싶어 하지 않는다는 것을 알면 유쾌하지 않을 것이다. 독재적 접근법의 또 다른 결점은 상사가 불충분한 외부 정보만을 가지고 의사결정을 내리기 때문에 잘못된 의사결정을 할 수 있다는 것이다.

## 자유방임형 관리자

독재적 관리처럼 매우 집중된 의사결정권과는 대조적으로 자유방임적 환경에서는 의사결정권이 분산되어 있다(자유방임은 프랑스어로 'laissez-faire' 라 하는데 '하게 하라' 는 뜻을 가지고 있다).

자유방임형 체제에서 스태프는 자신의 관리자에게 직접적인 피드백을 할 수 있다. 그러나 불행히도 그 관리자는 이 피드백에 대해서 의미 있게 행동하지 못한다. 결과적으로 우리는 정반대의 성격인 독재적 접근법과 자유방임적 접근법에 매우 중요한 하나의 공통된 특징이 있음을 알 수 있다. 두 경우 모두 프로젝트 스태프로부터 프로젝트 관리자에게 의미 있는 정보가 거의 유통되지 않는다.

자유방임형 접근법은 프로젝트 관리자가 창조성을 북돋아주기를 원하고, 스태프에 대해 자신의 견해를 노출하는 것을 꺼리는 최신기술의 프로젝트에 효과적이다. 그런 행동의 자유는 엄격한 감독과 일하고 싶어 하지 않는 창의성 있는 종업원의 사기를 진작시킬 수 있을 것이다.

자유방임형 접근법의 부정적인 측면은 '사공 없는 배 증후군' 을 야기할 수도 있다는 것이다. 이 접근법에서 스태프는 자신이 원하는 것을 할 수 있기 때문에 즐겁다. 그러나 얼마 안 가서 자유의 감정은 목표 없는 불안으로 변한다. 자유방임형 관리의 또 다른 중요한 결함은 신속한 의사결정이 필요한 상황에서 큰 손상을 불러일으킬 수 있다는 것이다.

## 민주적 관리자

민주적 접근을 하는 관리자는 의사결정을 내리기 전에 스태프로부터 적극적으로 정보를 찾는다. 전반적으로 민주적 접근법은 미국의 민주주의 문화와 잘 일치하기 때문에 미국의 지식노동자를 활용하는 데 있어 가장 효과적인 관리 스타일일 것이다. 그러나 이 접근법은 다른 문화환경에서는 효과적으로 활용하지 못할 수도 있다. 예를 들어 러시아 노동자들은 자신들의 문화와 성질이 다르기 때문에 민주적 접근법으로 행동하고 싶지 않을 수 있다. 이것은 지금 미국에서 살고 있는 많은 러시아 이민자들의 불평에서 확인할 수 있다.

민주적 접근법은 많은 장점들을 가지고 있다. 첫째, 우리가 이미 언급했듯이 그것은 미국의 문화 관념과 일치한다. 둘째, 폭넓은 견해를 반영하기 때문에 좀더 나은 의사결정을 유도해낼 수 있다. 셋째, 스태프가 의사결정 과정에 참여하기 때문에 결정을 수행하는 데 스태프의 몰입을 유도할 수 있다.

그러나 민주적 접근법 또한 결점이 있다. 하나는 정치학자들이 '다수의 횡포'라고 부르는 것이다. 이것은 소수는 항상 소외되거나, 다수가 항상 옳지 않을 수도 있기 때문이다. 프로젝트 관리 시나리오에서의 유추는 다수가 독단을 요구하는 경우이다. 이 때 다수 집단 밖의 사람들은 의사결정이 내려지는 방법에 대해 좌절하고 환멸을 느낄 수 있다.

민주적 접근법의 두 번째 결점은 사악한 '투표자'들이 자신의 견해에 대해 몰표를 던져서 결과적으로 의사결정이 그릇된 정보에 근거하게 되는 경우이다. 예를 들어서 민주적 관리자는 어떤 중요한 결정을 내리기 전에 자신의 스태프로부터 피드백을 얻으려는 것처럼 보이려고 노력한다. 그러나 그가 조언을 구하는 스태프는 의미 있는 조언을 하기에는 기술적으로 무능한 사람이다(즉, 그가 사악한 투표자를 뽑는다면). 그의 의사결정은 타당한 정보에 근거하고 있지 않다. 민주적 접근법의 세 번째 결함은 신속한 의사결정이 요구되는 경우 비효과적이라는 것이다.

## 관리 스타일 선택하기

실제 프로젝트 상황에서 프로젝트 관리자가 항상 한 가지 스타일을 추구하는 것은 가능하지도 않고 바람직하지도 않다. 최상의 프로젝트 관리자는 자신이 직면한 환경에 따라 스타일을 적용한다. 프로젝트 관리자는 프로젝트의 창조적인 설계 단계 동안에는 자유방임형 방법을 채택하고, 실제 실행 단계에서는 민주적 방법을 활용할 수 있다. 문제가 많은 공급자로부터 좋은 결과를 얻고자 할 때는 독재적 방법으로 행동하는 것이 유리할 수 있다. 그러나 오랜 기간 동안 매우 신뢰적이라는 것이 입증된 공급자에 대해서는 자유방임형 접근법을 취할 수 있다.

프로젝트 관리자가 취하는 스타일은 프로젝트의 결과에 지대한 영향을 준다. 하나의 예를 보자. 필자가 경험한 최악의 건설 프로젝트는 영업부서에서 나온 사람이 건설 감독을 맡은 경우였다. 그는 좋은 영업성과에 대한 보상으로 프로젝트 책임을 받았다. 이 사람은 건설업의 기자재에 익숙하지 못했기 때문에 모든 프로젝트의 의사결정을 하청업자에게 넘겨주었다. 즉 그는 100% 자유방임형 접근법을 취했다. 건설업에 경험이 있는 사람은 건설감독이 수행하는 주요한 역할 중의 하나가 독재자형 방식이라는 것을 안다. 그 감독자는 가끔 하청업자

의 서류가 프로젝트 요구사항과 맞지 않는다고 하청업자에게 말해야
했다. 그러나 문제가 있는 그 프로젝트에서 하청업자가 멋대로 함으
로써 공사 진행은 큰 타격을 입고 멈추게 되었다.

다양한 상황에 처했을 때 필요한 기술은 어떤 스타일을 적용해야
하는가를 아는 것이다. 이 의사결정은 프로젝트 관리자의 감각과 상
황을 정확히 파악하는 능력에 달려 있다. 그것은 또한 성격 요인에도
달려 있다. 즉 프로젝트 관리자가 어떤 스타일을 가장 좋아하는가를
아는 것이 중요한 것이다. 어떤 사람은 자신의 기본적인 기질과 다른
스타일을 절대로 적용하지 못하는 경우가 있다.


## 게임 수행하기

얼마 전 필자는 통신 하드웨어와 소프트웨어를 생산하는 제조업체
를 방문한 적이 있다. 방문 첫 번째 날 필자는 사장과 두 명의 다른 중
역과 점심을 같이하면서 사장의 프로젝트 관리 접근법에 대해 논의했
다. 사장의 접근법은 보통 이상으로 계몽적이고 표준적인 방법이었
다. 그러나 사장은 다음과 같은 말로 필자를 혼란스럽게 했다.

내가 기사들과 30년 동안 같이 일하면서 배운 것은 어떤 일을 수행
하는 데 걸리는 시간을 추정하라고 요구하면 그들은 실제보다 20% 부
풀린 숫자를 얘기한다는 것입니다. 그래서 나는 기사들 중 한 명이 일
을 완성하기까지 많은 시간이 걸릴 것이라고 말하면 20%를 삭감하고
좀더 빨리 진행하라고 말합니다.

그로부터 이틀 후에 필자는 그 회사의 많은 프로젝트 관리자들과

자신의 작업에 대해 이야기할 기회가 있었다. 그들 대부분은 작업환경에 대해 일반적으로 만족한다고 말했지만 하나의 결정적인 논평이 다른 사람의 진술을 뒤엎었다.

우리는 항상 엄청난 일정상의 압박을 받습니다. 우리는 작업이 수행되는 기간에 대해 정확한 추정을 하라고 요청받지만 추정치를 제출하면 우리는 항상 더 빨리 해야 한다는 이야기를 듣습니다. 그래서 우리는 일정이 지연되지 않도록 엄청난 초과근무와 주말근무를 해야 합니다.

한 프로젝트 관리자는 고위경영층이 수치를 삭감할 것이므로 의도적으로 추정치를 높인다고 고백했다.

한 달 후에 필자는 중간관리자에게 프로젝트 관리 세미나를 제공한 미 정부연구소를 방문하였다. 둘째 날 아침 우리는 일정과 예산이 여러 가지로 혼란 상태에 있는 3개의 프로젝트를 보여주는 3개의 차트를 검토하였다. 토의가 끝날 즈음에 필자는 완벽하게 예산이 일치하고 일정이 앞당겨진 프로젝트를 보여주는 4번째 차트를 끄집어내었다. 그것은 '환상적 세계'라고 레이블이 붙어 있었고 필자는 중간관리자들에게 그것은 프로젝트에서 드물게 나타나는 것이라고 설명했다. 여러 프로젝트 관리자들이 웃음을 터뜨렸다. 그들은 필자에게 모든 프로젝트들은 실제로 환상적 세계 차트에서 그려진 그림과 같다고 말했다.

이 프로젝트 관리자들은 기관의 예산 시스템의 연간 요구사항을 처리하는 방법을 배웠다. 더욱이 각 프로젝트는 예산의 80%만을 소비하도록 구조화되었다. 대부분의 실수는 예산과 일정을 추정하는 과정에서 발생한다. 프로젝트에서 자금이 남을 때 스태프들은 기술적으로 도전적이고 흥미 있는 비공식적 프로젝트를 수행한다(우연히도 이런 비공식적 프로젝트는 연구소에 중요하고도 유용하다고 평가받는 결과를 만들어 냈다).

우리는 프로젝트 관리에 공통된 현상의 두 가지 예를 보았다. 그것은 다양한 형태와 규모로 발생한다. 대부분의 프로젝트 게임이 공통적으로 갖고 있는 특징은 서로 다른 사람 또는 체계를 꾀로 이기려고 하는 사람들이다. 다른 사람을 꾀로 이기려는 과정은 정보의 조작과 왜곡을 수반한다. 그러나 정확한 정보는 프로젝트를 성공적으로 수행하기 위해 중요하다.

이런 정보의 조작을 '게임수행(game playing)'이라 하는데 이것은 프로젝트에서 전반적인 부정직함을 유발한다는 점에서 똑같이 문제가 있다. 예산을 선택적으로 조작하고 일정자료를 왜곡하는 데 있어서 우리는 정직하지 못하다. 그런데 이 부정직함을 감당 못하게 되는 경우가 많다. 우리의 초기 조작은 일정에 대한 오류보고서를 낳고 이것은 다시 소요된 자금을 속이는 것으로 이어진다.

그렇다면 게임수행은 어떤 일이 있어도 피해야 하는가? 반드시 그렇지는 않다. 그것을 번번이 피할 수는 없다. 가끔 프로젝트 관리자들은 체제를 유지하기 위해 게임을 수행하려고 한다. 조직에서 연간 예산을 가지고 일하는 사람이 성공하기를 원한다면 예산게임을 해야 한다고 생각한다. 때때로 프로젝트 관리자들은 자신의 상사(앞에서 언급한 시간추정을 자동적으로 20% 줄이는 상사와 같은)에 의해 몰래 떠맡겨진 게임을 수행해야 한다. 그리고 게임수행은 기업문화의 한 부분일

118

수도 있다. 이 경우 게임을 수행하지 않거나 대충 게임을 하는 척하면 겁쟁이로 인식될 것이다.

프로젝트 관리자가 다른 사람이나 체제에 의해 시작된 게임을 수행하지 않을 수는 없지만 자신이 직접 게임을 시작할 것인지는 선택할 수 있다. 대부분의 경우 그것은 피하는 것이 좋다. 프로젝트 계획 및 통제에서 나중에 살펴보겠지만 프로젝트 관리자는 정확하고 시기적절한 정보의 기반 위에서 프로젝트를 형성하는 능력을 얻기 위해 모든 것을 다 수행해야 한다.

## 결론

사람은 프로젝트의 중심부에 놓여 있다. 특히 지식정보화시대에 있어서 프로젝트의 성공은 사람 문제에 따라 좌우된다. 스태프들이 프로젝트에 몰입하는가? 그들은 지적으로 탁월한가? 그들은 필요한 경우 적절한 구상을 제시하는가? 상사는 업무 지원을 잘 하는가? 상사는 스태프에 대해 기대하는 바를 명확히 전달하는가? 고객과 좋은 관계를 유지하는가? 고객을 잘 다루고 있는가? 이것들에 대한 대답은 우리에게 프로젝트를 수행하는 방법에 대한 좋은 아이디어를 제공할 것이다.

이번 장에서 설명된 문제들은 분명하다. 우리는 사람들이 다차원적이란 것과 지나친 독재는 창조적인 스태프의 사기저하를 가져오며, 여러 가지 유형의 사람들이 있다는 것을 알게 되었다. 그러나 관리자는 여전히 '스태프에게 가장 중요한 것은 업무'라는 일차원적인 사고로 그들을 대한다. 또한 관리자는 합법적 피드백을 두려워하고 독재적 관리 스타일을 고집한다. 그리고 우리는 사람들을 너무 단순한 형태 (영리하고 어리석고, 협동적이고 비협동적이고, 좋고 나쁜 형태)로 분류하곤 한다.

궁극적으로 효율적인 업무진행을 위해서는 사람들을 주의 깊게 살펴보는 것이 중요하다.

# 3
# 팀 구조 만들기

...

해마다 가을이 되면 미국인들은 일요일 오후를 온통 스포츠에 할애한다. 매주 수백만의 미국인들은 좋아하는 풋볼팀에 대해 얘기하고, 반대편 팀을 조소하고, 공정하지 못한 판정을 한 심판을 비난하며 서너 시간씩 텔레비전 앞에 앉아 있곤 한다. 스포츠 해설위원은 경기 전 30분 동안 선수와 코치를 소개하고 예상되는 양 팀의 작전을 설명한다. 그리고 경기 후 30분 동안에는 승리와 패배의 원인을 분석하면서 승부가 결정된 후의 얘기를 진행한다. 이 때 스포츠 해설위원은 흔히 승리의 요인으로 좋은 팀워크를 들고 패배의 원인으로는 팀워크가 없었기 때문이라고 평하곤 한다.

팀은 스포츠 경쟁의 기본적 작업단위인 것처럼 팀도 프로젝트의 기본적 작업단위이다. 하지만 프로젝트에서는 팀 활동이 기본적 작업단위를 넘어 중심적 역할을 하기 때문에 팀이 무엇인지 이해하고 팀을 평가하는 데 시간을 투자할 필요가 있다. 이런 지식을 전제로 우리는 프로젝트가 성공적으로 수행될 가능성을 극대화하기 위해서 프로젝트 팀을 구조화 할 수 있을 것이다.

## 프로젝트 팀의 특성

팀이란 한 가지 목표를 달성하기 위해 함께 일하는 개인들의 집단을 말한다. 각자 다른 개인들이 모여 함께 일하기 위해서는 업무를 조율하려는 노력이 필요하다. 운동경기의 조율은 강력한 코치와 코칭스태프에 의해 이루어지고, 이것은 엄격한 훈련과 실무회의를 통해 성취된다. 그런데 프로젝트의 조율은 이와 다르다. 사람들은 프로젝트의 독특하고 일시적인 성질 때문에 훈련에 쉽게 적응하지 못한다. 그래서 프로젝트 팀은 일반적 팀과는 근본적으로 다른 관점을 가져야 한다.

프로젝트와 마찬가지로 프로젝트 팀도 여러 가지 형태와 규모를 지닌다. 어떤 팀은 크고 어떤 팀은 작다. 어떤 팀은 매우 복잡한 문제를 해결하려 노력하고, 어떤 팀은 일반적 과업을 수행한다. 그리고 어떤 팀은 팀 구성원이 계속 바뀌어 매우 역동적이지만 어떤 팀은 안정적이다.

스포츠 팀은 구성원에게 팀 정신을 갖도록 하기 위해 엄청난 노력을 한다. 팀 정신은 능력이 비슷할 경우 승부의 관건이 된다. 그러나 프로젝트 팀에서는 팀 구성원을 차입해야 하고 그 팀 구성원이 프로젝트 업무에 단순히 관여하는 경향만을 보일 수 있다. 그들은 프로젝트의 일부분만을 수행하고서 일이 끝나면 다른 프로젝트로 옮겨가기 때문이다.

이런 이유로 그들은 자신을 팀의 부분으로 인식하지 않는다. 그들은 자신만의 팀 정신을 개발할 수도 없고 프로젝트에 몰입하기도 힘들다. 물론 프로젝트 관리자의 관점에서는 팀 구성원이 이것을 인정하든 안하든 간에 팀은 존재한다. 프로젝트 관리자는 프로젝트의 목표를 인식하고 어떻게 구성원들과 힘을 합쳐 목표를 달성하는지 안다. 그러나 프로젝트 작업자들은 자신을 팀의 일부로 인식하지 않기 때문에 프로젝트 관리자의 업무는 더욱 어렵다. 분명히 프로젝트 관리자의 중요한 과업의 하나는 자신의 스태프에게서 팀 의식의 감정을 불어넣는 것이다.

프로젝트 팀은 구조를 가지고 있다. 즉, 팀 구성원 서로 간의 구조가 있고 프로젝트 관리자와 고객, 그리고 개발하고 있는 제품과의 관계를 통제하는 규칙이 있다. 팀이 구조화되는 방법은 프로젝트 성공에 대한 기대와 밀접한 관계가 있다. 잘 구조화된 팀은 프로젝트 성공의 가능성을 높이며, 빈약하게 구조화된 팀은 곤란한 문제를 야기한다. 잘 구조화된 팀은 성공을 위한 충분조건은 아니더라도 필요조건이 된다. 팀 구조가 잘 되어 있다고 반드시 성공하는 것은 아니지만 팀 구조가 빈약하면 반드시 실패한다.

여기서 한 가지 의문이 제기된다. 우리는 어떻게 프로젝트 관리를 효과적으로 촉진하면서 프로젝트 팀을 구조화할 수 있을까? 이 질문의 대답은 팀 효율성을 높이도록 팀을 구조화하는 것이다.


## 팀 효율성


기계공학에서 효율성의 개념은 간단하다. 효율성은 투입 대 산출의 비율로 정의된다. 만약 어떤 장치가 100단위의 석탄 에너지(투입)를 소비하고, 60단위의 전기 에너지(산출)를 만들어 낸다면, 우리는 그 장치가 60%의 효율로 작동하고 있다고 말한다.

그런데 프로젝트에서는 투입과 산출을 정확하게 측정할 수 없기 때문에 팀 효율성을 측정하기가 어렵다. 그러므로 달성되는 잠재적 팀 성과 중에서 실질적인 부분만으로 정의해보자.

우리는 일반적으로 팀이 이상적인 환경에서 달성될 수 있는 것의 일부분만을 성취하고 있다면 팀 효율성이 낮다고 말한다. 반대로 물리적으로 가능한 것만큼 달성량이 산출된다면 팀 효율성이 높다고 말한다. 여기서 우리의 관심은 팀 효율성을 정확히 측정하는 방법이 아니라 팀 효율성을 높이는 방법에 있다. 우리는 팀 효율성을 높이기 위해 프로젝트 팀을 어떻게 구조화할 수 있을까?

이 질문에 대답하기 위해서 먼저 시스템들이 비효율적인 이유를 이해하는 것이 필요하다. 기계 전문가들은 기계장치의 비효율성의 원인이 기계설계와 마찰에 있다고 이해한다. 어떤 기계가 조악하게 설계되면 그 기계는 비효율적일 것이다. 기계가 조악하다는 것은 마찰의 영향을 최소화하는 방향으로 설계되지 않았다는 것을 의미한다. 그러나 잘 설계된 기계도 유지보수를 제대로 하지 않아서(예를 들어 적절히 윤활유를 주지 않아서) 마찰의 영향에 지배된다면 최고 효율성보다 못하게 운영될 수 있다.

팀 효율성도 이와 유사하다. 우리는 팀의 기본 구조가 비효율적이거나 조직적 마찰을 일으켜 원활한 운영을 방해하기 때문에 프로젝트 팀이 비효율적이라고 말할 수 있다. 그러나 정작 프로젝트 팀의 비효율성의 주요 원인은 매트릭스 구조상의 마찰, 빈약한 의사소통, 팀 구성원 통합노력의 부재 등이라고 할 수 있다. 이와 같은 세 가지 경우에서의 비효율성은 서로 연관되어 있고, 근본적으로 부적절한 설계와 조직적 마찰에서 비롯한다.

## 매트릭스 구조상의 마찰

일시적으로 투입한 스태프에 많이 의존하는 프로젝트(즉, 매트릭스 접근법을 활용하는 프로젝트)는 흔히 효율성이 낮다. 매트릭스 구조 프로젝트가 갖는 비효율성의 중요한 원인은 스태프의 연속성 결여이다. 다음 가상의 사례를 살펴보자.

아서는 한 병원의 외상매출 시스템을 보수하는 프로젝트에 컴퓨터 프로그래머 겸 분석가로 배정되었다. 그는 초기설계 단계 동안에 프로젝트에서 적극적으로 일한다. 예비설계가 끝났을 때 그는 즉시 사무자동화 프로젝트에 할당되어 자료처리부서에 되돌아온다. 그런 다음 2주 후에 최고경영층은 외상매출 시스템 예비설계에 대해서 서명하고 양도한다. 그리고 세부설계 작업을 위해 자금을 공급한다.

아서는 다른 프로젝트에서 일하고 있기 때문에 린다가 컴퓨터프로그래머 겸 분석가로 외상매출 시스템 프로젝트에 배치된다. 이 프로젝트는 린다에게는 새로운 업무이기 때문에 첫 주를 단순히 전반적인 프로젝트 요구사항과 아서의 특정한 기여사항을 검토하는 데 소비한다. 이 검토기간이 끝난 후에야 그녀는 세부설계 단계에서 적극적으로 일하게 된다. 이 단계가 종료된 후, 그녀는 즉시 신규 프로젝트에 배속되어 자료처리부서로 되돌아온다. 그리고 외상매출 시스템의 실행 단계에서도 또 다른 프로그래머 겸 분석가가 활용된다.

프로젝트에서 공통적으로 야기되는 이런 상황에서 사람들이 일하기 전에 다른 사람이 한 것을 단순히 검토하는 데 실질적인 시간을 허비하기 때문에 조직적 마찰이 높아진다. 조직적 마찰이 높은 이동성을 지닌 업무 때문에 프로젝트에의 몰입이 부족해진다는 상황과 연결해보면 팀 효율성이 낮게 될 것은 분명해진다.

매트릭스 구조에서 마찰의 또 다른 원인은 프로젝트 스태프와 지원에 대해 프로젝트 관리자가 직접적인 통제를 하지 못하는 것이다. 직접적인 통제를 하지 못하면 필요한 인적, 물적 자원을 얻기 위해서 많은 노력과 시간이 소비된다.

## 빈약한 의사소통

프로젝트에서 정보의 전달은 혈액의 흐름과 같은 의미를 갖는다. 관련된 대상에게 정보를 효과적으로 전달하는 것은 프로젝트 성공에 결정적인 역할을 하기 때문이다. 의사소통이 와해될 때 프로젝트는 심각한 난관에 부딪친다.

팀 효율성을 저해하는 의사소통상의 마찰은 세 가지가 있다. 수단이 아니라 목적이 되는 의사소통과 '정보 동맥경화증(information atherosclerosis)'으로 어려움을 겪는 의사소통 경로, 그리고 올바르게 작업하지 못하게 하는 왜곡된 메시지인데, 이들에 대해서 알아보자.

### 수단이 아닌 목적으로서의 의사소통

프로젝트가 점차 관료화되어가는 것에 비례해서 많은 노력이 정보를 전달하고 과업을 조정하는 데 할애된다. 대규모 프로젝트에서는 요구되는 과업들을 수행하는 데 드는 것만큼 의사소통과 조정에 투여

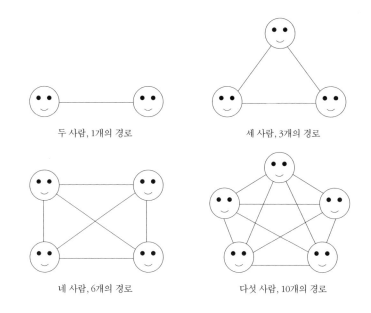

두 사람, 1개의 경로

세 사람, 3개의 경로

네 사람, 6개의 경로

다섯 사람, 10개의 경로

| 그림 3 · 1 | 의사소통 경로 |

되는 노력이 많다.

그림 3 · 1에서 예시된 것처럼 프로젝트가 커짐에 따라 의사소통경로의 수도 기하학적으로 증가한다. 프로젝트가 두 명의 구성원으로만되어 있을 때에는 1개의 의사소통 경로만 유지하면 된다. 하지만 3명의 구성원이 있을 때에는 3개의 경로가 있어야 한다. 그리고 4명일 때는 6개의 경로, 5명일 때는 10개의 경로가 있어야 한다.

수학적인 용어로 팀 구성원이 n명으로 되어 있다면, 잠재적으로 n(n−1)/2개의 경로를 유지해야 한다. 20명으로 구성된 팀의 경우에는 190개의 의사소통경로를 가질 수 있다.

물론 대부분의 프로젝트에서 모든 사람들이 서로 의사소통할 필요는 없다. 그럼에도 불구하고 프로젝트가 의사소통 요구사항에 압도될 가능성은 있다. 메시지를 주고받는 데 지나치게 많은 시간이 허비될 때 팀 효율성은 떨어질 것이다.

### 정보 동맥경화증

동맥경화증(atherosclerosis)은 혈액이 동맥을 간신히 흐를 정도로 동맥이 심하게 막힌 상태를 말한다. 즉 정보 동맥경화증은 정보경로가 심하게 막혀서 정보가 잘 유통되지 못하는 경우 발생한다.

그런 막힘은 정보가 관료적 형태로 처리되도록 요구하기 때문에 나타난 결과이다. 관료적 형태 때문에, 중요 정보가 A로부터 B까지 오는 데 다섯 단계나 거쳐야 한다. 그래서 막힘이 생기게 되고 막힘은 다른 중요한 정보에 장애물이 되기도 한다. 이런 경우 많은 노력이 유용한 정보와 쓸모없는 정보를 분리하는 데 투입되어야 한다. 정보 동맥경화증의 결과는 팀의 노력을 비효율적으로 만들며 정보의 흐름을 지체시키는 것이다.

### 왜곡된 메시지

우리는 여러 사람이 한 줄로 앉거나 둥글게 앉아서 한 사람이 첫 번째 사람의 귀에 메시지를 속삭이고, 그 메시지를 받은 사람은 다음 옆 사람의 귀에 같은 메시지를 속삭이고, 옆 사람에 계속 메시지를 전달하는 게임을 알고 있다. 일반적으로 메시지가 마지막 사람까지 전달되는 과정에서 약간의 수정이 가해진다.

필자는 메시지 수정에 관한 경험이 있다. 오래 전 필자가 대학 1학

년생이었을 때, 학교 총장이 필자와 20여명의 다른 신입생을 집에 초
대한 적이 있었다. 필자가 그의 집에 들어서자마자 3명의 학교 관리자
(입학처장, 부학장, 그리고 학장)들이 줄을 서서 맞이하였는데 줄 끝에 로
우리 총장이 서 있었다. 필자는 첫 번째 사람에게 자신을 소개하였다.
"안녕하세요, 저는 도넬슨하우스(학교기숙사)에 있는 데이비드 프레임
입니다." 필자와의 인사가 끝난 후 그는 뒤에 서 있는 여자 분에게 돌
아서면서 "존스 교수님, 저는 데이비드 프레임 씨를 당신에게 소개하
고 싶은데요"라고 말했다. 그녀는 "만나서 반가워요"라고 말하며 물
었다. "당신은 시넥타디에 사는 짐 프레임과 관계가 있나요?" 필자는
이름은 비슷하지만 관계가 없다고 말했다. 잠깐 농담을 한 후, 그녀는
다음 관리자에게 나를 도넬슨하우스에 사는 짐 프레임이라고 소개했
다. 이 관리자는 잠깐 동안 필자와 이야기 한 후 로우리 총장에게 필자
를 짐 도넬슨이라고 소개했다. 그 후 4년이 지나고 나서 필자가 캠퍼
스에서 로우리 총장을 만날 때마다 그는 웃음을 띠면서 "안녕하세요.
도넬슨 씨"라고 말하곤 했다.

　이 경험은 조직 내에서 흔히 일어나는 메시지가 왜곡되는 것과 닮
아 있다. 왜곡된 메시지의 결과는 별 영향을 주지 않는 것부터 큰 재해
를 일으키는 것까지 다양하다. 프로젝트에서 왜곡된 지시는 스태프가
자신의 과업을 정확히 수행하지 못하게 한다. 작업을 다시 해야 하거
나 그들의 노력이 다른 사람의 과업에 부정적 영향을 미치게 되면 팀
효율성은 떨어진다.

　이런 이야기는 프로젝트 팀 내의 의사소통에 집중된다. 그러나 프
로젝트 팀과 프로젝트 결과물을 필요로 하는 고객 사이의 의사소통도

매우 중요하다. 특히 고객의 욕구가 팀에 잘못 전달되면 팀이 만들어
낸 프로젝트 결과물이 거절되고 재작업을 할 수도 있다. 이 문제는 매
우 중요하기 때문에 제4장과 제5장에서 중점적으로 다룰 것이다.

## 빈약한 통합

이미 살펴보았듯이 프로젝트의 기본적 특성 중 하나는 프로젝트가
시스템이라는 것이다. 프로젝트는 여러 가지 상호 관련된 부분으로
구성되어 있다. 그 시스템이 작동되기 위해서 부분들은 서로 통합되
어야 하고, 적절히 배치되어야 한다. 이와 같이 부분들을 모으는 과정
을 시스템 통합이라 한다.

시스템 통합의 중요한 기능은 프로젝트와 산출물이 적절히 운영되
도록 모든 것을 함께 모아 프로젝트 각각의 요소들을 통합하는 것이
다. 통합이 적절히 수행되지 않으면 프로젝트에 엄청난 비효율성이
초래된다.

예를 들어 '정원 가꾸기'에 관한 안내서를 준비하고 있는 편집자를
생각해보자. 그 안내서는 각 분야 전문가에 의해 씌어져 여러 장으로
구성될 것이다. 만약 편집자가 각각의 필자에게서 기대하는 것을 주
의 깊게 검토하지 않는다면(부분을 전체로 통합하는 단계를 밟지 않는다
면) 각 장은 뒤죽박죽이 될 것이다. 어떤 것은 길고, 어떤 것은 짧으며,
어떤 것은 에세이 형태로 씌어지고, 어떤 것은 지나치게 학술적으로
씌어질 수 있다. 어떤 것은 각주가 많고, 다른 것은 관련 주제에 대한
참고문헌이 없거나 다른 장에서 다룬 내용을 반복할 수도 있다.

이 편집자가 여러 부분을 일관되고 멋지게 책으로 편집하려 한다면
내용을 수정하는 방법에 대한 지침을 원고에 첨부해 저자들에게 돌려

보내거나 이미 엄청난 시간을 소비하고 제출된 원고를 다시 써야 할 것이다. 어쨌든 분리된 각 장을 응집력 있는 책으로 통합하는 데 초기 노력이 빈약하다면 부담스런 재작업을 해야 하고, 프로젝트에서 팀의 효율성 수준은 낮아질 수밖에 없다.

통합의 문제는 소프트웨어 개발 프로젝트 같은 경우 특히 중요하다. 복잡한 소프트웨어를 개발할 때 프로그래머들은 일반적으로 시스템의 여러 부분을 나누어서 작업한다. 그런데 흔히 제기되는 중요한 문제는 부분을 전체로 통합하는 시도가 나중에야 이루어진다는 것이다. 시스템 분석의 용어로 말하자면 '버그가 인터페이스에서 발생하는 것' 이다. 컴퓨터 코드를 작성하는 것보다 통합을 보장하기 위해 테스트하고 디버깅 debugging하는 일에 더 많은 시간이 투입된다.

프로젝트 관리자가 얼마나 성공적으로 시스템을 통합하느냐에 따라서 프로젝트 팀의 효율성이 달라진다.


# 팀의 구조화

구조화를 위한 조직적 노력은 데이비드 내들러 David Nadler와 공동저자들에 의해서 씌어진 《Organizational architecture》의 출간과 함께 1990년대에 대중적인 이슈가 되었다.

우리는 팀 효율성을 높이는 방법으로 프로젝트 팀을 구조화하기를 원하기 때문에 논의된 조직 및 설계적인 마찰을 야기하는 구조는 회피하려고 한다. 그래서 바람직한 프로젝트 팀 구조는 스태프의 이동과 자원에 대해서 직접 통제를 하지 못하는 것에 대응하고, 프로젝트 팀 구성원 사이의 의사소통과 프로젝트 부분들의 통합을 촉진하는 형태를 갖춘 것이다.

모든 프로젝트에 적합한 구조는 존재하지 않는다. 어떤 프로젝트에 이상적인 구조가 다른 프로젝트에는 적절하지 않을 수 있다. 팀 구조를 형상화할 때는 많은 것들을 고려해야 한다. 프로젝트 규모는 얼마나 되는가? 스태프가 영구적으로 그 프로젝트에 할당될 수 있는가? 스태프 이동은 얼마나 있을 것인가? 프로젝트의 기술적인 본질은 무엇인가? 기업문화는 무엇과 유사한가? 팀 구성원과 다른 관련된 프로젝트 구성원들의 심리적 특성은 어떠한가? 이처럼 여러 가지가 고려되었을 때 프로젝트가 온전히 수행될 수 있다.

여기에선 팀 구조를 구체적으로 살펴보기 위해서 네 종류의 구조화된 가상의 프로젝트 결과를 살펴볼 것이다. 이 프로젝트는 기술적 보고서를 작성하는 전문 컨설턴트가 직면한 과제이다.

## 동형적 팀 구조(Isomorphic Team Structure)

동형적(isomorphic)이란 말은 똑같다는 의미의 그리스어 'iso' 와 모양 또는 형태를 의미하는 그리스어 'morph' 에서 나왔다. 즉, 2개의 사물이 똑같은 구조적 형태를 갖는다면 동형적(isomorphic)이라고 한다.

작업 결과물의 물리적 구조를 정확히 반영하도록 프로젝트 팀을 형상화한다면 팀과 작업 결과물은 서로 대응하며 동형적일 것이다. 그림 3·2는 고객을 위하여 기술 보고서를 작성하는 프로젝트의 동형적 팀 구조이다. 즉, 그림 3·2a는 보고서가 단순히 5개의 장으로 구성된 것이고, 그림 3·2b는 팀이 어떻게 작업 결과물의 구조와 대응하는지를 보여준다. 프로젝트 관리자는 통합된 보고서에 대응하고, 각 5명의

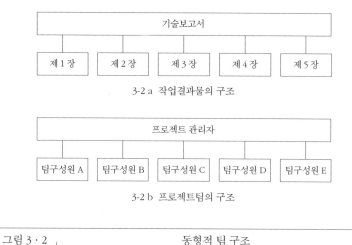

3-2 a 작업결과물의 구조

3-2 b 프로젝트팀의 구조

| 그림 3 · 2 | 동형적 팀 구조 |

팀 구성원을 보고서의 5장 중 하나에 대응시킨다.

분명히 프로젝트 관리자의 주요한 기능은 부분들을 통합하는 것이지만 프로젝트 관리자는 스태프들의 할당 몫이 최종 결과물과 일치하도록 자신의 스태프와 밀접하게 상호작용하고 지속적으로 관여해야 한다.

프로젝트 관리자는 여러 장들 사이의 중복을 피하고, 각각의 장들을 상호 참조하여 소재들을 함께 엮음으로써 팀 구성원 사이의 일관성을 유지하는 데 초점을 맞추어야 한다. 이런 통합을 성취하는 하나의 방법은 팀 구성원들이 자신이 하고 있는 바를 간단히 서술하고, 이를 비교하는 주간 회의를 갖는 것이다.

동형적 접근방법은 여러 장점들을 가지고 있는데, 첫째로 조직이 간단하다는 것이다. 그 예로 15개의 가능한 경로 가운데 단지 5개의 의사소통경로만 존재하면 된다(6명의 참여자는 총 15쌍의 의사소통 경로를 갖는다. 그림 3 · 1 참조)는 것만 보아도 알 수 있다. 이것의 책임 소재는 각각의 팀 구성원이 작업 결과물의 하나만을 개발하는 데 책임이 있기 때문에 매우 명료하다. 만약 보고서 한 장의 진척이 심각하게 지연되기 시작하면, 프로젝트 관리자는 문제를 파악하기 위해서 접촉해야 할 사람이 누구인가를 즉시 알게 된다.

둘째, 그 시스템의 여러 모듈module들이 독립적이라면 동형적 접근방법은 프로젝트를 수행하는 데 소요되는 시간을 현저히 줄일 수 있고, 과업의 병렬적 실행을 가능케 한다. 그러므로 위에서 예로 든 기술 보고서에서 각각의 장들이 서로 독립적이라면 5개의 장 모두는 동시에 작성될 수 있다.

셋째, 새로운 스태프가 프로젝트 관리 환경을 처음 접하게 되는 경우 프로젝트에 쉽게 적응할 수 있다는 것이다. 그것의 단순성은 초보자들이 자신의 신규 업무에 쉽게 적응하게 해준다. 더욱이 프로젝트 관리자는 새로운 스태프를 가까이에서 관찰하고 프로젝트가 조직 내에서 수행되는 방법과 중요한 지침을 제공해 줌으로써 새로운 스태프에 대해 선도자의 역할을 수행할 수 있게 한다.

일반적으로 동형적 접근법은 작업 결과물을 산출하는 여러 부분들이 개별적으로 존재하는 프로젝트에 매우 효과적일 수 있다. 이 때 시스템 통합 문제는 각각의 요소들이 풀리지 않게 함께 묶인 프로젝트보다는 심각하지 않다.

## 전문적 팀 구조(Specialty Team Structure)

전문적 팀을 구조화하는 접근법은 그림 3 · 3과 같다. 전문적 팀 구조는 매트릭스 관리를 약간 변경한 것이 아닌가 하는 생각이 들 정도

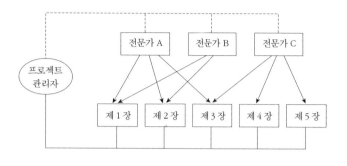

그림 3·3 전문적 팀 구조

로 매트릭스 구조와 닮아 있다. 이런 접근법에서는 팀 구성원들이 여러 업무에서 자신의 특별한 전문성을 응용하는 것이 필요하고, 그들의 기술은 적절한 곳에서 활용된다.

이 접근법에서 프로젝트 관리자들은 매트릭스 관리의 고전적인 딜레마에 직면하게 된다. 그들은 높은 수준의 책임(작업 결과물을 산출하는)을 맡고 있지만 이에 상응하는 권한은 갖고 있지 못하다(그들은 프로젝트에 투입된 자원에 대해 직접적인 통제를 하지 못한다).

그림 3·3을 검토해보면 어떤 결함을 발견할 수 있다. 그 중 하나는 책임 소재가 널리 퍼져 있다는 것이다. 만약 제1장에 어떤 문제가 있는 경우, A와 B가 서로에게 책임을 떠넘길 수 있다. 또 다른 문제는 작업의 배분이 균등하지 못한 데 있다. 프로젝트 작업자 C는 서류작업의 거의 반을 전적으로 혼자서 담당하고 있다. 작업자 C는 또 다른 문제를 제기한다. 그는 두 장을 혼자서 작업하기 때문에 그 장들은 보고서의 다른 부분과 잘 통합되지 못할 수 있다는 위험이 있다.

반면 전문적 팀 구조의 장점은 대부분의 지식노동자가 가치 있게 여기는 높은 수준의 자기관리를 요구한다는 것이다. 그리고 전문성이 적절한 곳에 적용되고 팀 구성원 A의 기술이 제1장과 제2장에 적용되며 A가 2개의 장에서 작업하기 때문에 두 장의 뜻이 잘 통할 것이다.

## 이타적 팀 구조(Egoless Team Structure)

제럴드 바인버그 *Gerald weinberg*는 그의 저서 《The Psychology of Computer programming》에서 컴퓨터 프로그래밍 프로젝트 문제의 주된 원인은 프로그래머의 자아(ego)라고 지적했다. 그들은 통합된 제품을 만들어 내는 데 필요한 것을 행하기보다 놀라운 솜씨를 자랑하는 프로그램을 개발하는 데 관심이 많다. 이와 같은 사람은 좋은 팀원이 아니다. 이런 문제를 다루기 위해서 그는 프로젝트 팀이 자아의 나쁜 영향을 최소화하는 방향으로 구조화되어야 한다고 제시했다. 한편 이타적 팀의 상호협력적인 노력의 결과를 볼 때, 우리는 제품의 어느 부분을 누가 맡았는지 결정하기가 어렵다.

그림 3·4는 3명으로 이루어진 이타적 팀의 구조이다. 그런데 이타적 팀 구조에는 분명한 리더가 없다는 점에 주목할 필요가 있다. 의사결정은 의견일치를 통하여 이루어지고 프로젝트 과업들에는 모든 팀 구성원의 노력이 반영된다. 예를 들어 기술 보고서 사례에서 마샤는 제1장의 초고를 쓰고 그것을 조지에게 넘긴다. 조지는 그것을 편집하고 재작업한다. 이런 식으로 모든 장이 완성되면 미리엄은 그것을 통합해 최종편집을 한다. 이와 같이 팀 구성원들이 공동으로 협력하기 때문에 자아의 문제는 최소화된다.

이타적 팀 구조는 프로젝트 구성원 간에 높은 수준의 상호작용과 의사소통을 촉진한다. 그들은 계속 서로 접촉하고 의견을 조율하여

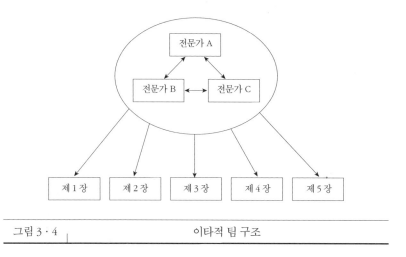

그림 3 · 4 이타적 팀 구조

의사결정을 한다. 이처럼 의사소통이 잘되고 팀 구성원들이 공통목표를 향하여 함께 일한다면 시스템 통합 과정에서 발생 가능한 문제는 줄어든다.

필자는 자신의 조직에 이타적 팀을 만들려고 했던 사람들이 그 접근법을 냉혹히 비판하는 것을 들은 적이 있다. 공통된 의견 중 하나는 '사람들은 자아를 갖고 있기 때문에 이타적 팀은 일을 하지 않게 된다' 는 것이다. 특히 많은 재능을 갖고 있는 프로젝트 작업자들은 창조자로서의 자긍심을 갖고 있기 때문에 일반적인 사람보다 독특하게 공헌하기를 원하며, 자신의 자아를 낮추려는 시도에 강하게 저항한다. 이타적 팀 접근법은 또한 리더십이 결여되어 있다는 비판도 듣는다. 이타적 팀 접근법을 지지하는 회사에서 일하는 한 프로젝트 관리자는 '이타적 팀은 강한 리더십이 없기 때문에 표류하는 경향이 있다' 고 평한 바 있다.

필자는 이타적 팀이 인간의 본성을 거스른다고 주장하는 사람들에게 동양 문화에서는 조화와 일치를 강조하고, 이타적 팀이 예외적이라기보다는 일반적이라는 것을 말해준다. 사실 개인주의에 입각한 서구의 리더십 개념은 동양인들에게 매우 낯선 것이다. '백짓장도 맞들면 낫다' 라는 그들의 속담만 봐도 알 수 있다.

이타적 팀이 서구 문화에서도 성공적으로 운영되기 위해서는 다음과 같은 조건이 충족되어야 한다. 첫째, 팀이 커지면 의사소통 경로가 급격히 증가해 관료주의와 참여자의 비효율성을 유발할 수 있기 때문에 팀 규모는 상대적으로 작아야 한다. 팀의 규모가 클수록 의미 있는 의견일치를 이루기가 어렵다.

둘째, 이타적 팀은 멤버십의 연속성을 요구한다. 이타적 팀은 이런 면에서 스포츠 팀과 매우 유사하다. 몇 년 전에 4명의 선수가 모두 한 형제인 대학농구 팀에 관한 이야기를 들었다. 코치는 "나는 선수들을 소집하는 데 대부분의 시간을 보냅니다. 그런데 이 형제들은 모든 시간을 함께 보냅니다. 그래서 그들은 개인적으로 뿐만 아니라 조직으로서도 뛰어납니다" 라고 말했다.

스포츠 팀처럼 이타적 팀에서도 구성원이 다른 사람의 운영 스타일, 기술적 능력, 약점 등을 잘 아는 것은 매우 중요하다. 이와 같은 지식은 스태프가 계속 함께 일함으로써 개발될 수 있다. 그러나 매트릭스 구조만으로는 이타적 팀을 효과적으로 운영할 수 없다.

셋째, 이타적 팀은 최종 작업 결과물이 잘 정의되지 않은 최신기술 프로젝트에서 훌륭한 성과를 발휘한다. 기초 연구 프로젝트가 이런 특징을 가지는 좋은 예이다. 시너지효과를 내는 팀(결합된 팀의 효과가 개별 구성원의 효과보다 큰 팀)은 구성원의 재능을 모아서 혼자 작업하면 성취할 수 없는 창조적인 해결안을 모색할 수 있다.

마지막으로 이타적 팀은 매우 창조적인 팀 구성원들이 창조성을 제약하는 강력한 리더십에 저항하는 프로젝트에서 매우 성공적이다.

이타적 팀의 개념은 자기관리적(self-managed) 팀의 개념과 닮아 있다. 자기관리적 팀은 팀 구성원들의 숨겨진 장점을 드러내는 놀라운 능력을 가지고 있으므로 이 접근법의 반대자들은 이타적 팀에 대한 경험으로부터 얻는 몇 가지 교훈을 기억해야 할 것이다.

## 외과수술적 팀 구조(Surgical Team Structure)

프레드릭 브룩스 *Frederick P. Brooks*는 《The mythical Man-Month》라는 소프트웨어 프로젝트 관리에 관한 저서에서 '외과수술적 팀'이라고 불리는 접근법의 사용을 권장하였다(IBM의 하랜 밀즈Harlan Mills가 처음 개발한 이 접근법은 수석 프로그래머 팀 개념이라고도 불린다). 브룩스는 외과수술 팀이 운영되는 방법을 통해 이 접근법을 설명한다. 팀의 중심에는 실질적으로 환자를 수술하는 외과의사가 있다. 그 외과의사는 다양한 방법으로 그를 지원하는 보조자(마취의사, 간호원, 인턴들)에 둘러싸여 있다. 그러나 최종분석과 처치를 하는 사람은 외과의사이다. 즉, 외과의사는 최종조치를 결정한다. 보조자들의 주된 기능은 외과의사의 일이 가장 효과적으로 수행되도록 돕는 것이다.

외과수술적 접근법의 근본적 목적은 관리적, 기술적 의무감으로 장애를 받지 않고 외과의사가 자유롭게 자신의 일을 추구하게 하는 것이다. 외과의사의 일은 수술을 수행하는 것이다. 환자에 대한 서류관리는 행정 담당자가 맡고, 마취는 마취 전문가에 의해 진행되며, 외과수술 도구는 간호사가 책임진다. 이와 같은 방식에서 프로젝트 관리자

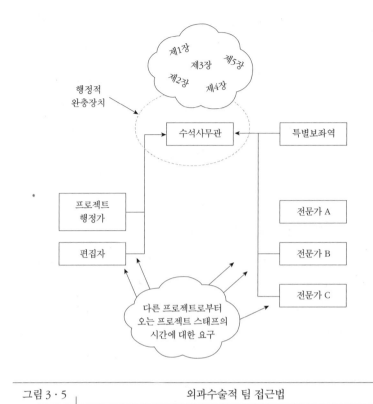

| 그림 3 · 5 | 외과수술적 팀 접근법 |

는 서류업무의 부담을 피하면서 프로젝트의 핵심 기능을 수행하며 전적으로 맡은 바 책임을 다할 수 있다.

　팀 구조에 있어서 외과수술적 접근법은 이타적 접근법과 반대 입장에 있다. 외과수술적 접근법에서는 모든 관심이 한 명의 개인과 능력에 집중되어 있다. 그러나 이타적 접근법에서는 전체 그룹의 노력이 중요하다.

　그림 3 · 5는 외과수술적 접근법으로 기술 보고서를 쓰는 프로젝트

에 적용할 수 있는 방법을 보여준다. 여기에는 수석사무관이 과업의 중심에 있다. 이 사람은 전체적인 기술 보고서를 담당한다. 그는 빠르고 정확하게 문서를 작성하며 연구의 기술적 내용을 이해하고 있기 때문에 그 자리에 발탁되었다. 또한 프로젝트와 진척도 보고서, 기타 유사한 것에 소요되는 시간을 관리하는 프로젝트 행정가를 통해 행정적 사항을 탄력적으로 조절한다. 그는 각각의 작업일이 끝날 때 문서를 읽고, 잘못된 철자와 문법적 오류를 교정하고, 사소한 정보 간의 일치하지 않은 내용을 제거하는 일은 편집 스태프 구성원에게 맡겨 편집업무의 부담을 던다.

또한 그는 기술 보고서의 소재에 관한 전문가로부터 기술적 지원을 제공받는다. 그리고 어느 시점에서 특별한 주제에 대한 상세한 정보가 필요하다면, 수석사무관은 적절한 전문가에게 이 정보를 얻도록 명령할 것이다.

수석사무관의 입장에서 그의 특별보좌역은 경험이 적을지라도 좋은 작가로서 둘도 없는 친구이다. 특별보좌역은 많은 역할을 수행한다. 예를 들어 그는 수석사무관과 전문가 사이의 중개인으로 일한다. 그러나 그의 가장 중요한 역할은 수석사무관의 업무에 뒤떨어지지 않게 보조를 맞추며, 필요한 경우 프로젝트를 대신 맡는 것이다. 특별보좌역은 '작업 중 프로젝트 관리자가 교통사고를 당한다면 프로젝트에 무엇이 발생할 것인가?' 라는 질문에 대답할 수 있는 보험증권과 같은 존재다.

외과수술적 팀 접근법의 주요 장점은 그것이 앞서 놓인 시스템 통합의 문제를 해결한다는 것이다. 프로젝트 산출물은 한 사람의 정신에서 나오기 때문에 산출된 부분들은 서로 멋지게 일치된다. 문제와 사실의 불일치, 그리고 작업의 중복은 최소화되고 최종제품은 잘 통합될 것이다.

외과수술적 접근법의 하나의 단점은 외과의사의 역할을 수행할 수 있는 최상의 능력을 소유한 사람이 요구된다는 것이다. 만약 그런 사람이 없는 상태에서 제품이 생산된다면 보잘 것 없는 결과물이 나올 것이다.

외과수술적 팀의 또 다른 단점은 세 명의 상사를 낳을 수 있다는 것이다. 외과의사는 분명히 상사이지만 기술적 문제에서만 그렇다. 예산, 일정, 자원 할당을 유지하고 통제하는 상사는 프로젝트 행정가이다. 그리고 프로젝트 전문가로서 일하는 기술요원들을 조정하고 통제하는 책임은 특별보좌역이 담당한다. 이상 세 명이 서로 명확하게 의사소통을 하지 않거나 프로젝트 목표에 대한 다른 인식을 갖고 있다면 팀 효율성은 낮을 수 밖에 없다.

외과수술적 팀 접근법은 많은 양의 문서작성을 수반하는 기술 보고서 같은 프로젝트, 설계 프로젝트, 컴퓨터 코딩 프로젝트에 특히 효과적이다. 브룩스는 각각의 프로젝트 모듈이 외과수술적 팀 구조에 주어진다면 그것은 대규모 프로젝트에서 효과적으로 활용될 수 있다고 주장한다. 브룩스에 따르면 이 접근법은 소규모 프로젝트의 효율성을 통합한다고 한다.

지금까지 프로젝트 팀의 구조화에 대해 살펴보았다. 그러나 이상의 네 가지 접근법에만 얽매일 필요는 없다. 다른 접근방법이 다양하게 수행될 수도 있다. 이 네 가지 접근법은 여러 가지 접근방법 가운데 일례일 뿐이다. 이런 접근법은 기술 보고서를 작성하는 단일 프로젝트에 대해서 팀 구조가 프로젝트 수행 방법에 많은 영향을 미친다는 것과 프로젝트를 관리하기 위한 완벽한 팀 구조는 존재하지 않는다는 것을 보여준다. 시스템 통합의 문제를 설명한 접근법(외과수술적 팀)은 누가 담당하고 있는가에 대한 혼동을 유발할 수 있다. 한편 팀 구성원들 간의 집약적이고 개방적인 의사소통을 촉진하는 접근법(이타적 팀)은 리더십의 결여로 어려움을 겪을 수 있다. 또한 개념적으로 단순하고 간단한 접근법(동형적 팀)은 시스템 통합의 문제를 낳을 수 있다. 그리고 매트릭스 환경에 잘 일치하는 접근법(전문적 팀)은 매트릭스 관리에서 발생할 수 있는 모든 문제를 초래할 수 있다.

이와 같은 방법들을 통해 어느 정도 구조화가 가능하므로 스태프는 프로젝트에서 일어나는 많은 일들을 예측할 수 있다. 이로써 프로젝트 스태프들은 문제와 기회를 예상하고 초기에 그것들을 잘 관리할 수 있다.

# 팀 정체성 창조하기

지금까지 논의의 초점은 구성원을 함께 엮는 기계적 측면에 있었다. 그러나 문제는 기계적인 측면을 넘어서 팀 구성원 사이의 응집력을 이루는 감정을 창조하는 데 있다. 이런 감정이 생기기 어려운 것은 프로젝트에서 일하는 사람들이 일반적으로 차출되어 온 사람들이어서 프로젝트에 몰입할 만한 동기부여가 거의 없기 때문이다. 그래서 프로젝트 전문 스태프는 프로젝트에 관여한 구성원들 간의 동질감을 갖게 하는 것에 깊은 관심을 갖는다.

이런 일을 행하는 데는 여러 가지 방법이 있다. 때때로 팀원을 모으는 것은 프로젝트 관리자의 인격과 특별한 관리 스타일이나 전문적 능력이다. 카리스마적 관리자나 훌륭한 기술적 솜씨로 전설적인 명성을 날린 사람들은 스태프들이 자신과 함께 일하는 것을 특권으로 여기게끔 하는 능력이 있다.

예외적으로 카리스마적인 능력이나 기술적 능력을 갖고 있지 못한 사람들은 프로젝트 구성원들에게 프로젝트의 정체성(identity)을 심어주기 위해서 열심히 노력해야만 한다. 이를 위해 다음과 같은 세 가지 관점에서 팀 구조화에 집중적으로 노력해야 한다.

## 유형적인(Tangible) 팀 만들기

사람들은 무형적인 것만으로 쉽게 동기부여가 되지 않으므로 프로젝트 관리자는 가능한 한 자신의 팀을 유형적으로 만들어야 한다. 물론 이것은 투입된 자원에 의존하는 프로젝트에서는 그리 쉽지 않은 일이다. 가령 설계 작업을 하기 위해 설계자를 데려오지만 그들은 작업을 끝내면 자신의 설계 부서로 되돌아간다. 이와 동일한 과정이 실행자, 시험평가자, 판매요원, 구매대리인, 프로젝트를 구성하는 다른 모든 사람에게서 반복된다. 이런 사람들에게는 프로젝트라는 것이 매우 추상적일 수밖에 없다.

프로젝트 관리자는 자신의 팀을 좀더 유형화하기 위해 많은 행동을 하며 특히 회의를 활용하고 공동작업 공간을 확보하며 자신의 팀에 이름을 부여한다.

## 회의의 효과적 활용

팀 회의의 목적은 정보를 나누는 것이다. 그리고 팀 회의를 통해 구체적인 팀 정체성을 찾기도 한다. 팀 구성원들은 회의 중에 자신들이 혼자 일하고 있지 않다는 것을 알게 된다. 그들은 자신이 커다란 집단의 일부이고, 집단의 성공은 개인의 부분적 노력을 통한 팀 구성원의 작업에 의존한다는 것을 깨닫는다.

팀을 유형화하는 중요한 것으로 모든 프로젝트 팀 구성원들이 프로젝트 초기에 함께 모이는 시작회의(kickoff meeting)가 있다. 이 회의에서는 많은 작업이 수행되어야 하는데 우선 역할 담당자를 정하고 팀 명부를 배포해야 한다. 이것을 통해 역할과 책임을 확인하는 작업이 이루어진다. 그리고 프로젝트의 합리성을 설명하는 선언서가 발표되어야 하고 주요한 이정표가 강조되어야 한다. 또 가능하다면 상위 수준의 경영자가 프로젝트를 지원하고 있다는 것을 보여주기 위해 최고경영자가 참석해야 한다.

시작회의 다음으로 중요한 회의는 상황 검토회의이다. 상황 검토회의는 프로젝트 성과를 평가하는 주기적(예를 들어 격주) 회의이며, 이것을 통해 팀 구성원을 함께 모이게 하는 기회를 제공하고, 집단의 관심사항을 돕기 위한 자신들의 약속을 재확인한다.

회의가 반드시 공식적일 필요는 없다. 맥주파티, 야구경기, 일반적인 사교활동도 일종의 회의이다. 공식적 회의에서처럼 이런 비공식회의도 구성원들에게 팀 정체성을 심어 준다.

## 팀 구성원들의 공동배치

팀을 유형화하는 가장 좋은 방법은 팀 구성원들을 같은 공간에서 함께 일하게 하는 것이다. 이 접근방법의 문제는 다음과 같이 실질적이다. 팀 구성원을 공동 배치할 공간을 누가 확보할 것인가? 만약 구성원들이 고작 하루이틀 동안만 함께 일할 것이라면 그들을 같은 공간에 배치하는 것이 의미가 있겠는가?

공동배치의 효과적인 대안은 '작전실(war room)'을 만드는 것이다. 작전실은 방어공동체로써 작용하는 최첨단 기술의 전자장치를 갖추거나 개조된 연구실 같은 검소한 공간일 수 있다. 이 작전실에는 가장 중요한 프로젝트 문서들을 보관한다. 흔히 그 방의 벽은 PERT/CPM 차트, 비용도표, 프로젝트 계획과 통제를 위한 다른 부속물로 채워져 있다. 이런 논의의 주된 의미는 그것들이 프로젝트 노력의 유형적 신호로 작용한다는 것이다. 그들이 핵심적 팀 활동에서 분리되더라도 프로젝트 스태프들은 그들의 추상적 팀을 작전실과 같은 물리적 형상과 관련시킨다.

### 팀 이름 짓기

팀의 이름을 만드는 것은 프로젝트 팀을 유형화하는 일반적 장치이다. 그리고 흔히 팀에 관련된 로고가 만들어진다. 이름과 로고는 문구, 티셔츠, 커피 잔, 모자 등에 부착된다. 멋진 유머감각으로 이것들을 활용하면(프로젝트 스태프들이 그것들에 이름을 붙이는 것처럼) 이런 하찮은 것들의 집합이 팀 정체성을 만드는 데 중요한 역할을 할 수 있다.

### 보상 시스템 만들기

프로젝트 관리자가 사람들의 주의를 끄는 데 필요한 당근과 채찍을 갖고 있지 않다면 프로젝트 팀 구성원들에게 동기를 부여하기 어렵다. 만약 기업에 표준적인 상벌제도가 없다면 프로젝트 관리자는 나름대로의 보상체계를 창안해야 한다. 다음은 프로젝트 관리자를 위한 창의적인 보상제도의 예이다.

### 추천서

프로젝트 관리자는 자신의 팀 구성원에 대한 인사고과권이 없다. 하지만 구성원들의 상사에게 프로젝트 성과를 칭찬하는 편지를 쓸 수 있다. 이 편지들은 작업자의 인사파일에 첨부될 수 있다.

### 훌륭한 작업에 대한 공식적 표명

최상의 작업자는 자신의 노력에 대해 공적으로 인정받아야 한다. 프로젝트가 종결되었을 때뿐만이 아니라 수시로 일어나야 한다. 예를 들어 프로젝트 목표를 초과달성한 작업자에 대해 간단하게 언급하면서 상황 검토회의를 시작하는 것처럼 말이다.

### 업무 할당

설령 예산에 대해 권한이 많지 않을지라도, 프로젝트 관리자는 팀 구성원들의 시간을 실질적으로 통제할 수 있다고 인식해야 한다. 또한 프로젝트 관리자들은 업무 할당이 팀 구성원들에게 보상과 처벌로 활용될 수 있음을 알아야 한다. 그리고 작업자가 훌륭하게 작업을 마쳤을 경우 새로운 프로젝트의 도전적인 업무를 다시 할당함으로써 그에게 보상해야 한다.

## 탄력적 근무시간

업무시간을 조정할 필요가 있는 능력 있는 프로젝트 작업자는 탄력적으로 근무시간을 조정함으로써 보상받을 수 있다. 초과근무를 한 근로자들은 휴가로써 보상받을 수 있다.

## 업무 관련 특혜

대부분의 작업환경은 동기부여 기능을 하는 특성이 있다. 그런 특혜의 일반적 예로는 편리한 주차 공간 제공, 회사 승용차 이용, 쾌적한 사무실 환경, 휴대폰의 활용 등을 열거할 수 있다. 그러나 그런 특혜는 최상의 작업자에게만 제공되어야 한다.

## 신규 장비

신규 장비가 프로젝트 작업자에게 할당될 때, 최초의 장비는 그들의 노력이 높은 평가를 받고 있다는 명확한 표시로서 최상의 작업자에게 배정되어야 한다. 이것은 자신의 도구에 특별히 관심이 있는 기술적인 사람을 관리할 때 유용한 동기부여의 방법이다.

## 현금포상 또는 보너스 추천

많은 조직들은 우수한 업적을 쌓은 사람에게 현금포상을 하는 제도를 시행하고 있다. 프로젝트 관리자는 우수한 프로젝트 작업을 하기 위한 인센티브로 이런 보상 제도를 활용할 수 있다.

## 개인적 교감 활용하기

프로젝트 관리자들이 팀 정체성의 감정을 형성할 수 있는 세 번째 수단은 프로젝트 관리자와 그들의 스태프와의 일대일 관계, 즉 개인적 교감을 효과적으로 활용하는 것이다. 관리자들이 팀 구성원들과 개인적으로 친밀한 관계를 유지할 때, 팀 구성원들이 프로젝트 목표를 달성하기 위해 추가적으로 더 일하고자 하는 환경을 만들 수 있다. 관리자의 개인적 교감을 강화하기 위해 할 수 있는 방법은 무수히 많다. 다음은 프로젝트에서 팀 정신을 형성하는 데 효과적이라고 증명된 행동들이다.

### 후원자가 되어라

팀 구성원들은 후원하는 관리자들에게 감사한다. 관리자들이 자신의 팀을 후원하는 방법은 여러 가지가 있다. 물리적인 후원으로는 작업 환경을 유쾌하게 만들기 위해 노력하는 것이다. 그리고 심리적인 후원은 외부의 공격으로부터 프로젝트 작업자를 방어하거나 프로젝트 팀의 노력에 대해 감사를 표명하는 것 등이 있다.

### 명확히 지시하라

스태프들이 자신의 관리자에 대해서 표명하는 가장 공통적인 불평은 명확하지 않은 기대, 불분명한 지시, 의미 있는 피드백의 결여이다. 팀 구성원들은 명확하고 혼란을 최소화하는 환경에서 작업하는 것에 감사한다.

### 구성원에게 관심을 가져라

성공적인 프로젝트 관리자들은 팀 구성원의 개인적 관심과 가족에 대한 정보, 과거의 성취사항 같이 팀 구성원에 관한 것들을 가능한 많이 알아야 하고 여기에 많은 시간을 할애해야 한다.

### 특별한 경우 축하하라

프로젝트 관리자는 구성원의 중요하고 특별한 사항에 대해 축하함으로써 자신의 팀 구성원에 대한 관심을 표명할 수 있다. 특별히 주목할 만한 경우는 생일, 기업창립기념일 등이다.

### 열린 태도를 보여라

프로젝트 관리자가 냉담하고 거리감이 있다고 인식된다면 팀 정신을 형성하지 못할 것이다. 프로젝트 관리자는 개방적 정책을 표명함으로써 모든 것을 수용하는 태도를 보여야 한다. 또한 프로젝트 관련 문제들에 대해 자신의 의견을 적극적으로 밝힐 수 있도록 팀 구성원들을 격려해야 한다.

# 결론

모든 프로젝트는 팀을 통해 수행된다. 그러나 이 팀들은 매트릭스 관리의 긴박성 때문에 분리되어 있고 잘 정리되어 있지 못하다. 프로젝트 관리자의 중요한 기능은 식별 가능한 구조가 존재하지 않는 곳에서 의식적으로 팀 구조를 형성하는 것이다. 팀 구조화에 있어서 고려해야 하는 중요한 점은 팀 효율성을 높이는 구조를 선택해야 한다는 것이다.

그러나 단순히 적절한 팀 구조를 선택하는 것만으로는 충분하지 않다. 이와 함께 팀을 확인하고, 팀 정신을 개발하고, 프로젝트가 성공하기 위해서 필요한 것을 수행하도록 팀 구성원을 격려해야 한다. 문제는 팀 구성원들이 프로젝트에 일시적으로 투입되어 왔고 프로젝트가 성공하느냐 실패하느냐에 대한 이해관계가 거의 없다는 것이다. 그러나 프로젝트 관리자들은 응집력을 끌어내기 힘든 환경에서도 정체성을 만들어내야 하고, 자신의 스태프를 위한 특별한 조력자가 되어야 한다. 이것은 프로젝트 관리자들이 팀을 유형화하고, 우수한 작업자를 포상하는 보상시스템을 만들고, 팀 구성원을 주의 깊은 개인적 교감을 통해 다룸으로써 가능하다.

# 프로젝트를 시작할 때 가장 중요한 것들 PART 2

# 4
# 고객의 욕구를 정확히 파악할 것

...

　프로젝트 관리를 하는 데 있어 프로젝트 전문가는 빠지기 쉬운 함정에 초점을 맞추어 살펴볼 필요가 있다. 함정에 초점을 맞추는 이유는 부정적인 측면을 강조해 프로젝트 관리 책임을 맡지 않도록 하기 위함이 아니라 현실을 직시하도록 돕고자 함이다. 프로젝트 전문가가 여행하게 될 길에는 여러 가지 장애물이 놓여 있다. 그들이 직면하는 많은 문제는 프로젝트 관리 과정과 조직 자체의 특성으로 인해 생기는데 이것 역시 예측할 수 있다. 그리고 함정을 미리 예측함으로써 프로젝트 관리자는 이것을 피하거나 나쁜 영향을 줄일 수 있다.

　앞의 세 장에서는 조직에서 발생하는 문제를 찾고, 이를 해결하기 위한 방법을 집중적으로 다루었다. 이제 우리의 관심을 고객 욕구의 구체화와 프로젝트 요구사항의 작성에 관련된 문제를 파악하고 해결하는 것으로 돌려보자.

# 욕구의 진화

프로젝트는 인간의 욕구(needs)를 충족하기 위해 시작된다. 욕구가 발생하면 경영자는 우선 이 욕구가 충족시킬 만한 가치가 있는지 판단한다. 이 욕구가 가치 있는 것으로 판단되면 프로젝트의 구상에 들어간다. 욕구는 씨앗과 같은 의미이기 때문에 프로젝트 관리에 있어서 매우 중요하다. 즉, 욕구가 발생하면 전체 프로젝트의 프로세스가 시작된다. 그런데 시작 시점에서 욕구의 의미를 완전히 이해하지 못하고, 욕구를 잘못 규명하거나 실수로 잘못된 욕구를 다룬다면 결국 프로젝트는 골칫거리가 되고 만다.

따라서 욕구에 대한 올바른 이해가 필요하다. 욕구는 아주 무형적인(intangible) 것으로부터 잘 구축된 후 명확하게 이해할 수 있는 것으로 진화한다. 다음의 사례 연구는 욕구가 어떻게 진화하는지에 대해 보여준다.

랄프의 약국은 미국 중서부의 작은 마을에 위치하고 있다. 랄프는 휴가 기간에 미네아폴리스를 갔을 때 할인 약국에서 거래되는 물량에 깊은 인상을 받았다. 그는 집으로 돌아와서 자신의 약국을 할인 약국으로 바꾸었다. 이것은 생각보다 과정이 복잡해 6개월이 걸렸다.

할인 약국을 열자 거래 물량이 곧 급속히 증가하였다. 사람들은 할인 가격 때문에 멀리서도 할인 약국을 찾아왔다. 약국의 복도는 언제나 복잡하였고, 하나밖에 없는 계산대에는 긴 줄이 늘어서 있었다. 랄프는 고객들을 보면서 복잡한 감정이 들었다. 새로운 할인 정책으로 고객이 증가한 것은 긍정적인 일이지만 고객의 불만도 커져가고 있었기 때문이다. 고객의 불만은 특별 할인 품목이 빨리 품절된다는 것과 약국의 복잡한 공간, 계산대에서 오래 기다려야 한다는 것 등이었다. 그는 할인 약국의 성공이 실패로 바뀌지 않을까 염려하고, 서비스에 대한 고객 불만이 성장을 방해하지 않을까 하는 걱정을 하였다.

랄프는 부인이자 사업 파트너인 마리에게 그의 걱정을 말하였다. 어느 날 저녁에 두 사람은 식사를 끝낸 후 사업의 미래에 관해 의논하였다. 그들은 할인 사업과 이전의 사업은 완전히 다른 것인데도 기본적인 사업방식이 변하지 않았다는 결론을 내렸다. 예를 들면, 약국의 공간적 배치가 이전의 것과 차이가 전혀 없었는데, 이런 배치는 증가하는 고객들을 처리하는 데 별로 적합하지 않았던 것이다. 랄프와 마리는 더 넓은 매장 공간과 더 많은 선반, 계산대, 그리고 판매 직원이 필요하다는 결론을 내렸다. 그들은 현재 건물을 개축하거나 새로운 건물을 짓거나 다른 건물을 임대해야 했다.

랄프는 종이와 연필을 가지고 대략적인 요구사항을 적어 나갔다. 예상되는 고객의 수를 수용하기 위해서 2층에 선반 매장이 필요하고, 적어도 2대의 현금 계산기를 추가할 필요가 있었다. 그는 이런 요구사항을 만족시키기 위해서 새로운 건물로 이사해야 한다는 결론을 내렸다.

그들은 이 시점에서 현재 경영중인 새로운 형태의 사업에 적합한 약국을 구성하는 최선의 방안을 위해서 지방 건축업자와 여러 번 만났다. 또 이런 만남에서 얻어진 정보를 활용하여 건축업자는 세 가지의 다른 구성을 설계하였다. 랄프와 마리는 새로운 건물의 임대보다는 건축이 필요한 두 번째 계획에 매료되었고 설계에 대한 약간의 수정을 요구한 후, 건축업자에게 새로운 건물의 상세한 도면을 작성하도록 하였다. 그는 6주 이내에 건축 계획을 완성했고 그리고 3개월 후에 새로운 약국을 위한 준비 작업을 시작하였다.

# 욕구 · 요구사항 수명주기

랄프 약국의 사례를 통해서 우리는 발생한 욕구가 구체적으로 어떻게 프로젝트 계획의 기초로 작용하는지 그 발전과정을 알 수 있다. 첫번째에는 욕구가 발생하게 된다. 랄프가 약국을 할인점으로 바꾸면서 방문객이 급격히 증가하였고, 이로 인해 많은 문제가 발생했다. 이렇게 문제가 발생해 새로운 욕구가 발생하면 욕구의 인식 단계로 넘어간다. 랄프는 현재의 시설로는 방문 고객의 증가에 적절히 대처할 수 없다는 것을 인식하였다. 그는 이런 인식을 토대로 욕구를 규명하려 애썼다. 랄프와 마리는 생각나는 욕구에 대해 이야기하였으며, 이것의 의미를 표현하고자 노력하였다.

욕구가 규명되면 이것은 기능적 요구사항(프로젝트가 수행해야 할 업무의 간략한 기술)을 규정하는 기초로 활용된다. 랄프 약국의 사례의 기능적 요구사항은 식사 후의 대화에서 랄프와 마리가 종이에 연필로 한 메모에서 나왔으며 건축업자와의 첫 만남으로 이어졌다. 이 기능적 요구사항에서 건축가는 기술적 요구사항(설계도와 같은)을 명확히 할 수 있었다. 이에 맞춰 새로운 건물을 신축하기 위한 프로젝트 계획이 수립된다.

욕구는 프로젝트를 시작하게 하는 원동력이기 때문에 서로 다른 단계의 욕구 · 요구사항 수명주기를 좀더 자세히 조사하는 것이 필요하다.

## 욕구의 발생

상황의 변화는 욕구의 원천이다. 변화가 없는 상태에서는 욕구도 변하지 않는다. 변화에 따라 새로운 욕구가 발생하며, 이전의 욕구는 사라진다. 우리는 급격한 변화의 시대에 살고 있기 때문에 항상 새로운 욕구의 발생과 직면하게 된다.

욕구는 조직 내부에서도 생겨나고 외부에서도 발생한다. 내부 욕구는 일반적으로 조직의 성과개선과 관련된다. 예를 들어 문서 작업에 압도당한 직원은 절차를 간소화하기 위한 강한 욕구를 가질 수 있다. 그리고 정기적으로 파업의 가능성이 있는 기업은 노사관계의 개선이 필요하며, 다른 도시에 지점을 설립하는 법률 사무소는 지점과의 효과적인 의사소통이 필요하다.

또한 조직은 외부환경에서 발생되는 욕구에도 많은 관심을 갖는다. 외부환경에서 발생한 욕구는 이윤을 추구하는 기업에게는 생명과 같다. 컴퓨터에 관한 좀 더 향상된 능력, 더욱 단단한 드릴의 날, 더욱 오래가는 핸드백 등에 대한 욕구의 발생이 기업의 지속적인 사업을 가능하게 하며 기업을 혁신시킨다. 환경에서 발생된 욕구는 비영리조직과 정부조직에도 중요하다. 기술에 뒤떨어지지 않으려는 개인의 욕구 증가로 세계는 번영한다고 해도 지나친 말은 아니다.

## 욕구의 인식

단순히 욕구가 발생하는 것만으로는 충분하지 않다. 즉, 욕구가 어떤 것인지 인식해야 한다. 욕구의 존재를 알지 못하면 이를 만족시키기 위한 노력을 할 수 없기 때문이다. 그러나 욕구의 인식은 간단한 일이 아니다. 사람들은 사물이 변화하면서 새로운 욕구가 나타난다는 사실을 잘 알아채지 못한다. 마찬가지로 예전의 업무 수행 방식이 더 이상 효과적이지 못하다는 것도 인식하지 못한다.

그 적절한 예로 진공관의 대체품으로 개발된 트랜지스터를 들 수 있다. 미국 국방부는 군사 무기에 탑재된 진공관보다 신뢰성이 높은 부품이 필요했기 때문에 트랜지스터 개발에 많은 비용이 듦에도 불구하고 이를 승인하였다. 즉, 트랜지스터의 상업적 개발은 군사적 필요에 따른 것이다.

미국 제조업체는 소비자 욕구를 충족시키기 위한 트랜지스터를 막연하게 생각했다. 그러나 일본 업체들은 전자제품의 소형화를 선도할 수 있는 방법까지 생각했다. 즉, 라디오를 소풍이나 해변으로 가져가고 싶은 소비자 욕구를 소형화를 통해 충족시키는 것이다. 이런 휴대용 전자제품을 원하는 소비자 욕구를 인식한 것은 가전제품을 취급하는 일본 기업에게 엄청난 성공을 가져다주었다. 한 예로 소니의 전 회장인 아키오 모리타는 그의 저서 《Made in Japan》에서 트랜지스터의 상업적 가치에 대한 통찰을 서술하고 있다.

욕구의 인식에는 의식적인 노력이 필요한데, 특히 조직에 속한 직원은 끊임없이 의문을 가져야 한다. 우리에게 필요한 것이 무엇인가? 고객(소비자, 납세자, 재해의 피해자, 학생 등)의 욕구는 무엇인가? 이런 의문을 끊임없이 가져야 하고 그런 후 욕구를 체계적으로 파악할 수 있는 절차를 수립해야 한다. 이에 대한 방안으로 정보자원 관리부서는 조직 내에서 새롭게 발생하는 정보 욕구를 충족시키기 위해 한 달에 한 번씩 모임을 가져야 한다. 그리고 마케팅 부서는 영업사원에게 고객과 만날 때마다 그들의 욕구를 간략히 받아 적도록 하고, 시청은 시민의 의견을 수렴할 수 있는 민원창구를 만들 필요가 있다.

또한 기존의 욕구에 대해서 뿐만 아니라 앞으로 발생할 수 있는 욕구에 대해서도 관심을 쏟아야 한다. 그러므로 욕구를 효과적으로 인식하기 위해서는 예측이 필요하다. 이런 예측은 그리 어렵지 않다. 예를 들어 부서 관리자는 한 달에 한 번씩 관련 업무자들을 만나 1~2시간 동안의 브레인스토밍을 하면서 미래의 욕구는 어떨 것인지에 대한 의견을 모을 수 있다. 이런 형태의 예측을 시나리오 구축이라고 한다. 또 정교하고 정량적인 모델을 통해 미래 상황을 예측할 수 있다. 그러나 중요한 것은 예측의 정교성이 아니라 미래에 출현할 욕구를 예측하기 위한 의식적인 노력이 지속되어야 한다는 점이다.

## 욕구의 명확한 정의(규명)

욕구가 인식되었으면 이것을 명확히 정의해야 한다. 그 다음에는 인식된 욕구에 대한 심도 있는 조사가 필요하다. 이런 조사를 통해 욕구에 대한 인식이 바뀐다는 것을 알 수 있다.

종종 욕구를 표면적 가치로만 수용하고 이면에 숨겨진 현실에 대한 인식을 포기하는 경우가 있다. 예를 들면 너무 많은 양의 문서로 인해 업무에 지장이 있는 경우, 문서가 없는 사무실을 만들기 위한 방안으로 전산화를 해야 한다고 쉽게 결론을 내버린다. 또한 제품의 품질이 저하되면 검사자의 불량품 조사를 강화해야 한다고 단순한 결론을 내리기도 한다. 이 두 가지 경우 모두 피상적인 욕구에만 초점을 맞춘 것이다. 그러나 문서가 넘쳐나는 사무실 환경에서는 컴퓨터가 필요한 것이 아니라 더 좋은 정보관리 절차가 필요하다. 그리고 품질에 문제가 있으면 불량이 발생한 후에 더 많은 검사자를 충원할 것이 아니라 불량률을 낮추기 위한 새로운 생산과정의 모색이 필요하다. 즉, 특정한 욕구를 철저히 조사한다면 피상적인 해결책이 아니라 근본적인 해결책을 찾을 수 있다. 사물을 세밀하게 관찰하기 위해 노력함으로써 대상에 대한 이해를 높일 수 있는 것이다.

욕구에 대한 명확한 정의는 실제적인 측면이 있다. 이것은 기능적 요구사항의 작성에 근거로 활용될 수 있다. 이것이 의미하는 바는 욕구가 명확하게 정의된 후에(이것은 완벽하고 명확하게 언급된 후이다) 이것을 충족시키기 위해 해야 할 것을 구체적인 용어로 서술하는 작업을 할 수 있다는 점이다. 만약 욕구 규명에 노력을 기울이지 않는다면 기능적 요구사항은 잘못된 방향으로 작성될 것이고, 프로젝트의 결과에 실제 욕구를 전혀 반영하지 못하게 된다. 욕구를 규명하는 방법은 여러 가지가 있는데, 효과적인 욕구 규명을 위한 한 가지 방법은 다음 5단계를 따르는 것이다.

- 1단계

욕구를 가진 사람에게 그것을 명확하게 정의하도록 요구하라

소비자가 욕구에 대해 모호한 개념만을 가지고 있다고 하더라도 욕구를 소비자의 입장에서 보는 것이 중요하다. 일반적으로 사람들은 자신의 욕구를 명확히 이해하고 있기보다는 욕구에 대한 감정을 가지고 있는 경우가 많다. 그러므로 고객이 욕구를 어떻게 생각하는지를 파악하는 것이 중요하지만 그렇다고 액면 그대로 받아들여서는 안 된다.

- 2단계

욕구에 대해 가능한 모든 질문을 하라

욕구를 정확히 규명하고자 한다면 여러 가지 질문들을 준비하는 것이 좋

다. 이런 질문들은 다양한 측면에서 욕구를 다루어야 한다. 대답이 수렴되면 욕구에 대한 다각적인 관점을 가질 수 있다. 다음의 질문들이 이와 관련된 것들이다.

- 욕구를 가진 사람이 어떻게 그것을 정의하도록 할 것인가?
- 욕구는 실제로 존재하는가? 아니면 더 본질적인 욕구를 그 이면에 숨기고 것인가?
- 욕구를 우리가 해결할 수 있는가? 다른 사람이 해결할 수 있는가? 해결이 정말 가능한 것인가?
- 이 욕구는 중요한 것인가? 충족시킬 만한 가치가 있는가?
- 욕구의 의미는 무엇인가? 만약 그것이 충족된다면 다른 욕구를 발생시키고 이를 다시 만족시킬 수 있는가? 발생하는 욕구가 기존의 욕구를 대체하는가?
- 욕구에 의해서 직접적으로 영향을 받는 사람은 누구인가? 가치 있는 욕구라는 것에 동의하는가? 욕구의 충족이 영향을 미치는가? 욕구 충족의 노력에 대해 어떻게 반응할 것인가?


• 3단계

욕구에 대한 이해를 넓힐 수 있는 연구를 모두 수행해 보라

욕구를 적절히 규명하기 전에 기술적인 것을 포함한 모든 측면에서 이해해야 한다. 예를 들어 현재와 미래의 업무 기술을 무시한다면 어떻게 업무의 생산성을 높이고자 하는 욕구를 적절하게 구체화할 수 있을까? 이를 위해 조직 내에서 욕구의 기술적 측면에 대한 연구를 수행할 수 있다. 또는 조직이 충분한 전문지식을 보유하고 있지 않다면 외부 컨설턴트의 도움을 받을 수 있다.


• 4단계

앞의 3단계를 통해 나온 결과로 욕구를 최대한 구체화해라

이 단계에서 욕구와 관련된 의미를 많이 파악할 수 있다. 이 시점에서 욕구를 구체화한다면 아마 처음 것과는 많이 다를 것이다.

> • 5단계
>
> 구체화된 욕구에 대해 고객의 의견을 들어 그것을 보완해라
>
> 욕구 구체화에 있어서 널리 알려진 함정은 최종적으로 명확해진 욕구가
> 사실은 소비자의 욕구가 아니라 전문가의 욕구라는 것이다. 즉, 욕구·요
> 구 사항의 수명주기 상에서 전문가가 욕구를 변경시켜서 소비자가 아닌
> 자기 자신을 만족시키는 것이 일반적이다.
>
> 여기서의 문제는 명확하다. 변경된 욕구에 기초를 두어 개발된 최종 제품
> 은 잘못 사용되거나 전혀 사용되지 않는다. 이런 가능성을 줄이기 위해서
> 는 욕구를 구체화하는 사람이 자신이 고객의 실제 욕구를 규명하는 것인
> 지에 대해 확신을 가지기 위해 노력해야 한다. 이것은 고객과 밀접하게 업
> 무를 처리하고, 새롭게 규명된 욕구에 대한 고객의 반응을 살피고, 욕구의
> 진술을 수정함으로써 가능하다.

## 기능적·기술적 요구사항

욕구가 신중히 정의된 후에는 이것을 프로젝트 계획 수립의 기초로
활용할 수 있다. 이것은 욕구를 기능적 요구사항으로 구체화함으로써
가능하다. 기능적 요구사항은 프로젝트와 관련된 내용을 평이한 용어
로 설명함으로써 기술에 대한 지식이 없는 사람도 이해할 수 있도록
해야 한다. 예컨대 초등학교 6학년의 수학 실력을 높이기 위한 기능적
요구사항은 아마도 다음과 같을 것이다. "우리 반 학생들의 95%가 학
년을 마치기 전까지 수학 시험에서 상위 0.6% 이내의 성적을 얻기를
원한다." 한편 기능적 요구사항은 시각적인 이미지를 활용해 보강할
수 있다. 예를 들어 쇼핑 몰 건물의 기능적 요구사항의 한 요소는 몰의
형태에 대한 미술적 조감도가 될 수 있다.

기술적 요구사항은 기능적 요구사항을 기초로 작성된다. 기능적 요
구사항은 명료하게 서술되어야 하지만, 프로젝트 스태프가 실제 지침

서로 활용할 수 있는 충분한 지침을 제공하지는 못한다. 기능적 요구사항은 고객에게 프로젝트의 결과를 알리기 위해서 작성되지만 기술적 요구사항은 기술 스태프를 위해서 작성된다. 즉, 기술적 요구사항은 고객의 입장에서는 이해하기 어렵다.

예를 들어 소프트웨어 프로젝트에 있어서 기능적 요구사항은 '데이터베이스 시스템이 원격 터미널을 통해 재무자료에 접근하는 것'이다. 이에 따른 기술적 요구사항은 자료의 구성, 데이터베이스 관리시스템이 작성된 언어, 시스템이 운용될 하드웨어, 필수 활용사항인 통신 프로토콜 등에 대해서 자세히 설명한다.

효과적으로 요구사항의 명세서를 작성하는 것은 프로젝트 계획 입안자와 관리자가 직면하게 되는 가장 힘든 일이다. 그러나 부적절하게 작성된 요구사항은 좋지 않은 결과를 낳을 수 있음을 기억해야 한다(요구사항에 대해서는 다음 장에서 자세히 설명할 것이다).

## 욕구를 정의할 때의 함정

욕구·요구사항 수명주기에 대한 이전의 논의는 욕구 정의 과정이 잘못될 수도 있음을 암시한다. 욕구 정의에 있어서의 문제들은 모호함 때문에 생긴다. 그리고 프로젝트가 시작될 때까지 문제가 있다는 것 자체를 인식하지 못할 수도 있다.

욕구를 정의하는 과정에서 생기는 일반적 함정에 대해 조사하는 것은 가치 있는 일이다. 함정에 대해서 미리 주의를 할 수 있고, 대비책을 준비할 수 있기 때문이다. 여기에서 언급하는 문제는 크게 세 가지이다. 첫째는 욕구 자체가 본질적으로 모호하다는 것이고, 둘째는 욕구가 완전히 정의되기 전에 해답을 찾는 문제이며, 마지막은 잘못된 고객의 욕구를 처리하는 것이다.

---

• 담당자의 변화

오늘날 직면하게 되는 한 가지 현실은 생산자, 소비자, 유통업자의 인적 구성이 끊임없는 변한다는 것이다. 새로운 담당자가 업무에 들어올 때마다 프로젝트에 자신의 관점을 반영한다. 그러면서 그는 규칙을 완전히 바꾸고자 할지도 모른다. 또는 전임자의 욕구와 요구사항을 다르게 해석할 수도 있다.

• 예산의 변화

대부분의 프로젝트 전문가는 특정 업무가 예산 문제로 인해 취소되는 일을 경험한다. 정부 프로젝트에 관한 정부 회계기관의 연구는 '예산 불안'을 비용 및 기간 초과의 주요 원인으로 지적하였다. 정부의 예산 불안의 주요 원인은 선거 후의 정권교체이고, 민간 부분에서는 기업에서 이루어지고 있는 끊임없는 구조조정이다.

• 기술의 변화

기술은 끊임없이 변화한다. 신기술은 시장에 소개될 때마다 사람들의 욕망을 자극하고, 이들의 욕구를 다시 반영하도록 한다. 기술 변화의 영향을 반영하기 위해 욕구에 대한 수정이 가해지고, 기술이 다시 변화하여 더 많은 수정을 필요로 한다.

• 기업 환경의 변화

조직 외부의 기업 환경은 지속적으로 변화한다. 급작스러운 엔(¥) 환율의 상승은 주요 일본 부품의 경쟁력을 상실케 하므로 가능한 대체품을 찾아

---

야 한다. 한편 경쟁자는 우리의 기존 제품 라인을 무력화하는 신제품을 생산한다. 이때 우리는 현재 생산중인 제품에 대해 다시 생각해야 한다. 기업 환경의 변화를 가져오는 것 중에는 정부의 규제도 있다. 가령 플라스틱 제품 생산에 특정 화합물의 사용을 정부가 금지하는 것이다.

## 욕구는 본질적으로 모호하다

욕구 정의가 쉽지 않은 근본적인 원인은 욕구 자체가 본질적으로 모호하기 때문이다. 욕구가 처음 발생할 때 그것은 단순히 대략적인 착상일 뿐이고, 잘 정의되지 않은 상태이다. 욕구가 더욱 특이한 것일수록 정확한 정의도 어려워진다. 욕구의 정의는 단계적으로 이루어진다. 욕구는 처음에는 모호하게 인지되고, 체계적으로 논의되고 다듬어진 후에서야 점차적으로 형태와 요소를 갖추게 된다. 이렇게 형태를 갖추었다 하더라도 욕구를 완전히 정의했다고 말하기는 어렵다. 왜냐하면 욕구는 시시각각 변하며, 고객이 오해하기 쉽기 때문이다.

### 변화하는 욕구

욕구는 동적이고 계속 변한다. 한 프로젝트 관리자는 욕구를 명확히 정의하는 일은 움직이는 과녁에 총을 쏘는 것과 같이 어렵다고 말했다. 욕구는 본질적으로 변하는 특성을 가지고 있기 때문에 욕구가 발생하는 환경과 관련하여 정의해야 한다. 앞에 나왔던 예를 다시 들자면 방문하는 고객의 증가는 랄프의 사업 방식에 대한 근본적인 변화의 필요성을 가져왔다. 그런데 불행하게도 욕구가 발생하고 이것을 정확하게 규명하고자 노력할 때는 환경은 이미 고정되어 있지 않고 계속 변화한다는 것이다. 랄프의 새로운 약국은 개업 때까지는 의심의 여지가 없이 욕구에 맞추어 설계되었지만, 그 이후 또 다른 욕구가 발생하게 된다.

욕구 변화의 구체적인 원인은 다음과 같은 요소들이다.

프로젝트 계획 입안자와 관리자는 지속적으로 변화하는 욕구에 대처하기 위해 욕구가 변화하지 않을 것처럼 설명하는 것을 피해야 한다. 초보자들은 욕구의 끊임없는 변화로 인해 프로젝트 계획에 변경이 가해질 수 있다는 점을 인식해야 한다. 즉, 욕구가 역동적으로 변한다는 점을 감안하여 유연한 프로젝트 계획을 수립하는 것이 좋다.

프로젝트 계획 입안자와 관리자가 할 수 있는 다른 일은 정밀한 조사를 통해서 욕구의 변화를 예견하는 것이다. 욕구의 규명은 기존 환경뿐 아니라 다가올 미래 환경에 대해서도 고려해야 한다. 기존의 욕구를 통제하는 것도 상당히 힘들지만 이보다 미래에 존재할지 모르는 욕구를 정의하는 것은 더욱 힘든 일이다.

## 잘못 이해된 욕구

고객은 일반적으로 '내가 무엇을 원하는지 잘 모르겠지만 눈으로 그것을 보았을 때는 알 수 있다'는 생각을 한다. 고객은 자신의 욕구에 대해 감각적으로 인지하고 있지만, 그 실체와 의미에 대해 완벽하게는 이해하지 못한다. 그런데 잘 정의되지 않은 욕구의 개념은 환경의 작은 변화에도 바뀔 가능성이 높다.

이것은 고객의 욕구가 존재하지 않는다는 것을 의미하지는 않는다. 욕구는 존재하지만 고객은 욕구를 단지 막연하게 인식할 뿐이며, 그렇기 때문에 효과적으로 만족을 얻지 못한다. 프로젝트 계획 입안자는 바로 이 점을 명확히 인식해야 한다. 관리자가 고객의 욕구에 대한 생각에만 의존해 계획을 세운다면 고객의 진짜 욕구를 충족시킬 수 있는 결과를 도출하기는 힘들다.

프로젝트 관리를 처음 시작하는 사람은 자주 고객과의 협상에서 좌절한다. 고객이 이들을 고객의 요구를 알지 못하고 결과도 시원찮을 것이라고 생각하기 때문이다.

프로젝트 스태프는 고객을 인도하는 중요한 역할을 인식해야 한다. 그들은 고객과 밀접하게 일을 하면서 고객이 필요로 하는 것을 모두 찾을 수 있도록 도와주어야 한다. 이를 통해 프로젝트 스태프는 다음과 같은 이점을 얻을 수 있다. 첫째, 고객과 일을 밀접하게 함으로써 고객의 욕구를 더 잘 실현할 수 있도록 프로젝트를 계획하게 된다. 둘째, 욕구 규명에 참여함으로써 고객은 자신의 욕구의 본질과 의미에 대해서 교육받게 되고 프로젝트 결과물을 효과적으로 활용할 수 있을 것이다.

## 해결책을 성급하게 파악하는 것

욕구의 본질적인 모호함은 프로젝트 계획 입안자가 직면하는 주요 함정이다. 그런데 이보다 일반적인 함정은 적절한 질문이 구체화되기 전에 해답을 들고 나오는 경우로서 이를테면 욕구 규명 과정을 건너뛰려는 것이다.

욕구 분석은 많은 인내와 자기 통제가 필요하다. 욕구의 존재를 처음 인식하게 되면 충족 방안에 대한 착상이 떠오른다. 그런데 이런 과정에서 욕구를 완전히 이해하기 전에 해결책을 제시하는 경우가 많다. 다음의 예를 살펴보자.

A라는 대학의 도시공학과 학과장은 학교의 시설(행정 사무실, 교수 연구실, 강의실, 실험실)이 낡아서 교수와 학생의 욕구를 만족시키지 못한다고 결론을 내렸다. 그는 공과대학에 최신 시설(5천만 달러가 소요되는 6층 건물)이 필요하다는 결정을 내린 후 직원들과 새로운 건물을 신축하는 데 필요한 돈을 모금하기 위해서 3년간의 모금활동을 시작하였다.

학과장의 계획에 대한 소식이 교수들에게 알려지자 몇몇 교수들은 신축 프로젝트에 대해 걱정하였다. 한 사람은 학과장의 '건물 콤플렉스'에 대해 계속 비꼬았다. 그들은 현재 건물의 상태가 좋지 않아 더 좋은 시설이 필요한 것은 인정하긴 하지만 건물 신축에 투자를 하게 되면 학교 운영비가 늘어나게 되고 이에 따라 학생의 수업료 부담이 더 가중된다고 말했다. 새로운 건물이 건축되면 공과대학이 시장에서 가격 경쟁력을 잃게 된다는 것은 명백한 사실이었다.

따라서 교수들 사이에서는 학교 측이 교육 및 연구 환경을 개선하고 동시에 수업료를 낮추어야 한다는 공감대가 생겨났다. 학과장은 이런 의견을 듣고서는 '어떻게 시설을 최고로 하고 수업료를 낮출 수 있는가? 문제는 교수들이 자신의 몫만을 챙기려고 하는 데 있다'고 말했다.

그의 의견에 교수들이 반대하는 이유는 공과대학이 바라는 것이 무엇인지에 대한 견해가 다르기 때문이었다. 학과장은 기존 건물을 돌아다니면서 벽에서 떨어진 회반죽, 벗겨진 페인트, 오래된 칠판, 구멍날 정도로 낡은 복도, 때 묻고 난방이 잘되지 않는 교수 연구실 등을 보았다. 그래서 그는 '공과대학에 필요한 것은 새로운 건물이다'고 결론을 내렸다. 학과장이 옳을 수도 있고 틀릴 수도 있다. 여기서 주의를 기울여야 할 사항은 학교의 욕구에 대한 학과장의 규명 속에 해결책이 내재되어 있다는 점이다. 그의 해결책은 새로운 건물을 신축하는 것이다. 그런데 그는 이때 다른 가능한 해결책을 고려대상에서 제외시켰다.

학과장의 견해에 반대하는 공과대학 교수들은 다른 생각을 가지고 있다. 신축 프로그램으로 학생을 잃게 되고, 결국 교직을 잃게 될 것이라고 걱정하는 것이다. 이들이 생각하는 학교의 욕구에 대한 생각은 '교육과 연구 환경을 개선해야 한다. 또한 학교는 학생들이 다닐 수 있도록 배려해야 한다' 는 것이다. 욕구에 대한 이 말에도 명백한 해결책은 없다. 새로운 건물을 건축하는 것은 욕구를 충족시키지만 기존 건물의 보수, 디지털대학교 개설 등으로도 욕구를 충족시킬 수 있다. 그래서 반대하는 교수들은 학과장의 단독 방안을 포함해 고려해야 할 다양한 대안을 제시하였다.

이 사례는 욕구규명 과정에서 만나게 되는 일반적인 함정을 보여준다. 문제는 이들이 욕구에 대해 성급하게 해결책을 제시했다는 데 있다. 욕구의 인식 및 정의는 점진적인 절차에 따라 이루어져야 한다. 초기에는 가능한 한 많은 경우의 수를 논의할 수 있도록 개방적이어야 한다. 욕구 규명의 노력을 통해서 선택사항들을 줄여나가도록 끊임없이 관련 정보들을 수집해 나가야 한다. 이런 절차를 모두 거친 후에야 욕구를 충족시키는 특정 해결 방안에 관한 깊이 있고 충분한 정보를 가질 수 있다.

## 잘못된 고객 욕구 다루기

욕구·요구사항 수명주기의 초기 단계에서 욕구를 파악하고 구체화하기 위해 노력할 때, 누구의 욕구를 다루어야 하는지를 우선 명확히 해야 한다. 의문을 제기하지 않으면 잘못된 고객의 욕구에 관해 연구할 가능성이 높아진다.

여기에는 두 가지 함정이 있다. 하나는 다양한 고객이 존재함을 망각한다는 것이고, 다른 하나는 잘못된 고객집단에 대해 연구한다는 점이다. 그리고 개인적인 가치관의 차이가 고객 욕구에 대한 해석에 영향을 미쳐서 고객의 욕구를 다루기보다는 자신의 욕구를 다루게 될 수 있다는 점이다.

### 다양한 고객 욕구 분류하기

현재까지는 고객이 명확하다는 것을 가정하고 고객 욕구에 대해서 논의를 진행해왔다. 그러나 실제로는 서로 다른 주장을 하는 다양한 고객들이 존재하고, 이들의 욕구가 항상 일치하는 것은 아니다. 사실 이들의 욕구는 극명하게 대립할 수도 있다. 이런 상황에서 프로젝트 계획 입안자는 서로 대립하는 욕구를 분류해내야 하고, 가장 중요한 욕구를 결정해야 하며, 그것을 포함하고 있는 혼합 욕구를 규명해야 한다. 비록 단순한 상황이지만 다음의 사례는 누구의 욕구를 채택해야 하는지를 결정하는 것이 쉽지 않다는 것을 보여준다.

미국 복지부의 법무국은 50명의 변호사를 고용하고 있다. 내부 행정 업무와 관련된 모든 부서의 기록은 행정 직원에 의해 수작업으로 유지된다. 그리고 사무자동화는 4대의 개별 워드프로세서를 활용하기

172

때문에 제한되어 있다.

일류 법률회사에서 복지부로 옮긴 지 얼마 되지 않은 신임 법률고문 존 로버트는 새로운 정보기술의 활용이 저조하다는 것을 알고서 놀랐다. 행정 업무가 수작업으로 이루어질 뿐만 아니라 법률회사와 법률대학에서 일상적으로 활용하는 법률연구 데이터베이스를 부하 변호사들이 전혀 사용하지 않고 있었다. 불행하게도 로버트는 대부분의 변호사와 마찬가지로 기술적인 것에 대한 불안과 혼란스러움을 느꼈다. 그는 부서 내 정보처리 능력이 부족한 것에 대해 적절한 해결방안을 찾을 자신이 없었다.

앨런 케이는 법무국 내에서 기술적 능력을 가진 유일한 변호사이다. 그는 최근에 개인용 컴퓨터의 일상적인 활용에 매혹되었다. 그는 집에서 사용하기 위해 마이크로-G 컴퓨터를 구입하였고, 작업장에서는 스텔라맥스 컴퓨터에 관심을 가지고 있었다. 그는 로버트에게 현재 사무실은 정보의 석기시대에 살고 있다고 문제제기를 했다. 그는 로버트에게 스텔라맥스의 능력에 대한 뉴욕 타임즈의 기사를 보여주었다. 그는 이 컴퓨터에 모뎀을 장착하면 다양한 법률연구 데이터베이스에 접근할 수 있다는 점을 지적했다. 30분 정도의 설득을 통해 그는 로버트에게 스텔라맥스를 주문하도록 확신을 심어주었다.

컴퓨터가 도입되는 데 수개월이 흘렀다. 그러는 동안 또 다른 변호사 로빈 스미스는 자신의 업무에 컴퓨터를 활용할 수 있는가에 대한 호기심이 생겼다. 로빈 스미스는 케이에게 스텔라맥스를 배우고 싶다고 얘기했다. 케이는 컴퓨터 활용에 대한 관심을 공유할 수 있다는 것을 알고 기쁜 마음으로 컴퓨터의 가능성에 대해서 열심히 설명했다.

컴퓨터 활용의 장점에 흥분하기는 했지만 이런 흥분이 컴퓨터 작동에 대한 실제적인 지식을 대신할 수는 없었다. 그녀는 이것을 인식하고 소프트웨어와 컴퓨터를 배우는 효과적인 방법은 정식 교육을 받는 것이라고 생각했다. 그래서 그녀는 로버트로부터 교육 부서에서 스텔라맥스 활용 교육을 받을 수 있는지 허락을 받아야 했다. 교육 담당자는 비록 이 부서가 직원의 소형 컴퓨터 소프트웨어와 하드웨어 활용을 교육할 수 있는 능력은 있지만, 이미 열악한 여건에서 너무 많은 일을 해오고 있어서 법무국을 도와줄 수 없을 것이라고 했다. 이에 덧붙여 외부 교육을 자신의 부서에서 적절히 통제할 수 없기 때문에 외부 교육의 허락을 거부했다. 이런 외부 교육은 자기 부서의 존재 가치를 낮추기 때문이었다.

5개월 후에 법무국의 한 방문자는 앨런 케이가 컴퓨터와 소프트웨어를 정상화하기 위해서 모든 것을 제쳐두고 스텔라맥스에 매달려 있는 것을 보았다. 한 변호사는 케이는 컴퓨터 앞에서 하루에 8시간, 매주 5일을 보내는 사무실의 컴퓨터광이라고 방문자에게 조롱하듯 말했다. 그는 사무실 내의 다른 사람들은 컴퓨터에 대해서 전혀 알지 못하고, 케이가 무슨 일을 하는지도 모른다고 덧붙였다.

### 다양한 고객, 다양한 욕구

앞의 사례는 대부분의 조직이 일반적으로 어떻게 욕구·요구사항 수명주기를 취급하는지를 보여준다. 즉, 욕구는 일반적으로 우연하게 파악되고 정의되지만 체계적인 평가를 통해 고객의 욕구를 분류할 수 있다. 책임 법률고문인 존 로버트가 앨런 케이에게 부서의 정보 욕구를 좀더 정확하게 정의하도록 하고, 이 장 앞부분에 열거된 욕구 규명과 관련된 질문들을 유도해냈다면 자신들의 정보 욕구가 다양하다는 것을 알게 되었을 것이다.

법무국 사람들과 그들의 욕구에 대해 생각해보도록 하자.

### 존 로버트

로버트는 법무국이 가능하면 원활하고 효율적으로 운영되기를 원한다. 그는 사무자동화가 실현되면 업무 효율성이 높아질 것으로 생각했다. 그리고 사무자동화와 함께 부서 내부의 법률 및 행정업무 정보에 바로 접근할 수 있기를 바랐다. 결국 그는 타자기를 컴퓨터로 교체했고, 최신 기술에 대한 해박한 지식으로 상급자에게 깊은 인상을 남겼으며, 이는 승진에 도움이 되었다.

### 스태프 변호사

변호사의 가장 강한 정보 욕구는 법률 정보에 신속하고 완벽하게 접근하는 것이다. 이 정보는 효과적인 법률 의견을 작성하는 데 중요하다. 변호사에게 사무자동화의 가장 큰 이점은 전산화된 법률 데이터베이스에 접근할 수 있다는 것이다.

### 앨런 케이

케이는 컴퓨터 지식을 넓히고자 하는 욕구를 밝혔다. 이 욕구는 자신의 업무에 최선을 다하고자 하는 바람이지만 더 나아가 컴퓨터 기술에 대한 호기심의 충족, 혹은 자신의 가치를 높이고자 하는 점도 고려했을 것이다.

### 행정 직원

행정 직원이 모든 사무실의 기록과 유지를 책임지고 있기 때문에 그의 주된 정보 욕구는 자료 작성, 처리 및 검색이다. 개인적 수준에서 볼 때 행정업무 책임자로서 전산 시스템의 유지에 중요한 역할을 하기 때문에 자동화를 통해 권한과 신뢰 구축에 대한 욕구를 충족시킬 수 있다고 생각한다.

### 비서

비서의 정보 욕구는 자신의 주요 사무작업(보고서와 법률 의견서의 타이핑)과 관련된 것이다. 즉, 많은 비서가 타자기로 할 일들을 워드프로세서를 사용하면 적은 인원만으로 수행할 수 있다는 것이다. 그러나 이런 업무적 욕구의 충족이 비서의 고용안정을 위협할 수 있다는 점을 주의해야 한다. 이는 그들의 실업으로 이어질 수 있기 때문이다.

### 법무국의 모든 구성원

법무국 모든 구성원이 공유하는 욕구는 신기술에 대한 훈련을 받는 것이다. 그런데 신기술에 대해 아는 사람은 앨런 케이뿐이었다. 그는 컴퓨터 사용을 스스로 배웠으며, 동기부여가 있었기 때문에 성공하였다. 그러나 다른 직원들은 컴퓨터 교육을 받지 못했기 때문에 스텔라 맥스에 열중하지 못했고, 컴퓨터가 자신들의 생산성을 높이는 데 어떻게 도움을 주는지를 전혀 알지 못했다.

법무국을 자동화하고자 하는 프로젝트는 케이의 관점에서는 성공적이지만 다른 사람들의 관점에서는 실패하였다. 이 프로젝트에 체계적인 욕구 분석이 수행되었다면 훨씬 더 효과적으로 처리될 수 있었다. 즉, 훌륭한 욕구 분석가는 사무자동화와 관련된 모든 욕구(직업, 개인 심리 욕구를 포함한)를 찾아냈을 것이다.

## 우선순위 정하기 : 욕구 계층도

다양한 고객이 존재할 경우 욕구 인식 및 규명 노력은 복잡해진다. 이것은 다루어야 할 욕구가 많아진다는 것을 의미한다. 하나의 욕구를 잘 다루는 것도 힘든데 여러 욕구를 잘 파악하는 것의 어려움은 말할 필요도 없다. 여러 고객의 다양한 태도와 요구사항을 고려할 경우 특히 그러하다. 다양한 욕구는 완벽하게 맞아떨어지지 않아 서로 간에 갈등을 빚기도 한다. 그러나 모든 욕구가 동일한 중요성을 가지는 것은 아니며, 동일한 비용과 기술적 어려움을 갖는 것도 아니다.

그러면 어떻게 여러 고객의 다양한 욕구를 조화시킬 것인가? 또 프로젝트 계획의 근거로 활용할 일관되며 집중된 욕구 집단을 만들어 낼 수 있을까? 이에 대한 해답은 욕구 규명 단계에서 욕구 계층도를 작성하는 것이다.

욕구 계층도는 주어진 문제와 관련된 욕구들과 각각의 욕구들의 관계를 포괄적으로 보여주는 도표이다. 법무국 사례에 대한 부분적인 욕구 계층도가 그림 4·1에 제시되어 있다. 이 욕구 계층도는 책임 법률 자문, 행정 직원, 변호사, 비서와 함께 밀접하게 업무를 수행하는 법무국 내의 스태프 직원의 소규모 통합기능팀으로 구성되었다. 여기에 각 항목은 팀이 항목 계층 내에 포함된다는 합의를 전제로 했다.

그림 4·1에서 살펴볼 수 있듯이 한 단계에 나타나는 욕구는 다음 하위 단계에서 나타나는 욕구를 통합한다. 상위 수준의 주요 욕구는

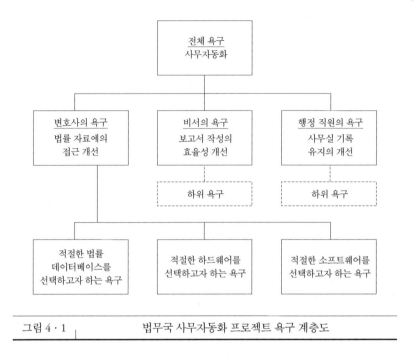

그림 4 · 1      법무국 사무자동화 프로젝트 욕구 계층도

법무국을 사무자동화하는 것이다. 이것은 법률 데이터베이스로의 접근, 보고서 작성의 효율성 개선, 사무실 기록 보존의 개선으로(도표의 상위 2단계를 보라) 달성될 수 있다. 이런 욕구는 다양한 고객(개별 변호사, 비서, 행정 직원)의 관심을 반영한 것이다. 법률자료에 대한 접근을 개선하고자 하는 욕구에서 그림 4 · 1은 세 가지 하위 욕구를 다루어야 한다는 것을 보여준다. 여기에선 적절한 데이터베이스를 선택하려는 욕구, 적절한 하드웨어를 선택하고자 하는 욕구, 적절한 소프트웨어를 선택하고자하는 욕구가 대상이 된다.

    계층도의 모든 단계에서 각 단계의 욕구 중 어느 것을 우선순위로 삼을지 결정해야 한다. 예를 들어 그림 4 · 1의 두 번째 단계에서 법률 자료에 대한 접근을 용이하도록 개선하는 것과 보고서 작성의 생산성을 개선하는 것, 사무실의 기록을 유지하는 방법을 개선하는 것 중에서 어떤 욕구가 가장 중요한가? 이 문제에 대한 해답은 법무국의 임무, 비용, 정치적 관계, 기술적 실현가능성 등 다양한 요소를 고려하여 욕구 분석팀이 결정한다.

법무국의 자원이 넘쳐나고 세 가지 욕구 모두를 만족시키는 것이 운영상 가능하다면 팀은 세 가지 욕구를 동시에 다룰 수 있다고 생각할 수 있다. 그러나 그러지 못하다면 욕구 분석팀은 우선순위가 가장 높은 것을 추천할 것이다.

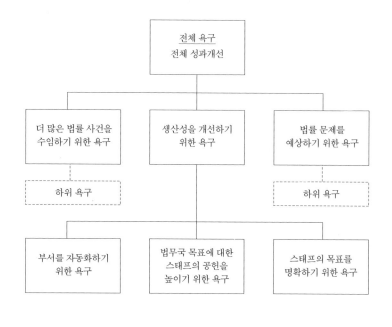

그림 4 · 2      법무국의 전체 욕구 계층도

욕구 계층도는 그림 4·1에 나타난 것보다 더 높은(그리고 낮은) 수준의 집합으로 확장할 수 있다. 그림 4·2에서 법무국의 자동화 욕구는 생산성 개선 욕구에 대한 하위 욕구이며, 생산성 개선 욕구는 부서의 최상위 욕구인 전체 부서의 성과개선에 대한 하위 욕구이다. 욕구 계층도의 정교함과 정확성은 직면하는 상황의 배경에 의해서 결정되어야 한다. 사무자동화 프로젝트의 욕구 규명을 책임지고 있는 팀은 그림 4·2의 거시적 관점에 대해 관심을 갖지 않을 것이다. 그림 4·1에 나타난 욕구 계층도가 이들에게 가장 관련이 높을 것이다.

욕구 계층도를 작성하기 위해서는 관련 인물과 그들의 욕구를 체계적으로 파악할 필요가 있다. 또한 가장 중요한 것에 대해서 공개적으로 선택할 필요가 있다. 마지막으로 합의과정을 통해서 욕구 계층도를 작성하도록 잘 조직화된 욕구 분석팀을 활용하는 것이 중요하다. 철저하게 규명된 욕구만이 고객의 실제 욕구를 반영할 수 있기 때문이다.

**왜곡된 고객 욕구**

고객의 욕구를 분석하는 사람은 욕구에 대한 진술을 바꾸어서 고객의 실제 욕구보다는 자신의 성향을 더 많이 반영하는 우를 자주 범한다. 이런 변경은 의식적이기도 하지만 일반적으로는 무의식적으로 이루어진다. 그런데 고객 욕구의 규명이 분석가의 가치와 시각으로 왜곡되었다고 욕구 분석가에게 지적하면 그들은 쉽게 수긍하지 않는다.

이런 식으로 고객의 욕구가 왜곡되는 방법은 수없이 많다. 일반적인 방법은 욕구를 과대 포장하기, 고객 욕구의 선택적 여과, 그리고 욕구 인식 및 규명에 대한 권위적 접근 등이다.

① 욕구의 과대포장

우리는 신기술을 찬미하며 진부한 것은 가치 없는 것으로 평가하는 시대에 살고 있다. 회사의 구매 담당직원은 이런 시각에 대해서 아주 민감하다. 그들의 가장 큰 의문점은 '지금 구매하는 하드웨어가 어느 정도 시간이 지나면 구형모델이 될 것인가' 하는 것이다. 그런데 이에 대해 알 수 없으므로 가장 안전한 조치로 최신의 하드웨어를 구매하는 것이다.

이런 태도는 욕구를 정의하는 데도 마찬가지다. 어떤 고객이 일정 기간 내에 A에서 B로 이동하고자 하는 욕구를 가질 경우 고객에게 1995년형 포드 에스코드를 제공함으로써 완벽하게 만족시킬 수 있다. 그러나 최신 자동차에 대해서 잘 알고 있는 욕구 분석가는 차의 온도 조절장치, 4차원 음향, 자동항법장치 등이 필요하다고 생각하며 고객의 욕구를 과대평가할지도 모른다. 고객은 포드로도 충분하지만 욕구 분석가는 고객 욕구를 과대평가해 메르세데스 벤츠로 바꿀 수 있다는 얘기이다.

여기서의 가장 큰 문제는 다양한 기능을 다 사용하지 못하는 낭비가 발생한다는 것이다. 기술을 맹신하는 욕구 분석가의 사례를 생각해보자. 그는 고객의 단순한 욕구를 충족시킬 수 있는 최고의 방법은 고객을 A에서 B로 가장 빠르게 이동시킬 수 있는 제트기를 주문하는 것이라고 생각할 수 있다. 물론 이 사례에서의 문제점은 욕구 분석가에 의해 정의된 시스템이 고객의 욕구를 전혀 충족시키지 않는다는 것이다. 결과적으로 과대포장된 욕구로 인한 시스템은 사용되지 않을 것이다.

욕구 과대포장의 문제는 자원제약으로부터 자유로운 조직에서 일반적으로 나타난다. 요즘과 같은 예산제약의 시대에 군대조직이 점점 축소되고 있다하더라도 군대조직은 아주 대표적인 예이다. 즉, 새 프로젝트는 단순하고 비교적 비용을 효율적으로 사용한다고 생각되지만, 욕구가 검토·수정되면서 무기 시스템이 직면하게 될 모든 상황을 고려하게 된다. 불과 1~2년 후에 애초의 단순했던 개념이 매우 복잡하고 비싼 무기로 탈바꿈한다. 반면에 작고 배고픈 조직은 욕구를 과대포장하는 오류에 빠지지 않는다. 그들이 원래 가장 최신의 기술을 획득하고자 하는 경향이 없는 것이 아니라 예산의 제약이 욕구를 더 인색하게 다루도록 강요하기 때문이다.

### ② 고객 욕구의 선택적 여과

고객 욕구 분석에 대한 중요한 힌트를 주는 격언이 있다. "망치를 가진 네 살배기 소년에게는 세상이 모두 못이다." 이와 유사하게 회계사에게는 세상이 모두 스프레드시트이다. 과학자에게는 세상이 모두 공식으로 규명할 수 있는 물리적 관계이다. 정치가에게는 세상 모든 사람들이 잠재적 투표자이다. 요컨대 모든 개개인은 경험, 가치, 교육에 영향을 받아 형성된 자아를 통해서 세상을 본다.

자아는 사물에 대한 인식 방법을 분명하게 규정짓는다. 그런데 현실과 인식이 차이가 날 경우 곤란에 처하게 된다. 이 때 문제에 대한 반응은 문제 해결에 필요한 것과 거의 관계가 없다. 욕구를 규명하는 상황에서 한 고객이 욕구 분석가에게 이렇게 말한다. "병원이 고객에게 제공하는 서비스의 질을 더 잘 추적하는 방법이 필요합니다." 컴퓨터 지향적인 욕구 분석가는 '전산화와 고객을 위한 경영정보 시스템이 필요하다'는 말을 들을 수도 있다. 이 욕구는 손바닥만한 색인카드로 충분함에도 불구하고 결과적으로 고객에게 전달되는 것은 정교하고 값비싼 컴퓨터 시스템이다. 또다시 왜곡된 고객 욕구로 인해 프로젝트 결과물의 방치, 오용, 미사용이 초래된다.

이 문제를 해결하는 최선의 방법은 서로 다른 배경을 가지고 각각 다른 측면에서 고객의 욕구를 볼 수 있는 능력을 가진 사람들이 모여 욕구 인식과 규명 작업을 수행하는 것이다. 물론 고객과의 밀접한 교감 또한 중요하다.

### ③ 욕구 인식 및 규명에 대한 권위적 접근

앤딘Andean 마을에서 60년대 중반에 평화유지군으로 복무했던 한 사람을 알고 있다. 그의 목표 중의 하나는 현대적인 사육법을 활용해 건강하고 토실토실한 돼지를 사육하는 방법을 지방 인디언에게 보여주기 위한 시범 프로젝트를 수행하는 것이었다. 현대 축산기술과 평화유지군의 노력으로 몇 달 후에 나폴레옹과 조세핀이라 불리는 돼지들이 탄생했다. 인디언은 시범 프로젝트의 결과물에 감탄하였지만 그 누구도 이 방법을 채택하지 않았다. 그래서 그는 그들에게 물어보았다.

"나폴레옹과 조세핀처럼 좋은 돼지를 기르고 싶지 않습니까?"

"네, 물론 그렇습니다." 그들은 대답했다.

"그러면 왜 시범으로 보여주었던 양돈 방법을 채택하지 않습니까?"

"당신과 같은 방법을 쓰면 돼지를 팔아서 받게 되는 것보다 키우는데 돈이 더 많이 들기 때문입니다. 하지만 우리는 돼지를 키우기 위해서 따로 드는 비용이 없습니다. 남은 음식물을 주고, 거리와 들판에서 먹을 수 있도록 방목하기 때문이죠. 그래서 우리의 돼지는 작습니다. 하지만 적어도 이윤은 남습니다."

이 이야기는 욕구 규명 단계에서 종종 발생하는 '가부장 신드롬 (father-knows-best syndrome : 권위자는 모든 일에 대해 가장 잘 알고 있다고 생각하는 것)'에 대해서 말해 주고 있다. 보통 욕구 규명 직무를 수행하는 사람은 고객이 스스로 모호한 욕구를 명확한 것으로 밝히고, 실행 가능한 것으로 바꿀 수 있는 경험과 기술적 능력을 갖고 있기 때문에 선택된다. 그런데 이런 특성 때문에 욕구를 규명하는 사람은 가부장적인 태도를 가지기 쉽고, 고객이 그들의 제안과 자신이 바라는 것이 다르다고 말할 때에도 자신이 고객의 욕구에 대해서 더 잘 알고 있다고 생각하기 쉽다.

물론 욕구 규명자는 전문가이기 때문에 무엇이 고객에게 최선인지 잘 안다. 그러나 이들의 접근 방법에 대해 고객이 수긍하지 않는다면 (고객이 무지하여 잘 모르는 것이라 생각하며) 이들이 규명한 욕구에서 발생한 프로젝트는 거의 사용되지 않거나 잘못 사용되거나 전혀 사용되지 않는 결과를 낳는다.

위에서 본 사례와 같이 아무리 전문가라 할지라도 고객에게 무엇이 최선인지 알지 못할 수도 있다. 어떤 경우에도 욕구 규명과 관련된 개인은 자신의 일에 대해서 가부장적인 생각을 가져서는 안 된다.

## 결론

프로젝트는 욕구가 발생한 후 이를 현실화하기 위해 시작하는 것이기 때문에 이 장 전체를 고객 욕구의 인식과 규명의 문제에 할애하였다. 욕구는 프로젝트의 원동력이다. 따라서 욕구 규명이 잘못되면 프로젝트는 사상누각이 되고 중대한 문제가 발생하게 된다.

욕구 규명은 중대한 일인데도 불구하고 프로젝트 관리의 이론과 실제에서 관심을 거의 못 받고 있다. 놀랍게도 고객과 프로젝트 스태프 간에는 호의적인 관계가 많지 않다. 고객과 스태프 사이의 의사소통이 쉽지 않기 때문이다. 불만 수준이 높아질수록 고객은 프로젝트 스태프가 무책임하다고 평가하고, 제품의 사용 기술을 몰라서 쩔쩔맨다. 반면 프로젝트 스태프는 고객을 변덕스럽고 목표가 없으며 무식하고 고지식하다고 생각한다.

프로젝트에서 발생하는 문제의 대부분은 부실한 욕구 인식과 규명 때문이다. 프로젝트의 시작 단계에서 이런 것들을 충분히 고려한다면 그다지 많은 문제들이 발생하지는 않을 것이다.

# 5
# 프로젝트의 목표를 명확히 규정할 것

...

우리들은 자주 상대의 뜻을 제대로 파악하지 못하고 오해를 한다. 물론 사람들 간의 대화에서 오해가 생기는 것은 일반적인 일이다. 식당에서 주문할 때 분명히 크림이 없는 감자를 달라고 했는데도 웨이터는 구운 감자에 크림을 잔뜩 발라놓는다. 한편 어버이날에 장미 열두 송이를 주문해 어머니께 보내지만 얼마 후 어머니에게서 카네이션을 잘 받았다는 전화를 받고 놀라기도 한다. 그런가 하면 편지로 주문한 커튼을 받아보니 주문한 것보다 8인치나 짧은 불상사가 생기기도 한다.

이처럼 프로젝트는 고객과 프로젝트 스태프 간의 오해로 가득 차 있다. 고객이 주문한 것과 그들이 받아보는 것이 다른 경우가 많다. 한 예로 사무실 직원과 도장공의 다음 대화를 살펴보자.

사무실 직원 : 벽만 파란색으로 칠한 게 아니라 천장도 파란색으로 해버렸네요.
도장공 : 사무실을 파란색으로 칠해달라고 해서 그렇게 했지요.

사무실 직원 : 하지만 파란색 천장은 답답하네요. 천장은 벽과는 다른 색깔이어야 합니다. 좀더 밝은 색이어야 해요.

도장공 : 당신은 파란색 사무실을 원했어요. 바닥도 파란색으로 안한 게 다행이죠.

이 대화에는 프로젝트에서 발생하는 오해의 핵심이 담겨 있다. 대화에서 보듯이 고객의 요구사항이 부적절하게 기술된 것이다. 사무실을 파랗게 칠해달라는 설명이 도장공에게는 다르게 받아들여졌다. 결과적으로 사무실은 사무실 직원이 원하는 대로 칠해지지 않았다. 그의 요구사항이 좀 더 조심스럽게 전달되었다면 아마 그가 원하는 대로 되었을 것이다.

하지만 요구사항을 불충분하게 설명했다고 잘못이 고객에게만 있는 것은 아니다. 도장공도 과실이 있다. 그는 분명히 사무실 직원이 원하는 것을 정확히 이해했는지 확인하고 관심을 가져야 했다. 전문 도장공으로서 그는 고객의 요구사항을 정확히 결정할 수 있는 접근법을 찾아야 한다. 예를 들어 일을 시작할 때마다 고객에게 점검표를 주어 벽, 천장, 목조부의 색깔을 어떻게 해야 하는지 물어봐야 한다. 그러지 않으면 고객은 계속 불만족스러워할 것이다.

프로젝트의 설계와 이행에 유능한 사람들은 이런 오해를 최소한으로 줄이려고 노력한다. 이것은 고객의 요구사항을 명료하게 밝힘으로써 이루어질 수 있다.

# 요구사항의 본질

4장에서 보았듯이 요구사항은 프로젝트 결과물의 모습과 역할을 규정한다. 이 요구사항은 두 가지 기본적 범주로 나누어진다. 하나는 결과물의 특성을 보통의 언어로 묘사하는 기능적 요구사항이다. 이는 고객이 이해할 수 있어야 하며, 고객은 요구사항의 설정에 있어 중요하고 직접적인 역할을 해야 한다. 또 하나는 결과물의 특징을 기술적인 용어를 사용해 구체적으로 나타내는(물리적 치수와 성능 사양 등) 기술적 요구사항이다. 이것은 프로젝트 스태프에게 해야 할 일에 대한 중요한 지침을 제공한다. 그 기술적 특성 때문에 기술적 요구사항은 고객이 이해하기는 어렵다. 이번 장에서는 기능적 요구사항에 초점을 맞춘다.

프로젝트 요구사항은 최소한 두 가지 이유 때문에 중요하다. 첫째로 프로젝트 요구사항은 고객의 욕구가 구체화된 것이다. 욕구는 발생하고 인식되고 주의 깊게 정의되고 요구사항으로 기록되어 프로젝트 계획의 기초가 된다. 최종 분석에서 프로젝트 계획은 요구사항을 가장 잘 충족시키는 방향으로 결정된다. 욕구가 불충분하거나 잘못 규정되면 계획은 부적절해질 것이다.

둘째로 요구사항은 프로젝트 팀의 고객에 대한 의무를 정의하기 때문에 중요하다. 주의 깊게 규정된 프로젝트 요구사항은 팀의 책임을 구체화한다. 계약에 따라 수행되는 프로젝트에서는 요구사항이 작업기술서(SOW : Statement Of Work)로 작성되고, 계약에 따랐는가의 여부는 계약자가 SOW를 이행했는지를 분석하여 판단한다.

# 요구사항에 관한 문제

고객의 요구사항과 관련된 문제는 비용과 일정 초과를 낳는 주요 원인이다. 고객의 요구사항을 잘못 이해하여 결과물이 거부당하거나 프로젝트의 상당부분을 재작업해야 할 경우가 있다. 프로젝트의 가장 중요한 실패 원인이 여기에 있다. 이로 인해 결과물이 요구사항과 다르게 만들어지는 것이다. 요구사항과 관련된 문제에는 여러 가지가 있다. 요구사항이 틀리게 규정된 경우가 있고, 요구사항이 부정확하고 애매한 경우와 요구사항이 프로젝트가 수행되면서 바뀌는 경우 등이 있다.

이와 같은 요구사항의 본질적 특성과 관계없이 프로젝트는 일관되고 규칙적으로 전개된다. 문제는 여기서 일어난다. 프로젝트 진행중 고객은 프로젝트 스태프가 그들이 원치 않는 방향으로 개발하고 있다는 것을 알게 된다. 이것은 프로젝트 스태프가 고객이 원하는 것과 완전히 다른 것을 하고 있거나, 고객이 말한 요구를 오해하였거나, 고객이 마음을 바꾸었다는 사실을 반영한다. 하여튼 고객과 프로젝트 스태프의 의견은 엇갈리며 프로젝트는 중단된다.

프로젝트 스태프가 고객의 관심에 대응하여 그들이 원하는 것을 해야 한다면(만일 고객의 요구사항을 크게 오해하고 있었다면 실제로 그래야 한다) 프로젝트는 다시 계획되어야 할 것이고, 이에 따라 비용초과가 생길 것이다. 만일 프로젝트 스태프가 고객의 요구에 맞춰 행동하지 않으면 프로젝트의 결과물은 고객에게 별 의미가 없을 것이며, 프로젝트는 시간과 자원의 낭비를 겪게 될 것이다.

프로젝트 관리자는 여기서 곤란한 상황을 맞게 된다. 요구사항과 관련된 문제가 제기되면 그들은 예상되는 비용 및 일정의 초과나 혹은 고객의 강한 불만족을 겪게 된다. 가장 좋은 대책은 이런 문제가 생기기 전에 피하는 것이다. 일단 이런 문제가 일어나면 여기서 중대한 문제가 파생되기 때문이다. 고객의 요구사항을 주의 깊게 정의하는 데 많은 노력을 들이고, 고객과 밀접하게 작업을 하여 명료한 기능적 요구사항을 규정하면 이런 문제는 대개 피할 수 있다. 프로젝트 관리자는 고객이 변덕스럽다는 사실을 깨닫고, 갑작스럽게 고객이 요구사항을 변경하지 않도록 예방조치를 취해야 할 것이다.

## 잘못된 요구사항

이미 제4장에서 고객의 욕구는 여러 가지 이유로 오해되거나 잘못 표현될 수 있음을 살펴보았다. 진술된 욕구가 고객이 잘못 말한 것일 수 있고, 욕구를 해석하는 사람이 잘못 해석한 것일 수 있다. 원래 모호한 욕구는 잘못 해석될 수 있다. 이런 경우에 불충분하게 정의된 욕구에서 나온 기능적 요구사항은 본래의 목적에서 벗어나게 된다. 이럴 때 최종결과물(프로젝트가 끝났다고 가정할 때)은 고객이 원하고 필요로 하는 것과 거리가 멀게 된다.

앞에서 욕구의 인식과 정의를 효과적으로 수행하는 방법을 살펴보았으므로 여기서는 취해야 할 단계만 간략히 보도록 하자.

첫째, 프로젝트 계획 입안자는 욕구를 정의하는 일이 원래 어렵다는 것을 알아야 한다. 욕구의 예측은 일반적으로 어렵다. 욕구를 갖고 있는 사람들조차 대개는 무얼 원하는지 확신하지 못한다. 욕구의 정의가 원래 어렵고 중요하다는 것을 알아야 그 담당자가 주의 깊게 일하도록 독려할 수 있기 때문이다.

둘째, 프로젝트 계획 입안자는 가장 관련 깊은 고객이 누구인지 파악해야 한다. 대부분의 상황에서 프로젝트 계획 입안자는 여러 명의 고객들을 다루지만 그들 중 몇 명의 요구사항만을 집중적으로 다뤄야 한다. 한마디로 주변적이거나 관련 없는 고객들의 욕구에 기초하여 프로젝트를 진행하면 안 된다.

셋째, 프로젝트 계획 입안자는 고객 가까이서 욕구를 정의해야 한다. 욕구 규명을 위해선 상당한 협력이 필요하다. 욕구를 정의하는 사람과 고객은 가까이서 협력하여 고객의 욕구를 명확하고 정확히 진술해야 한다.

넷째, 프로젝트 계획 입안자는 욕구 정의와 관련된 가장 흔한 함정을 알아차려야 한다. 과대포장된 욕구(즉, 고객에게 필요한 것보다 더 많은 것을 제공하는 것), 고객에게 자신의 요구사항을 강요하는 것, 가부장적인 자세로 고객을 다루는 것을 모두 피해야 한다.

## 부정확하고 애매한 요구사항

요구사항이 부정확하고 애매한 방법으로 규정되면 큰 문제가 발생한다. 요구사항이 애매하게 규정되면 보는 사람에 따라 해석이 달라질 수 있다. 이런 의견의 불일치는 잘못하면 심각해질 수 있다. 이는 모두 자기가 규정을 제대로 지킨다고 여기면서, 상대방은 고집과 어리석음, 부정직함으로 정확히 보지 못한다고 생각하기 때문이다.

요구사항이 부정확하게 설정되는 이유는 여러 가지가 있다. 이 가운데 몇 가지는 합리적이며 이해할 만한 것이다. 대부분의 경우에 싱거운 생각, 성급함, 혹은 일을 흐리게 만들려는 의식적인 욕망 때문에 요구사항이 부정확하게 규정된다. 다음은 요구사항이 부정확해지는 이유들이다.

## 언어의 본질

인간의 언어는 본래 애매하다. 이런 애매함이 흥미로운 시를 짓는 데는 유용할지 몰라도 프로젝트 결과물에 대한 요구사항을 설명하는 데는 부적절하다. 예를 들어 대기실에 소방차처럼 빨간 의자를 들여 놓고 싶다고 상술할 경우가 있다. 이것은 즉시 밝은 빨간색의 모습을 떠올리게 한다. 그러나 밝은 빨간색은 여러 가지가 있다(물론 근처의 소방서에 가서 소방차의 색깔을 확인할 수 있다면 좋겠지만 이것은 소방차가 노란색인 지역에서는 유용하지 못하다). 만일 어떤 색채 인식번호로 특정 가구를 주문하거나, 혹은 요구사항 설명서에 원하는 색의 표본을 붙인 다면 색을 규정하는 데 좀더 정확해질 수 있다. 이보다 더 정확히 표현 하고 싶다면 가시광선 스펙트럼에서 그 파장에 따라 색을 묘사하면 될 것이다.

이런 논의의 초점은 인간의 언어는 요구사항을 정확히 설명하기가 어렵다는 데 맞춰져 있다. 요구사항을 정확히 하려면 종종 언어를 보 충해 줄 수 있는 수단(그림, 표본, 지도, 사진, 기술적 자료)을 활용해야 한 다. 즉, 언어적 묘사의 부정확성을 극복하려면 원하는 바를 매우 자세 하게 묘사하여 상상의 여지를 남겨놓지 말아야 한다. 그러나 이런 경 우에는 프로젝트 스태프가 장황함에 압도당할 수 있다는 약점이 있다.

## 융통성을 위한 의도적인 부정확성

가끔 요구사항은 프로젝트에서 융통성을 유지하기 위해 의도적으 로 애매하게 진술되기도 한다. 이 방법은 최첨단 기술을 사용한 프로젝트에서 흔한데, 이런 프로젝트는 어떻게 진행될지 짐작할 수 없기 때문이다. 이 때 사람들은 정확한 요구사항이 프로젝트 스태프의 활동범위를 좁혀 기대치 않았던 새로운 기회를 놓칠까봐 두려워한다.

의도적인 부정확성은 또한 조건부 결과가 많은 프로젝트에서도 흔하다. "원하는 것이 무엇입니까?"라고 물어보면 고객은 "일해 놓은 것에 달렸지요"라고 대답하는 경우가 있다. 그런데 이렇게 모호한 상태에서 진행되는 프로젝트는 목적 없이 표류할 위험이 있다. 결과적으로 이런 프로젝트는 결론이 안 나거나 아무도 만족하지 않는 결과물을 만들어낼 가능성이 높다. 기초적인 연구조사 프로젝트의 경우 이런 결과가 많이 나온다.

### 갈등 방지를 위한 합의

프로젝트가 산출해야할 결과물이 무엇인지 합의가 이루어지지 않았을 때 명료한 요구사항을 만들어내지 못할 수 있다. 어려운 결정은 나중으로 미루고 갈등은 해결될 것이며, 일은 어쨌든 잘 될 것이라고 기대하게 된다. 물론 이런 경우 느슨하게 표현된 요구사항 때문에 아무도 만족하지 않을 결과물이 나오게 될 가능성이 농후하다.

이렇게 불충분하게 표현된 요구사항이 프로젝트의 골칫거리라면 어려운 결정은 빨리 하는 것이 바람직하다. 이런 선택은 언젠가 고려되어야 할 것들이다. 만일 이것이 나중에 다루어진다면 프로젝트는 잘못된 방향으로 가거나 예산과 일정에 치명적인 결과를 초래할 수도 있다.

### 불투명할 수밖에 없는 정보화시대의 프로젝트

건축과 공학 분야의 전통적인 프로젝트가 만질 수 있고 쉽게 볼 수 있는 것들을 다루는 반면, 정보화시대의 프로젝트는 종종 무형적인 것이나 반유형적인 것을 다룬다. 예를 들어 마케팅 조사를 수행하는 프로젝트를 설계할 때에는 주로 추상적인 것들(소비자, 소비자 선호, 제품 가격, 잠재 경쟁사, 경쟁 제품 등)을 다룬다. 이런 추상적인 것들을 구체적으로 파악하려는 노력은 모래를 움켜쥐려는 노력과 같다.

무형적인 것들을 다루는 데 평생을 보낸 노련한 전문가는 최종 제품의 모습을 예측하는 능력이 있다. 마치 제도사가 빈 종이를 보고 최종적으로 나타날 그림을 볼 수 있는 것과 같다. 문제는 고객들은 보통 온라인 정보 시스템을 설계하거나 마케팅 조사를 수행하는 데 익숙한 전문가가 아니라는 점이다. 고객들은 결과물을 시각화하려고 노력해도 실체 없는 흐릿함밖에는 아무것도 볼 수 없다. 프로젝트가 진전되고 모양을 갖춰야만 그들은 전개되고 있는 것을 어렴풋이 알게 된다. 고객들은 형태가 있는 것만을 볼 수 있기 때문에 이런 프로젝트를 싫어하고 자신들이 좋아하는 쪽으로 뭔가를 만들어내도록 프로젝트가 바뀌길 요구한다. 이것은 무형적인 것들과 반유형적인 것들을 다루는 프로젝트에서는 흔한 일이다.

프로젝트 스태프가 프로젝트로 인해 생기는 문제를 최소화하기 위해서는 고객들이 가능한 한 빨리 프로젝트의 결과를 볼 수 있도록 해야 한다. 이를 위해 프로젝트 스태프는 그림, 흐름도(flow chart), 도표 등의 시각적 도구를 자주 사용해야 하며, 건축 분야 프로젝트의 기법을 사용할 수 있다. 예컨대 결과물에 대한 간단한 프로토타입(규모를 축소한 컴퓨터화된 회계 시스템이나 표본 마케팅 조사)을 만드는 것이다. 건물이나 비행기의 물리적 모형을 만드는 것이 아니라 개발하고 있는 것에 대한 간단한 프로토타입을 구성하는 것이다.

한편 프로젝트 계획 입안자와 관리자가 정보 관련 프로젝트에서 모형을 효과적으로 쓰도록 하는 방법론을 '응용 프로토타이핑(application prototyping)' 혹은 '신속한 프로토타이핑(rapid prototyping)'이라고 한다.

## 고객의 전문지식 부족

누구나 알고 있듯이 전문가란 어떤 일을 아주 잘하는 사람이다. 테니스 전문가는 테니스를 잘 치고, 컴퓨터 전문가는 프로그램을 잘 짜고, 법률 전문가는 법을 잘 해석한다. 같은 이유로 전문가가 아닌 사람은 이런 일을 잘 하는 데 어려움을 느낄 것이다. 그런 사람들은 다른 영역에선 전문지식이 있을지 모르지만 그것은 프로젝트의 욕구와 요구사항을 명확히 하는 데 그다지 도움이 되지 않는다.

예를 들어 아인슈타인은 세계적인 명성을 가진 명석한 물리학자로서 우리 세대에서 그의 이름은 사실상 천재와 동의어였다. 그러나 아인슈타인 박사가 자금 지출을 추적하는 회계 시스템을 설명하는 데는 그다지 유능할 것 같지 않다.

프로젝트 팀의 중요한 과업 중 하나는 고객에게 결과물과 관련된 모습을 교육하는 것이다. 물론 고객이 모든 것을 다 알게끔 할 수는 없지만 어느 정도는 교육을 해야 한다. 하지만 얼마만큼 가르쳐야 하는지는 애매한 문제다. 너무 많이 가르쳐도 위험하고, 너무 조금 가르쳐도 위험하다. 고객 교육을 너무 많이 하면 고객들은 세부사항에 질려서 이해하지 못하거나 이해하고 싶어 하지도 않을 것이다. 즉, 고객에 대한 지나친 교육은 역효과를 낳는다. 이해할 수 없는 전문용어에 휩싸여 방황하게 되고 전문가에게 프로젝트의 정의를 전적으로 맡겨버릴 수 있다.

이런 전문가는 불행하게도 종종 고객의 요구를 잘 알지 못한다.

반대로 고객 교육이 거의 안 되었다면 고객은 프로젝트 정의 과정에서 유용한 협력자가 될 만큼 지식을 갖지 못할 것이다. 고객은 지식이 부족한 채로 입력을 할 것이며, 프로젝트를 이탈시키는 쪽으로 몰아갈 것이다. 결국 결과물은 고객에게 별로 쓸모가 없게 될 것이다.

프로젝트 스태프는 이런 문제에 대해 민감해야 한다. 그에겐 고객 교육을 완전히 무시하고 싶거나 고객을 전문지식으로 협박하고 싶은 유혹이 들 수 있다. 이것은 고객에겐 큰 고통이 될 수 있다. 고객들은 자신이 무얼 원하는지 혹은 무엇이 자기에게 좋은지 잘 모른다. 그렇다고 프로젝트 스태프에게 일처리 방식을 말하지 않을 수는 없다. 고객이 머뭇거리며 제안을 할 때 정말 고객이 참견하기를 원치 않는 전문가라면 종종 고객이 이해할 수 없는 용어와 통계로 고객을 질리게 해서 고객들을 겁주려고 한다. 프로젝트 스태프는 이런 전술로 잠시 동안의 평화는 얻을 수 있을지 몰라도 결국 고객이 원치 않는 결과물을 만드는 셈이다.

그렇다면 고객들이 어느 정도까지 알아야 할까? 보통 고객들은 욕구 정의와 요구사항 규정에 의미 있는 제안을 할 수 있을 만큼 알아야 한다. 또한 최종 결과에 놀라지 않을 만큼 알아야 한다. 이런 교육의 양은 프로젝트의 성격에 따라 다르게 정해져야 한다.

### 프로젝트 계획 입안자의 실수

마지막으로 다른 것보다 평범한 경우로서 순전히 실수에 의해 요구사항이 부정확하게 명시되는 경우가 있다. 이런 일은 프로젝트가 필요로 하는 것과 결과물이 어떠해야 한다는 것에 대한 가정이 명시되지 않았거나 이해가 불완전할 때 생긴다. 도장공에게 사무실을 파란색으로 칠해달라고 부탁한 앞의 예에서 직원은 천장을 하얗게 칠해달라고 요구하는 것이 중요하지 않다고 생각할 수 있다.

이런 실수는 거의 일상적인 프로젝트에서 일어난다. 이런 일은 피할 수 없는 경우가 있다. 명시되지 않은 가정에 따라 일할 경우에 이런 일이 일어나며, 또한 프로젝트에서 다룰 만한 의미 있는 경우를 모두 고려해봐야 한다. 하지만 사람은 전지전능할 수 없기 때문에 파악하지 못한 우발적인 사건이 생길 수도 있다.

실제로 지정된 과업을 수행하는 사람들에게 프로젝트 명세서에서 다뤄야 하는 우발적인 상황으로 어떤 것들이 있는지 물어본다면 이런 실수를 최소화할 수 있다. 모든 프로젝트에서 다뤄야 할 요구사항의 점검목록을 만드는 것은 이런 실수를 줄이는 효과적이고 장기적인 방법이다. 그리고 프로젝트 경험이 많이 쌓일수록 이 목록의 쓰임새는 늘어날 것이다.

## 요구사항의 변화

요구사항과 관련된 마지막 사항은 요구사항의 변화이다. 프로젝트는 가변적이다. 그래서 프로젝트 진행과정에서 원래의 요구사항을 바꾸려는 강한 압력이 있다는 것은 놀라운 일이 아니다. 그러나 변경으로 인해 특정 요구사항을 바탕으로 만들어진 프로젝트 계획이 엉망이 되어서 비용과 일정이 초과될 수 있다.

다음 사례에서 요구사항의 변경을 초래하는 네 가지 일반적인 상황을 살펴보자.

• 소비자의 후회

모린 쉬어는 마빈겔브 기념 병원의 관리자다. 이 병원은 환자가 넘쳐나서 보통 세 환자가 병실 하나를 같이 쓴다. 쉬어와 그의 스태프는 오랫동안 현재 병원 옆에 건물을 새로 지었으면 하고 꿈꾸어 왔다. 그러면 부족한 병실 문제가 해결되리라 생각했던 것이다. 쉬어는 대출 금리가 3%로 떨어지자 이 기회를 틈타 건설회사와 새 건물을 짓는 계약을 맺었다. 그 건물이 완공되면 120병상을 수용할 수 있어 환자 처리 능력이 크게 향상된다.

계약을 하자마자 쉬어는 그 지역에서 저렴한 외래환자 치료시설이 대중화되어 간다는 지방지의 연재 기사를 읽었다. 그녀는 힘겨운 일을 계획하고 있는 게 아닌가 하고 걱정하기 시작했다. 프로젝트가 시작된 지 다섯 달이 지나 새 건물의 뼈대가 세워진 후에 쉬어는 건축 계획을 변경하여 새 시설이 60병상만 수용하도록 건축업체와 논의를 시작했다. 그녀는 새 건물의 수용 능력을 50%로 줄여도 건축 비용은 15%밖에 건지지 못한다는 사실을 알고 충격을 받았다.

이런 사례는 부동산 중개인과 자동차 판매업자에게는 흔히 있는 일이다. 그래서 이 일에 특별히 '소비자의 후회'라는 이름이 붙여졌다. 이는 프로젝트 진행중에도 특히 논란의 여지가 있거나 위험이 높은 프로젝트에서 흔한 일이다.

비용이 많이 드는 프로젝트는 많은 생각과 토론 후에 착수 의사결정이 내려지는데, 이런 결정이 내려지자마자 의사결정자는 딴 생각을 품게 된다. 그는 프로젝트가 기대한 대로 되지 않으면 그에게 해로울 것이라고 생각하고 프로젝트의 규모를 줄이거나 없애려 할 수 있다.

이런 규모의 축소로 인해 비용이 많이 들어갈 수 있다. 이는 특히 프로젝트가 잘 진행되고 있었을 때 더욱 그러하다. 왜냐하면 원래의 프로젝트 계획을 대폭 수정해야 하기 때문이다. 이런 상황이 생길 때 프로젝트 관리자는 고객에게 계획에 대한 변경은 비용이 많이 들 것이라고 분명히 말해두어야 한다.

• 넘을 수 없는 장벽

마사 브론프만은 박사 논문을 쓰고 있는 대학원생이다. 그녀의 논문 프로젝트는 어떤 개발도상국의 공중보건 문제를 대상으로 하고 있다. 그 나라의 공중보건 의에 대한 설문 조사가 연구의 핵심이다. 설문지는 그 나라에서 효과적 공중보건 프로그램을 수립할 때의 주요 장애물을 파악하기 위해 작성되었다. 그녀는 두 달 동안 설문지를 만들고 검증했다. 이 작업이 끝나자 그 나라의 공중보건을 담당하는 의사에게 350부의 설문지를 돌렸다.

며칠 후에 그녀는 보건부 공무원의 방문을 받았다. 그는 그녀에게 조사를 할 권한이 없으며, 이 일을 계속하는 것을 금지한다고 말했다. 브론프만은 갑자기 그 나라 정부의 기피 인물이 되었다. 논문은 조사 분석의 결과를 대상으로 하기 때문에 설상가상으로 박사 논문이 위태로워졌다. 그녀가 박사 논문을 끝마치려면 연구조사 전략을 완전히 바꿔야 할 것이다.

브론프만이 겪었던 것처럼 넘을 수 없는 장벽이 갑작스럽게 출현하는 것은 프로젝트에서 흔한 일이다. 새롭게 개척을 하는 프로젝트라면 이런 장애물을 만날 위험이 매우 강하다. 예를 들어 기술적 프로젝트를 진행할 때 사소한 고장이 생기면 처음부터 다시 시작할 수밖에 없다.

- 갑자기 떠오른 생각

브라이언 데이비스와 그의 설계팀은 한 가전제품 제조회사의 신형 토스터를 개발하고 있다. 그들은 신제품 개발 부사장인 다니엘 셀리그만과 2주일째 함께 일하고 있다. 셀리그만 씨는 매우 창조적인 사람인데, 그는 신형 토스터의 모습에 대해 몇 가지 새로운 제안을 했다. 데이비스는 그 제안을 받아들였고, 신형 토스터의 견본을 만들기 시작했다.

두 달 후에 셀리그만은 토스터 개발이 어떻게 진전되고 있는지 보기 위해 설계 작업장에 들렀다. 그는 거의 완성된 견본을 보고는 매우 흥분했다. "막 영감이 떠올랐습니다." 그는 외쳤다. "토스터에 음성합성 칩을 넣어서 토스터가 사용자에게 말을 하도록 합시다." 설계팀원들은 이런 제안으로 인해 제품에 대한 설계를 대폭적으로 수정해야 한다는 것을 알고 있었으므로 브라이언 데이비스를 걱정스레 바라보았다. 데이비스는 "그렇게 하죠"라고 말했으며 설계팀원들은 마음 속으로 투덜거렸다.

석 달 후에 셀리그만은 말하는 토스터의 견본을 검토하러 설계 작업장에 돌아왔다. 그는 결과물을 보고 나서 기뻐서 날뛰었다. 그는 감탄했다. "공상과학 소설에나 나오는 물건이군요! 아시다시피 우리는 토스터를 한 단계 끌어올렸습니다. 우리가 만드는 것은 단순한 토스터여서는 안 됩니다. 정보센터가 되어서 모든 주방 용품의 중심이 되어야 합니다. 이걸 연구하십시오. 그럴 거죠, 브라이언?" 브라이언은 머릿속으로 재빠른 계산을 하며 고개를 끄덕였다. 이 최신의 요구로 인해 프로젝트는 최소한 아홉 달은 늘어날 것이고, 설계팀을 두 배로 증원해야 할 것이다.

셀리그만의 토스터에 대한 상상력은 토스터 자체의 기능 확충으로 발전해갔다. 신형 토스터가 모습을 갖춤에 따라 셀리그만의 상상력이 고무되었고, 그는 새로운 가능성을 제안하였다. 이런 현상은 프로젝트에서 흔한 일이다. 프로젝트 요구사항에 대한 변화를 제안하여 최종적으로 최상의 제품을 만들 수 있지만 프로젝트 관리자에겐 심각한 문제를 야기할 수 있다.

요구사항에 대한 변화는 공짜로 되지 않는다. 변화로 인해 일정이 늘어나고, 비용이 상승하며, 대기중인 다른 프로젝트가 지연되거나 취소될 수 있다. 만일 변경이 계속 요구된다면 그 프로젝트는 언제 끝날지 모르는 위험에 처하게 된다.

• 기회의 포착

낸시와 데이비드는 다 쓰러져가는 낡은 집을 사서 개조한 후 세를 내 주려고 한다. 그들은 건축업자를 고용해 집 외부를 단장하도록 했다. 집은 구조적으로 견고했기 때문에 건축업자는 주로 낡은 페인트칠을 벗겨내고, 벽지를 뜯어내고, 벽과 천장의 틈에 회반죽을 붙이고, 새로 페인트칠을 하고, 딱딱한 나무로 되어 있는 바닥의 표면을 다시 손질했다.

거실의 벽난로 앞면 주위의 장식에서 페인트를 벗겨낼 때, 건축업자는 페인트칠 밑에 있는 나무가 아름다운 밤나무 수공예품이라는 것을 발견했다. 또한 계단의 난간도 밤나무 수공예품이란 것을 알았다. 창틀에서 칠을 벗겨낼수록 낸시 부부가 좋은 집을 샀다는 것이 분명해졌다. 그래서 부부는 원래 계획을 바꾸었고, 처음 계획보다 비용과 수고가 많이 들어가는 대대적인 수리를 하기로 결정했다. 그들은 수리 비용으로 3만 달러를 들이면 집값이 6만 달러는 오를 것이라고 계산했고, 이 추가 비용은 투자할 만한 것이라고 판단했다.

이 사례는 셀리그만의 예와 많은 점에서 유사하다. 셀리그만도 아마 그에게 나타난 기회를 포착했다고 생각했을 것이다. 갑자기 떠오른 생각과 기회의 포착과의 차이는 크지 않다.

그러나 이 둘 사이엔 중요한 차이가 있다. 갑자기 떠오른 생각은 보통 갑작스런 충동으로 인해 비용, 일정, 자원에 상관없이 요구사항을 바꾸는 것이다. 프로젝트가 전개되면 이런 방법을 습관적으로 행하는 사람들은 올바른 프로젝트 계획 대신에 임기응변적 방법을 사용한다. 사실 그들은 프로젝트 관리에 있어서 내키는 대로 계획하는 사람들이다. 이런 방법으로 인해 프로젝트 예산과 일정이 차질을 빚을 수 있다.

이와 대조적으로 기회의 포착은 예기치 못한 프로젝트 전개에 대한 계산된 대응을 의미한다. 이는 예기치 못한 변수를 금전적으로 평가하는 것을 수반한다. 기회의 포착이 성공하기 위해서는 요구사항을 바꿔서 생기는 이익이 비용보다 크다는 것이 전제되어야 한다.

이 네 가지 예는 각각 요구사항의 변화가 얼마나 쉽게 일어나는지 보여준다. 이런 요구사항의 변화는 프로젝트 결과를 개선하는 경우도 있다. 그러나 대부분의 변화는 단지 혼란만 일으킬 뿐이며, 일정 지연과 쓸데없는 비용 증가를 가져온다. 따라서 프로젝트 스태프는 요구사항의 변화를 잘 살펴야 하며 그런 변화가 발생했을 때 파악하는 법을 배워야 한다. 그러나 이것은 쉬운 일이 아니다. 요구사항에 대한 변화는 매우 미묘하고 점진적으로 일어나므로 감지하기가 힘들다.

일단 전문 스태프가 가능한 변화들을 파악하면 그런 변화가 가져올 결과를 예측하는 법을 배워야 한다. 만일 결과가 상당히 부정적이라면 고객에게 이런 사실을 경고해 주어야 한다. 특히 혼란이 생기는 이유가 고객 때문이라면 더욱 알려주어야 할 필요가 있다. 요구사항 명세서의 변화를 알아채지 못한다면 스태프는 프로젝트를 거의 통제하지 못할 것이다.

## 요구사항 규정시 발생하는 갈등

프로젝트에 대한 요구사항을 규정할 때 견해 차이로 난감해 질 때가 있다. 그들은 모든 것을 자세하게 정의할 만큼 현명할지도 모른다. 그들은 요구사항을 대단히 자세하게 기술할 뿐만 아니라 요구사항의 달성방법에 대해 항목마다 지시사항을 부여한다. 이론적으로는 프로젝트 관리자가 사소한 일에 집중해서 규정된 요구사항을 충족시키기 위해 밟아야 할 모든 단계마다 세부지침을 부여한다면, 프로젝트 스태프가 요구사항을 틀리게 해석할 가능성은 거의 없다. 게다가 공들여 세부사항을 열거해놓으면 프로젝트 수행자가 고객으로부터 자신들이 원치 않는 일을 했다는 비난을 듣는 일도 없을 것이다.

반면에 프로젝트 계획 입안자는 가능한 한 융통성을 발휘해서 요구사항의 변경이 예상되는 프로젝트의 환경 변화에 대응할 수도 있다.

이 경우는 환경의 변화로 인해 요구사항 명세서에 대한 변경이 반드시 일어날 것이라는 전제를 깔고 있다.

## 요구사항의 과다한 규정에 따른 문제

위에서 언급한 두 가지 방법은 각각의 문제점들을 갖는다. 먼저 첫 번째 방법에 대한 문제를 살펴보자.

### 불충분한 정보

프로젝트에 대한 요구사항의 규정을 맡은 사람들은 불충분한 정보로 인해 곤란한 상황을 맞을 때가 많다. 요구사항을 규정하는 사람들이 모든 것을 자세히 계획할 만큼 충분한 정보를 갖고 있는 경우는 드물기 때문이다. 그들이 일어날 일을 다 알 수는 없다. 때문에 상세한 요구사항은 요구사항 분석가들에게 엄청난 짐을 지우는 셈이다. 여기서 간과하지 말아야 할 것은 분석가들은 결과물이 만들어지기 이전에 일을 한다는 점이다. 그들이 정말 우연의 여지를 남기고 싶지 않다면 프로젝트 실행 과정에서 일어날 수 있는 모든 우발적 상황에 대한 자세한 지식을 미리 습득해야 한다. 그래야 이런 우발적 상황에 대해 행동 방침을 마련할 수 있기 때문이다.

그러나 실제로 프로젝트 요구사항을 규정하는 사람은 신이 아니기 때문에 가능한 일이 아니다. 아무리 주의 깊게 규정된 요구사항이라도 추측에 기초한다. 이런 추측이 어긋난다면 규정된 요구사항은 존속할 수 없거나 고객의 욕구와 관련이 없게 될 수도 있다..

## 방해받는 독창성

계획 입안자의 지나치게 상세한 작업은 프로젝트 스태프의 독창성을 가로막는 경향이 있다. 모든 요구사항이 세부적으로 정해진다면 계획을 실행할 스태프들은 프로젝트에 대해 아무런 독창성도 발휘할 수 없다. "우리는 당신들이 만들어내야 할 것들을 가장 잘 알고 있습니다. 그러니까 명세서에서 벗어나지 마십시오."

이런 방법은 최소한 두 가지 부정적 결과를 가져온다. 첫째로는 스태프의 창의력을 해친다. 그가 결과물의 품질을 높일 방법을 찾거나 혹은 절차의 변경으로 시간과 비용을 절약할 수 있다 할지라도 상사에게 그들의 의견을 전달하는 과정에서 단념하고 만다. 정말 창의적인 직원이라면 이런 프로젝트에 매력을 느끼지 않게 될 것이다.

둘째로 요구사항 명세서를 따르는 것이 프로젝트에서 가장 중요한 원칙이 된다면 사람들은 낙심하여 책임을 맡지 않을 수도 있다는 것이다. 즉, 모든 책임을 간단한 지시사항으로 떠넘길 수 있는 상황이 될 수도 있다. 만일 프로젝트 스태프가 명세서에서 근본적인 결함을 발견했을 지라도 "이건 내 문제가 아니야. 무조건 명세서대로 따르라고 했으니깐 어쨌든 따르기만 하면 돼"라고 말할 것이다.

## 무시된 요구사항

요구사항 규정에 있어서 세부사항이 과다하면 종종 프로젝트 스태프가 그것들을 무시하게 된다. 우연의 여지를 남기지 말자는 철학은 요구사항 분석가에게는 역효과를 가져와서 의도했던 바와 완전히 반대의 결과를 낳을 수 있다. 즉, 너무 많은 세부작업의 명시로 인해 프로젝트를 실행하는 직원들이 질려버릴 수 있는 것이다. 만일 많은 세부사항들이 비교적 분명한 점을 다루고 있다면 스태프는 세세한 것들은 대충 넘어갔으면 하는 유혹을 느낄 수 있다. 세부사항이 많아 정리해 내기 어렵다면 스태프는 자기 식으로 일을 처리하고 싶어 할 수 있다.

조립식 모형 비행기를 만들어 본 사람이라면 무슨 말을 하는지 알 것이다. 시작할 때 주의 깊게 지시사항을 따르려고 노력하지만 매우 자세한 설명서를 5분만 읽고 나면 '비행기를 조립하기 전에 표 A에 있 는 목록과 당신이 갖고 있는 부품이 일치하는지 확인해보시오'와 같이 간단한 것들은 건너뛰게 된다. 상자에 있는 그림을 참고하여 부품에 칠을 하고 접착제로 붙이기 시작한다. 간간이 조립도를 보긴 하지만 널려있는 부호, 문자, 선, 곡선에 질려버리게 된다. 게다가 그림에 있는 많은 부품은 갖고 있는 조립 부품과 다르게 생겼다. 마지막으로 상자 에 있는 비행기 그림과 상당히 비슷하게 생긴 물건을 다 만들게 되지 만 모형 비행기에 끼우지 못한 서너 개의 부품이 남아 있기 일쑤다.

### 비용이 많이 드는 재작업

요구사항의 규정을 지나치게 엄격히 할 경우 비용이 많이 드는 재 작업을 해야 할 지도 모른다. 프로젝트에서 변화는 일어나게 마련이 다. 아마 고객의 욕구는 변할 것이고, 새로운 기술적 발전은 현재의 결 과물을 쓸모없게 만들고, 새로운 임금 계약이 예상보다 스태프의 급료 를 상승시킬 수도 있다. 자세한 것은 프로젝트마다 다르지만 변화는 일어나기 마련이고, 이런 변화는 요구사항에 대해 다시 생각해보게 한 다. 요구사항이 엄격한데 여기서 벗어나는 것이 허용되지 않는다면 변화를 수용하는 것을 거부한 대가를 언젠가는 치르게 될 것이다.

예를 들어 특정한 요구사항을 충족시키기 어렵다거나 기술적으로 가능하지 않다는 점이 프로젝트 수명주기 초기에 드러날 수 있다. 그러나 요구사항에 대한 엄격함 때문에 마치 문제가 없는 것처럼 진행해 나갈 수도 있다. 결국 요구사항이 현재 상태로는 달성될 수 없다는 것을 깨닫게 된다. 이럴 경우 요구사항을 바꿀 수밖에 없고, 다 마친 일을 재작업해야 한다. 이 때 재작업은 매우 비용이 많이 든다. 문제가 처음 인식된 프로젝트 초기에 요구사항을 바꾸었더라면 시간과 돈을 상당히 절약할 수 있었을 것이다.

## 과다한 융통성에 따른 문제

요구사항을 규정하는 데 있어서 융통성이 너무 많아도 문제가 있을 수 있다.

### 누더기가 된 결과물

요구사항 정의에 있어서 마음대로 규정하라는 식의 방법은 일관성이 없는 결과물을 만들기 쉽다. 이런 방법으로는 결과물이 누더기가 될 것이다. 잘 알려진 격언으로 빗대어 말하자면, 낙타는 임기응변식의 요구사항에 의해 만들어진 말(馬)이다.

### 엉망이 된 프로젝트 계획

과다한 융통성은 프로젝트 계획을 엉망으로 만들 것이다. 다음 장에서 보겠지만 계획은 주어진 시간과 자원의 제약 하에서 어떻게 요구사항을 달성할지를 파악하는 과정이다. 요구사항이 잘 정의되지 않아서 프로젝트 전반에 걸쳐 막무가내로 전개된다면 계획은 엉망이 될 것이며 일관성 없는 계획을 갖게 될 것이다. 오히려 요구사항에 변경이 있을 때마다 특성이 바뀐 종잡을 수 없는 계획을 갖게 될 것이다.

## 시간과 비용 초과

과다한 융통성과 관련된 앞의 두 가지 문제는 시간과 비용의 초과를 가져오기 쉽다. 예를 들어 고객의 욕구를 충족시키지 못하는 누더기가 된 결과물은 고객에 의해 거부될 것이고, 프로젝트를 다시 하라는 요구를 초래할 것이다. 프로젝트가 재작업을 필요로 한다면 시간과 예산이 초과되는 것은 당연하다.

만약 과다한 융통성이 혼란스런 계획의 원인이라면 프로젝트 실행 시 엄청난 비효율성을 가져올 것이다. 잘못 시작해서 거꾸로 돌아가는 것이다. 언제 어떤 자원을 얼마나 써야 할지 확신하지 못하기 때문에 자원도 아무렇게나 이용될 것이다. 이런 비효율성으로 인해 원래의 예산과 일정 목표를 맞추지 못할 것이다.

지금까지 요구사항을 규정하는 데 있어서 두 가지 극단적 경향이 야기하는 심각한 문제를 살펴보았다. 그러므로 요구사항을 규정할 때에는 중간지점(지나치게 상세하고 융통성 없는 요구사항으로 인한 엄격함과 너무 자유로운 요구사항으로 인한 혼란을 피할 수 있는 지점)을 찾아야 한다. 좀더 명확히 말하자면 요구사항은 애매모호함과 변덕을 피할 수 있을 만큼 확실하고 분명해야 하며 동시에 프로젝트의 진행중 일어날 수 있는 변화를 수용할 만큼 충분히 융통성이 있어야 한다.

# 요구사항의 규정에 대한 일반적 지침

필자의 경험으로 비추어볼 때 적절치 못하게 정의된 고객의 욕구로 인해 잘못 만들어진 요구사항이 프로젝트에 큰 골칫거리가 되곤 하는데 이는 과장이 아니다. 요구사항이 부정확하게 규정되거나 여러 가지 해석이 가능하거나 너무 복잡하거나 끊임없이 바뀌면 전체 프로젝트에 해가 된다.

그러나 다음과 같은 몇 가지 기본 지침에 주의를 기울이면 프로젝트 스태프와 고객 사이에서 일어나는 요구사항 규정과 관련된 많은 문제를 최소화할 수 있다.

**규칙 1 요구사항을 분명히 진술하고 프로젝트 스태프와 고객은 이에 서명한다**

소규모의 비공식적인 프로젝트에서는 종종 요구사항이 명확하게 진술되기보다는 암시된다. 예를 들어 조지가 마샤에게 "몰젠 프로젝트에 입찰하기 위한 제안서를 쓰기 바랍니다"라고 말하고 마샤가 동의한다. 그리고 4일 후에 마샤는 조지가 보기에 방법론적 엄격함이 결여되어 있고 잘못된 문제를 강조하는 보고서를 제출했다. 조지는 마샤를 불러 꾸짖었다. "내가 요구한 대로가 아니군요." 그는 마샤에게 여러 가지 결함을 상세하게 지적하며 꾸짖었다.

이 예에서 우리는 두 가지 특징을 발견할 수 있다. 첫째, 조지는 실제로 그가 원하는 것을 말했던 적이 없기 때문에 "내가 요구한 대로가 아니군요"라고 말하는 것은 불합리하다. 물론 마샤가 제출한 것은 조지가 원하는 것이 아니었다. 이것은 조지가 그저 그의 요구사항에 대한 막연한 감 외에는 아무것도 전달한 적이 없는 것으로 보아 분명하다. 둘째, 조지가 보기에 프로젝트가 실패한 후에야 그는 앉아서 이 프로젝트 제안서에서 그가 기대한 것이 무엇인지 밝힐 것이다. 즉, 제안서에서 문제를 지적하면서 그는 그의 요구사항이 소급된 것임을 암시하는 것이다. 이때조차도 그는 그의 요구사항을 명확하고 체계적으로 말하기보다는 암시할 뿐이다.

요구사항은 명확하게 기술되어야 한다. 명확한 요구사항의 목록은 고객이 원하는 것과 프로젝트 스태프가 제출하기로 한 것을 대상으로 삼으므로 계약으로 간주될 수 있다. 고객과 생산자를 연결하는 어떤 계약에서도 양쪽이 진술된 요구사항을 주의 깊게 검토하고 요구사항이 받아들일 만할 때 서명하는 것이 현명하다.

### 규칙 2 현실적이어야 한다. 요구사항은 잘못 해석될 가능성이 있기 때문이다

이 법칙은 어떤 일이 잘못될 수 있으면 잘못될 것이라는 머피의 법칙의 변형이다. 요구사항이 진술되는 방법을 조사할 때 잘못 해석될 수 있는 가능성을 모두 조사하라. 그리고 여러 스태프들과 고객에게 요구사항에 대해 자신의 견해를 말해달라고 부탁하라. 그런 후 프로젝트에 영향을 미칠 사람들의 견해를 청취하라. 만일 요구사항에 대한 그들의 의견이 고객과 다르다면 문제가 생길 수 있다. 중요한 프로젝트라면 독립적인 전문가를 고용하여 요구사항을 검토시키고 전문가의 관점이 당신과 일치하는지 보라. 이런 일들이 프로젝트 초기에 실행되면 중간이나 끝에 가서 난처한 일을 당하지 않을 것이다.

**규칙 3 현실적이어야 한다. 프로젝트에는 변화가 있기 마련이고 예상대로 일이 되지 않을 수 있다**

우리는 이미 이 문제에 대해 살펴보았다. 여기서 덧붙이고자 하는 것은 요구사항을 나타내는 데 있어서 너무 엄격하지 말고 변화를 예견하라는 것이다.

**규칙 4 가능한 한 그림, 그래프, 모형, 그리고 다른 비언어적 방법을 동원하여 요구사항을 유형적으로 나타내라**

나는 초등학교 6학년 때 언어의 한계에 대해 처음으로 깨달았다. 하루는 교장이 우리 반에 와서 문제를 하나 냈다. 손을 사용하지 않고 나선형을 말로 설명하는 것이었다. 반 아이들은 잘 할 수 있을 것이라고 생각했지만 막상 해보니 쉽지 않았다. 직접 칠판에 나선형을 그리기만 하면 더 잘할 수 있었을 것이다.

몇 년 전에 나는 특허 심사관들이 발명품의 특허 여부를 판단하는 방법에 대한 연구를 수행하면서 이 교훈을 다시 떠올렸다. 많은 특허 심사관들과 회견을 가졌고 그들은 반복해서 내게 말했다. "우리들 일의 핵심은 발명품에 대한 설명이 붙은 그림을 검토하는 것입니다." 몇몇은 그림만 봐도 발명품이 무얼 하는 것인지, 특허 출원자의 특허 청구는 무엇인지 대충 알 수 있다고 말했다.

여기서 말하는 바는 분명하다. 그림이나 그래프, 흐름도, 실물 크기의 모형은 천 마디 말보다 낫다. 기술자들과 건축자들은 이것을 오래전에 깨달았다. 우리가 대개 조직에서 수행하는 보다 평범하고 비형식적이고 머리를 쓰는 프로젝트에서는 이런 일이 흔하지 않다. 이런 비언어적 표현은 하고자 하는 일을 더욱 분명하게 표현할 수 있다.

**규칙 5 요구사항의 어떤 변화라도 주의 깊게 점검하는 시스템을 만들어라**

건축회사들은 프로젝트에 가한 변경을 꼼꼼히 기록해두지 않으면 파산한다는 것을 오래 전에 깨닫고, 이를 추적할 수 있는 시스템을 만들었다. 변경을 추적하는 시스템은 두 가지 문제를 고려해야 한다. 첫째, 프로젝트는 그 자체로 시스템이다. 변경이 한 부분에 가해지면 이것이 시스템 전체에 어떠한 영향을 미치는지 생각해야 한다. 기억해야 할 것은 어떤 사소한 변경도 도미노처럼 퍼질 수 있다는 점이다.

둘째, 변경은 비용이 든다는 점이다. 변경으로 인해 부품의 해체와 새로운 방식의 재조립을 해야 한다면 여기에 비용이 드는 것은 당연하다. 그러나 어떤 비용은 좀더 미묘할 수도 있다. 예를 들어 비용에는 그와 관련된 관리비용이 항상 포함되지 않는다. 이 두 가지 문제는 밀접한 관계가 있다. 시스템 전반에 걸친 변화의 영향이 클수록 관련된 비용이 커질 수밖에 없다.

프로젝트 요구사항의 변경을 추적하는 시스템의 성질은 수행하는 조직과 프로젝트의 성격에 따라 다르다. 대개 복잡한 프로젝트에서는 변경을 추적하는 데 고도의 형식성이 요구된다. 그렇지 않으면 대규모 프로젝트에서 행해지는 무수한 작은 변경은 찾을 수 없게 된다. 대규모 프로젝트에 가해지는 변경을 관리하는 주요한 방법으로 '형상관리(configuration management)'가 있다. 이 방법은 변경 요구에 관련된 모든 행위에 대해 상세한 문서화를 요구한다. 이와 달리 소규모 프로젝트에서는 형식적 측면은 줄어들 수 있다. 사실 서류작업이 너무 많으면 소규모 프로젝트의 생산성이 크게 감소할 수 있다. 하지만 최소한으로 작성된 변경 주문서 정도는 필요하다. 변경 주문서는 다음과 같은 정보를 담고 있어야 한다.

- 변경을 요구한 날짜
- 변경을 요구한 사람
- 변경에 대한 설명
- 변경이 프로젝트에 미치는 영향에 대한 진술
- 변경에 의해 영향을 받은 과업과 스태프 목록
- 변경으로 인한 비용 추정
- 변경 요구인의 서명(이 사람이 요구한 변경이 비용과 성과에 미치는 영향을 알고 있음을 나타냄)

이렇게 작성된 변경 요구서에서는 설계자든 고객이든 변경을 원하는 사람들은 이 요구에 대한 책임을 져야 한다. 이렇게 개인적 책임을 가정해 놓으면 심각한 영향을 가져올지 모르는 경박한 요구를 좀처럼 하지 않게 된다.

### 규칙 6 프로젝트 스태프와 고객에게 요구사항 규정에 관한 문제를 교육해라

프로젝트 경험이 있는 사람은 문제가 생기는 중요한 이유 중 흔히 간과되는 사항을 알고 있다. 그들은 경험 없는 스태프와 단순한 고객이 프로젝트 요구사항을 만드는 데 개입한다는 것을 안다. 그런데 이런 사실을 모르는 사람은 오래된 격언인 '바보들은 천사도 가기 두려워하는 곳에 뛰어든다' 는 말처럼 무작정 프로젝트를 진행시킨다.

고객은 변경 요구가 엄청난 영향을 미칠 수 있다는 것을 알지 못한 채 프로젝트 팀에 변경을 요구할 수 있다. 스태프는 요구사항을 정확하게 따라가야 할 청사진이 아니라 행동지침 정도로 여기고 임의로 요구사항을 정할 수 있다. 그 결과 고객과 스태프가 무의식적으로 끼치는 해악은 이루 헤아릴 수 없다.

214

따라서 순전히 무지와 단순함에서 생기는 문제를 줄이기 위해 프로젝트 스태프와 고객은 욕구·요구사항의 수명주기에 대한 교육을 받아야 한다. 프로젝트 계획은 요구사항을 목표로 발전시키며 그래서 계획의 질(quality)과 실행 가능성은 요구사항의 질과 실행 가능성과 밀접한 관계가 있다는 사실을 그들에게 알려주어야 한다. 그들은 요구사항이 본래 변하기 쉬운 것이며, 변경시킬 경우 프로젝트 예산에 영향을 미칠 것이라는 사실도 알아야 한다. 마지막으로 요구사항이란 '고객이 필요로 한 것을 프로젝트 팀이 제공한다' 는 의미로서 계약서 상의 조항으로 인식하도록 그들을 교육해야 한다.

## 응용 프로토타이핑

'응용 프로토타이핑(application prototyping)' 이라는 프로젝트 관리 기법이 최근 소프트웨어 산업에 등장했다('신속한 프로토타이핑' 이라고도 한다). 이 기법은 컴퓨터 소프트웨어 프로젝트처럼 주로 무형적인 것을 다루는 프로젝트가 산출해야 할 것이 무엇인지를 구체적으로 그려내기는 어렵다는 것을 인정한다. 결국 고객 욕구를 모호하게 이해하여 만든 최종 결과물은 고객을 만족시키지 못할 가능성이 높다.

이런 현실에 대처하기 위해 응용 프로토타이핑은 모든 요구사항이 프로젝트가 시작할 때 고정되도록 요구하지 않고 요구사항의 가변적 전개를 허용한다. 응용 프로토타이핑은 고객이 프로젝트가 수행되면서 요구사항을 정의하는 데 있어 중요한 역할을 하도록 한다. 실제로 이것은 고객과 개발자 간의 협력관계 위에 바탕을 둔 방법인 것이다.

이 기법의 핵심은 무형적인 결과물을 반복적으로 프로토타이핑한 다는 개념이다. 소프트웨어 개발팀이 전산화된 재고 통제시스템을 만들기로 계약을 맺는다고 하자. 팀은 고객과 밀접하게 작업하면서 욕구를 파악하여 요구사항을 만들어낸다. 그런 후에 프로젝트 작업을 시작하며, 최종 결과물의 간단한 프로토타입을 재빨리 만드는 것을 목표로 정한다.

첫 번째 프로토타입은 데이터 입력 양식을 나타낸 컴퓨터 화면의 그림을 모아놓은 것에 불과하다. 프로토타입이 완성되면 고객 평가단에게 검증을 받는다. 이는 프로젝트 수명주기 초기에 무엇이 개발되고 있는지 볼 기회를 그들에게 제공하기 위해서이다. 고객들은 프로토타입을 검토한 후에 제품에 대해 대체적으로 만족하지만 최근의 시스템이라서 들어오는 재고 항목을 잘 처리하거나 추적하지 못할 것 같다고 말한다.

그러면 소프트웨어 개발팀은 고객의 의견을 고려하여 소프트웨어를 수정하고, 다시 좀 더 상세한 새 프로토타입을 재빨리 만든다. 다시한 번 고객 평가단은 프로토타입을 검토하고 평가와 제안을 내놓는다. 이런 일련의 검토 작업은 프로젝트의 성격에 따라 몇 시간에서 며칠이 걸릴 수 있다. 프로젝트는 윤곽이 뚜렷한 프로토타입이 개발될 때까지 이렇게 반복 진행된다.

소규모 시스템에서는 프로토타입은 고객에게 작동 가능한 시스템으로 넘겨질 수 있다. 더 복잡한 시스템에서는 프로토타입은 전문가에게 넘겨져서 고객의 욕구와 소용에 맞게 되었는지 검토된다. 이런 정보를 통해 전문가는 고객위주의 요구사항을 주의 깊게 살펴볼 수 있고, 더욱 잘 규정된 요구사항을 사용하여 높은 고객만족을 이끌어내는 제품을 만들 수 있다.

응용 프로토타이핑이 효과적이기 위해서는 개발중인 시스템에 대한 개선 요구와 프로토타이핑에 대한 규칙이 주의 깊게 자세히 정해져야 한다. 그렇지 않으면 프로젝트는 결론에 도달하지 못할 것이며, 비용은 끝없이 들 것이다. 규칙은 다음과 같은 질문으로 이루어진다. 프로토타입은 얼마만큼 자세해야 하는가? 프로젝트 진행중 얼마나 많은 프로토타입이 개발되어야 하는가? 고객이 결과물에 대해 개선을 요구할 수 있는 한도는 어디까지인가? 프로토타입의 변경이 비용에 미치는 영향은 어떻게 계산될 것인가? 이런 질문에 대한 대답이 적절히 얻어졌을 때 응용 프로토타입은 효과적일 수 있다.

응용 프로토타이핑 방법의 이점은 분명하다. 고객은 최종 결과물의 모양과 기능을 정의하는 데 있어 주도적인 역할을 했으므로 최종 결과물에 만족한다. 이것은 결과물이 불만족스러울 경우, 비용이 많이 드는 재작업을 해야 하고 프로젝트 자체가 완전히 다시 수행될 수도 있기 때문에 간과해서는 안 된다. 이와 더불어 응용 프로토타이핑은 프로젝트 관리자에게 무형적인 것을 좀 더 유형적인 것으로 만드는 방법을 제공한다는 것이다. 그래서 관리자는 무형적이고 사고중심적인 정보화시대의 프로젝트에서 일어날 수 있는 중요한 문제에 대해 사전에 대처할 수 있게 된다.

응용 프로토타이핑의 단점 또한 명확하다. 우선 제품 정의에 있어 고객이 너무 많이 참여하게 되면 고객의 변덕에 일일이 맞추어 제품을 변경해야 할 위험이 있다. 그리고 고객과 프로젝트 스태프 모두가 프로젝트를 끝맺기 위해 강력하게 참여해야 한다는 점이다. 그렇지 않으면 프로젝트는 끝없이 프로토타입 사이를 떠돌게 된다.

응용 프로토타이핑 방법은 최근에 나온 것이다. 앞에서 보여준 예에서 응용 프로토타이핑은 고도의 고객 만족을 실현할 수 있다. 이는 욕구의 규정과 관련하여 일어나는 중요한 문제에 대해 더 나은 통제를 할 수 있도록 방향을 제시하는 현명한 방법이라 할 수 있다.

# 결론

홀륭한 요구사항을 작성하는 일은 방대한 작업이다. 여기에는 예기치 못한 다양한 함정이 있다. 요구사항은 애매모호하거나 비현실적일 수 있다. 혹은 고객의 참된 욕구를 제대로 반영하지 못할 수 있다. 그리고 너무 상세하게 기술되어 지키기 어렵거나 엄격해서 융통성이 없을 수 있다. 그러나 이런 함정에 미리 대비하지 않는다면 나중에 더 큰 문제가 생길 것이다.

이 장에서는 홀륭한 요구사항을 작성하기 위해 프로젝트 스태프가 할 수 있는 많은 일들을 다루었다. 그러나 가장 중요한 단계는 매우 간단하다. 요구사항이 프로젝트의 전개에 있어서 차지하는 역할을 명심하라. 스태프는 요구사항이 프로젝트 계획의 기초를 형성한다는 사실을 인지해야 한다. 계획의 목적은 요구사항이 충족될 수 있는 방법에 대한 설명이기 때문이다. 만약 요구사항이 부족하면 프로젝트 계획에 결함이 생기게 된다. 그리고 계획에 결함이 있으면 온전한 실행도 불가능해진다. 또 요구사항과 계획의 관계를 이해함으로써 요구사항에 대한 변경이 어떻게 비용과 일정의 초과를 초래하는지를 이해할 수 있다. 왜냐하면 요구사항을 변경하면 계획도 변경해야 하기 때문이다.

결론적으로 요구사항의 중요성을 제대로 이해함으로써 스태프는 프로젝트에서 일어날 크고 작은 요구사항과 관련된 문제를 더 잘 파악하고 대처해나갈 수 있을 것이다.

# 프로젝트 계획과 통제 PART 3

# 6
# 프로젝트 일정관리의 도구와 기법

...

　지금까지 프로젝트 관리에서 흔히 접하게 되는 두 가지 부류의 함정을 집중적으로 살펴보았다. 1장에서 3장까지는 조직과 관련된 문제를 주로 다루었고 4장과 5장에서는 요구사항의 파악 및 정의와 관련된 문제들을 집중적으로 다루었다. 이제 6장과 7장에서는 프로젝트와 관련된 어려움의 하나인 빈약한 계획과 통제에 대해서 다루고자 한다. 우선 프로젝트 관리자와 프로젝트 스태프, 그리고 고객들이 바로 문제가 발생할 수 있는 세 영역임을 알아야 한다. 이런 사실과 문제의 본질에 대한 이해를 통해 함정에서 벗어날 수 있고 필연적으로 접하게 될 어려움들을 좀더 잘 관리할 수 있을 것이다.

　기존 프로젝트 관리 서적에서는 무엇보다도 계획과 통제에 대해 많은 관심을 기울여 왔다. 이는 프로젝트 관리자와 프로젝트 스태프가 계획과 통제활동을 수행하는 데 있어 많은 재량권을 행사할 수 있었기 때문이다. 이런 사실은 영향력을 행사하는 일들을 배우는 데 많은 시간을 할애해야 한다는 철학을 반영하는 것이다.

주어진 프로젝트가 진행되는 도중에는 우리의 능력으로 통제할 수 없는 많은 일들이 발생한다. 중요한 하청업자가 도산할 수도 있고, 부서 예산이 절반으로 삭감될 수도 있으며, 프로젝트에 참여하는 사람들이 일하는 데 필요한 능력을 갖고 있지 않을 수 있다. 이런 일들이 발생하였을 때 대응하는 방법은 주로 우리의 기본 방침에 의해 좌우된다.

통제할 수 없는 여러 가지 문제에 직면하는 프로젝트 관리자는 종종 수동적인 자세를 취한다. 그들은 어려움이 발생한 후에야 비로소 제한된 프로젝트 관리도구로 할 수 있는 노력을 기울여 어려움에 대응한다. 그러나 계획과 통제를 실시하는 현명한 프로젝트 관리자는 그들이 유리한 쪽으로 사태를 유도한다. 그들은 적극적인 자세를 취한다. 즉 어떠한 문제가 발생할 것인가에 대하여 미리 계획을 수립하여 문제를 제거할 수 있는 방법들을 찾아낸다. 적극적인 관리는 프로젝트를 효과적으로 수행하기 위하여 무엇을 해야 하는지 관리자가 예측할 수 있도록 도와준다(계획). 그런 후에 프로젝트 진행 중에 계획대로 일이 잘 진척되고 있는지를 확인한다(통제).

훌륭한 계획과 통제는 프로젝트 성공을 위한 필요조건이다. 계획과 통제가 없는 프로젝트가 성공한다는 것은 요행이 아니고는 불가능하다. 그렇지만 좋은 계획과 통제가 성공을 위한 충분조건은 아니다. 성공하기를 원한다면 계획과 통제에 많은 노력을 기울일 필요가 있지만 그런 노력만으로 성공을 보장할 수 없다. 최선의 노력에도 불구하고 프로젝트에 나쁜 영향을 주는 뜻밖의 일들이 일어날 수 있기 때문이다.

이번 장에서는 프로젝트에서 널리 이용되고 있는 계획과 통제 수단에 대해서 집중적으로 다룰 것이다. 이런 수단은 해가 거듭될수록 발전해 왔으며 현재는 건설과 공학 분야에서 주로 사용되고 있다. 여기서 설명하는 기법들은 최근의 정보화시대 프로젝트에 적합하다. 기법들을 체계적으로 적용함으로써 프로젝트 관리자와 스태프는 돌이킬 수 없는 문제를 야기하는 것을 피할 수 있을 것이다.

# 프로젝트 계획

프로젝트 계획은 근본적으로 A지점에서 B지점으로 도착하는 방법을 알려주는 지도와 같다. 일반적으로 계획이라는 앞으로 전개될 상황에 대한 안내서로서 프로젝트 시작지점에서 작성된다. 그러나 계획은 상당한 노력의 결과물이라는 사실을 알아야 한다. 앞의 5장에서 다루었던 것처럼 계획은 욕구가 정의되고, 요구사항이 명시되고, 미래에 대한 예측이 이루어지고, 가용한 자원이 정해짐에 따라 점차적으로 수립된다. 여러 가지 문제들에 대하여 머리를 짜내고 종합하고 다듬고 폐기하고 재작업하고 다시 다듬은 후에 비로소 지도의 기능을 발휘할 수 있는 계획을 만들 수 있다.

계획은 일반적으로 3차원적인 구성요소를 갖고 있다. 그것들은 시간, 돈, 인적·물적 자원에 집중된다. 여러 가지 일정계획 수립도구는 서로 다른 여러 과업들이 언제 시작되어야 하고 언제 끝마쳐야 하는지 결정할 수 있게 해 준다.

6장에서는 가장 널리 알려진 2개의 일정계획 도구인 갠트차트*Gantt chart*와 일정계획 네트워크(scheduling network)에 대하여 알아보고자 한다. 그리고 예산 관련 차트를 통해 프로젝트 자금이 어떻게 할당되는지를 알아본다. 예산의 필요성은 모든 조직에서 보편적이며 대부분의 조직은 사조직이든 공공조직이든 예산을 편성하는 데 많은 노력을 기울인다. 예산에는 편성기법의 기초가 되는 보편적인 원칙들이 있지만 예산편성 방법은 조직마다 상당한 차이가 난다. 예산은 조직의 철학, 태도, 구조를 나타내는 매우 사적인 일이다.

또한 이번 장에서는 기본적인 예산편성 원칙들을 간략히 다루고자 한다. 즉 프로젝트 통제를 강화하기 위하여 예산변동이 어떻게 조사될 수 있는지를 알아보는 데 대부분의 관심을 기울일 것이다.

그리고 다음 7장에서는 프로젝트 관리에서 가장 많은 인기를 얻고 있는 획득가치기법, 원가회계기법을 다룰 때 예산편성과 관련된 문제를 다시 한 번 검토하고자 한다. 인적·물적자원 차원은 한정된 자원을 프로젝트에 가장 잘 할당하는 방법에 관계된다. 많은 자원 할당도구들이 존재한다. 본 6장에서는 자원갠트차트, 자원스프레드시트, 자원매트릭스, 자원적재차트 등을 검토하게 된다.


## 계획과 불확실성


프로젝트를 관리하는 데는 계획수립을 위한 도구를 잘 다루는 것이 많은 도움이 되지만 아무리 좋은 도구를 다룰 수 있는 전문가일지라도 처음부터 완벽한 계획을 수립할 수는 없다. 계획수립은 미래의 상황을 다루는 것이며 미래에는 불확실성이 존재하기 때문이다. 불확실성을 수반하는 것은 계획수립의 근본 속성이다. 이것이 의미하는 바는 최선의 계획안이란 단지 미래에 있을 사실에 대한 근사치를 추정하는 것에 불과하다는 점이다. 그런데 종종 이런 추정은 동일한 집을 999번

지은 후 1,000번째 집을 마지막으로 짓는 데 얼마나 시간이 걸릴 것인가를 추정할 때에는 매우 정확할 수 있다.

이런 경우 추측의 근거로 삼을 만한 충분한 경험을 갖고 있기 때문에 불확실성이 줄어들게 된다. 하지만 일반적인 프로젝트에서 추정치는 개략적일 수밖에 없다. 그 이유는 우리가 하고 싶은 일이 과거에 우리가 원하는 방식으로 정확하게 진행된 적이 없기 때문이다. 이런 사실은 특히 정보화시대 프로젝트의 일반적인 특징이다. 새롭고 진기한 프로젝트를 수행하는 데 있어서 우리는 개척자와 같다. 우리가 만든 지도는 광활한 미지의 땅과 분간하기 어려운 지역으로 가득 찬 15세기 포르투갈 탐험가의 지도와 매우 흡사하다.

프로젝트 관리자, 스태프, 고객은 불확실성이 어떻게 계획수립과 관계가 있는가를 알아야 한다. 계획의 특성은 주로 제안된 프로젝트의 불확실성 수준에 의해 결정된다. 불확실성이 낮은 프로젝트에서는 프로젝트가 어떻게 진행될 것인가를 상당히 많이 알고 있기 때문에 상세한 계획안을 만들 수 있다.

동일한 집을 1,000번째 만들 경우 계획안은 기초공사를 어떻게 하고 어디에 기둥을 세우고 못을 박아야 하는지를 정확하게 명시할 수 있다. 이런 유형의 집을 매우 빈번하게 만들기 때문에 예상치 못한 일이 거의 일어나지 않는다. 사실 그런 상황에서 상세하게 계획을 세우지 않는다면 태만함을 드러내는 것으로 볼 수 밖에 없다. 그 이유는 이런 상세 계획을 수립함으로써 우연에 맡기는 일들을 피할 수 있기 때문이다.

반대로 불확실성의 수준이 높은 프로젝트에서는 미래에 일들이 어떻게 진행될지에 관한 정보가 부족하기 때문에 상세한 계획수립이 어렵다. 암의 치료방법을 찾아내는 프로젝트를 가정해보자. 이런 프로젝트를 수행하는 연구자는 그들이 무엇을 찾아낼 것인가를 잘 모르고 있다. 그들이 수행하는 연구 방법은 대체로 단계적인 발견에 의존하기 때문에 프로젝트는 다소 모호하고 정확성이 낮을 수밖에 없다.

좋은 계획이란 단계적인 계획수립을 의미하기도 한다. 예를 들면 2년의 기간이 소요되며 위험이 높은 프로젝트는 6개의 계획수립 단계로 나뉘고, 첫 번째 단계(4개월간)에 대해서만 상세하게 계획수립을 한다. 그런 후 첫 번째 단계가 끝날 때 두 번째 단계에 대한 상세한 계획을 수립하고, 다음 단계도 앞에서와 마찬가지 방법으로 진행된다. 이런 방법은 종종 계획수립에 대한 '연동곡선(rolling wave)' 접근법으로 불린다. 따라서 불확실성이 높은 프로젝트를 수행하는 스태프에게 전체 프로젝트에 대한 정교하고 상세한 계획을 수립하도록 강요하는 것은 무의미한 일이다.

독자들은 복잡성과 불확실성 사이의 중요한 차이점을 알고 있어야 한다. "집이나 다리를 만드는 것이 불확실성의 수준이 낮다는 것에 대하여 어떻게 생각하는가? 일상적인 다리일지라도 고도의 복잡성과 불확실성이 존재할 수 있다."

이와 같은 의문은 타당하다. 일상적인 다리일지라도 매우 복잡할 수 있다. 그러나 다리가 일상적이라면(이런 종류의 다리를 여러 번 만들어 보았기 때문에 다리를 만드는 모든 과정을 명확하게 알고 있는 경우) 다리를 만드는 과정에서 어떤 일을 하게 될 것인지를 정확하게 알 수 있을 것이다. 결국 불확실성은 낮지만 복잡한 상황이 존재할 수 있다는 것이다.

불확실성과 복잡성 간의 차이점은 그림 6·1에서 설명되고 있다. 2개의 그림에서 우리는 A지점에서 B지점으로 가는 방법에 대해 생각

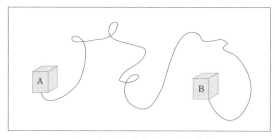

6 · 1a  높은 복잡성, 낮은 불확실성

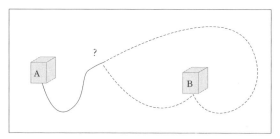

6 · 1b  낮은 복잡성, 높은 불확실성

| 그림 6 · 1 | A지점에서 B지점으로 가기 |
|---|---|

한다. 그림 6 · 1a에서는 A지점에서 B지점으로 가는 길이 길고 꼬여 있으며 복잡하다(이런 형태는 건설 프로젝트에서 흔히 있는 일이다). 그럼에도 불구하고 그 길은 정확하게 명시돼 있어 주의 깊게 지도를 따라가면 결국에는 B지점에 도착할 것이다. 그림 6 · 1b에서는 그림 6 · 1a에서와 같은 복잡성을 찾아볼 수가 없다. 꼬여 있거나 돌아가는 길이 없다. 그러나 길의 분기점에 도달했을 때 문제가 발생한다. 사실 불확실성이 높은 프로젝트(예를 들면 암 치료 프로젝트)에서는 B지점이 존재하는지조차도 확신할 수 없다. 이런 높은 불확실성 수준은 주로 정보화시대 프로젝트에서 찾아볼 수 있는 특징이다.

# 프로젝트 통제

프로젝트 통제는 계획을 우선 검토하고, 실제로 일어난 일을 알아본 후 그 둘을 비교하는 일을 수반한다. 프로젝트 계획처럼 통제에 있어서도 시간, 돈, 인적·물적 자원 등에 대한 세 가지 차원을 집중적으로 다룬다.

통제의 목적은 프로젝트를 추적함으로써 프로젝트를 정상궤도로 유지하는 것이다. 통제는 피드백 기능의 역할을 한다. 예를 들어 운전자는 차의 방향이 왼쪽으로 치우쳤을 경우 오른쪽으로 핸들을 조금 돌림으로써 방향을 조정한다. 이처럼 특정 과업이 일정계획에서 뒤쳐져 있다는 것을 알았을 때 좀더 많은 자원을 뒤쳐진 과업에 투입하여 정상궤도로 끌어올림으로써 프로젝트를 통제한다.

프로젝트 스태프는 자주 '계획과 실제 사이에 차이가 있는가' 라고 질문함으로써 통제기능을 수행한다. 즉 '일을 끝내기로 한 시간과 실제로 일을 끝낸 시간에 차이가 있는가?', '특정 과업에 투입하기로 한 자금과 실제로 그 과업에 투입한 자금 사이에 차이가 있는가?' '인적·물적 자원을 사용하기로 한 방법과 실제로 그것들을 사용한 방법 사이에 차이가 있는가?' 와 같은 질문을 하는 것이다.

프로젝트 관리를 할 때에는 언제나 실제와 계획 간에 차이가 발생한다. 모든 계획은 추측이므로 완벽할 수는 없다. 물론 프로젝트의 불확실성이 높을수록 추측이 목표에서 벗어날 가능성이 더 높다. 문제는 '그 차이가 허용할 수 있는 수준인가' 에 있다. 프로젝트 통제에 대한 우리의 접근법은 어차피 차이가 있을 것이라는 현실적인 입장을 취하는 것이다. 우리의 관심은 불가피하게 발생하는 차이가 합당한 것인지 잘못된 것인지에 집중되어야 한다.

기본적인 통제 문제를 다루기 위해서 우선 차이에 대한 허용기준을 설정해야 한다. 위험이 많고 불확실성이 높은 프로젝트에 관해서는 커다란 차이일지라도 기꺼이 수용할 것이다. 예를 들어 암 치료 프로젝트의 경우라면 차이가 20%라 해도 기꺼이 허용할 것이다. 즉 계획에 명시된 과업에 1백만 달러의 돈이 쓰일 것으로 규정하였다고 해도 20만 달러의 비용초과나 미달은 수용할 수 있다. 계획에서 특정 과업을 수행하는 데 얼마나 많은 비용이 지출될 것인지 명확하지 않은 추측을 하였기 때문에 그런 차이는 수용된다. 일상적인 건설과 같은 위험이 낮은 프로젝트에서는 허용기준이 좀더 엄격한데, 그 이유는 일들이 진행되는 방향에 대해서 잘 알고 있기 때문이다. 예를 들면 일상적인 프로젝트의 경우 계획에서 2% 이상의 편차는 수용할 수 없는 것으로 판단할 수 있다.

허용할 수 있는 차이를 정의하는 명확한 기준이 주어진다면 허용 범위 안에 해당되는 과업들에 신경쓰는 시간을 절감할 수 있게 된다. 대신에 관리 노력은 허용 범위를 벗어난 과업을 검토하는 데 집중되어야 한다. 애초 계획했던 것보다 8% 이상 더 많은 지출이 있었고 허용기준보다 5% 초과 혹은 미달되었다면 '이런 수용할 수 없는 초과지출을 발생시킨 과업에 무슨 일이 발생했는가' 하고 질문한다. 이런 접근법을 2장에서 잠시 언급한 '예외 관리' 라고 부른다. 이런 접근법에 의하면 모든 힘을 특별한 문제에 집중시키는 반면에 일상적인 문제에는 힘을 낭비하지 않는다.

결국 프로젝트가 진행되는 과정에서 생기는 약간의 차이는 허용될 수 있다. 프로젝트가 종료됨에 따라 전체 프로젝트에 대한 차이는 계획된 일정과 예산에 가까운 프로젝트였다고 결론 내린다면 원래의 계획과 거의 차이가 없다고 할 수 있다. 계획과 통제를 잘 했다면 프로젝트 끝에 가서는 프로젝트 기간 동안 발생한 허용할 수 있는 양(+)의 차이와 음(-)의 차이가 상쇄되어 전체 차이가 거의 없게 된다.

여기서 허용할 수 있는 차이와 허용할 수 없는 차이의 구별을 눈여겨보아야 한다. 실무와 현실 세계에서는 무슨 일이 일어날 것인지 정확하게 예측할 수 있는 완벽한 지식이 부족하기 때문에 프로젝트 운영 계획으로부터 약간의 차이를 기꺼이 허용해야 할 것이다. 그러나 프로젝트가 수행되는 동안에 5%의 차이가 허용될지라도 프로젝트가 끝난 다음 전체에서 5%의 비용 혹은 일정 초과를 수용할 수는 없을 것이다. 그런 전체적인 초과를 수용하려면 예산과 일정에 '관리 예비비(management reserve)' 라 불리는 것을 만들어 놓아야 한다. 이런 관리 비축은 전체 프로젝트에서 수용할 수 있는 초과분으로 간주된다.

## 계획과 통제는 어느 정도 하는 것이 적당한가?

계획을 수립하거나 프로젝트 통제 방법을 설계하는 사람이라면 궁극적으로 '얼마나 많은 계획과 통제가 필요한가' 라는 문제에 직면하게 된다. 이 문제의 정답은 존재하지 않는다. 표면적으로는 프로젝트의 불확실성을 최소화하고, 프로젝트를 완벽하게 통제하기 위하여 계획과 통제에 많은 노력을 기울여야 하는 것처럼 보인다. 이런 문제에 대한 우리의 철학은 '계획을 아무리 많이 세워도 지나치지 않다' 와 '통제력이 약한 프로젝트는 통제할 수 없는 프로젝트이다' 라는 말로 표현될 수 있다.

불행히도 계획과 통제에는 이와 관련하여 비용이 든다. 프로젝트 비용과 계획 · 통제 비용의 관계는 다음과 같이 간단한 식으로 나타낼 수 있다.

프로젝트 비용 = 생산비(production costs)＋운영비(administrative costs)

이 공식에 따르면 계획 · 통제 비용(운영비)의 증가는 전체 프로젝트 비용의 상승을 초래한다. 이것은 곧 계획 · 통제 비용의 증가가 상대적으로 전체 예산 가운데 생산 활동에 쓸 수 있는 비용을 감소시킨다는 것을 의미한다. 프로젝트 예산 가운데 얼마만큼의 비율이 계획과 통제 비용으로 할당되어야 할까? 10%? 20%? 50%? 아니면 그 이상? 이런 문제는 다음과 같은 여러 가지 요인들과 관련되어 있다.

### 프로젝트의 복잡성

우리의 프로젝트는 얼마나 복잡한가? 프로젝트가 복잡해짐에 따라 프로젝트를 수행하기 위하여 어떤 조치를 취해야 하는가를 정확하게 명시할 필요성도 더욱 커진다. 일반적으로 매우 복잡한 프로젝트는 단순한 프로젝트에 비해서 더 많은 계획과 통제 노력을 필요로 한다. 우주왕복선 프로젝트 같은 경우가 여기에 해당된다.

### 프로젝트의 규모

대규모의 프로젝트는 많은 조정을 필요로 한다. 그런 프로젝트에서는 무심결에 세부적인 계획수립 사항을 빠뜨리기 쉽고 무엇을 했으며 무엇을 해야 하는지를 가늠하기 어렵다. 결국 규모가 큰 프로젝트에서는 프로젝트가 어떻게 수행되어야 하는가를 설명하는 여러 가지 상세한 규칙으로 된 공식적인 계획과 통제가 요구된다.

2백만 달러가 넘는 매우 큰 규모의 프로젝트에서는 계획, 조정, 통제와 관련된 관리 비용이 전체 프로젝트 비용의 1/2에서 2/3까지 차지하는 것은 부담이 된다. 하지만 1만 달러 규모의 프로젝트에서 높은 간접비용은 큰 문제가 안 될 수 있다. 그 이유는 규모가 작은 프로젝트에서는 좀더 느슨하고 낮은 수준의 공식적인 방법으로 일의 진행 상태를 추적할 수 있기 때문이다. 하지만 규모가 작은 프로젝트에서 관리 비용이 15~25%의 범위를 넘게 되면 지나치게 계획과 통제에 많은 노력을 기울이고 있는 것으로 보아야 한다.

### 불확실성의 수준

종종 불확실성이 높은 프로젝트에 대해서 정교한 통제 기법을 개발하는 것이 무의미할 수 있다. 그런 프로젝트의 문제는 미래에 어떤 일이 일어날지에 관한 정보를 거의 갖고 있지 않다는 것이다. 불확실성이 큰 경우에는 계획이 아무리 정교하더라도 지속적인 수정을 거치게 될 것이므로 상세한 계획수립과 엄격한 통제는 기능을 제대로 발휘하지 못할 것이다. 사실 유연성을 필요로 하는 프로젝트에 엄격성을 강요한다면 프로젝트에 해가 될 수 있다. 그러나 불확실성이 낮은 경우에는 프로젝트가 완성되기 위해 필요한 실질적인 지식을 갖고 있기 때문에 상세한 계획과 엄격한 통제를 지원할 수 있다.

## 조직의 요구사항

조직에 따라서 계획과 통제에 대한 접근법이 다양하다. 비즈니스 관련 서적에는 중요한 의사결정을 내리기 전에 정교한 계획을 수립하는 회사의 이야기와 적절한 계획수립 없이 습관적으로 프로젝트에 달려드는 회사의 이야기들이 가득 실려 있다. 또한 우리는 경영층이 모든 돈의 지출내역을 정확하게 알 수 있는 엄격한 통제 시스템을 갖고 있는 회사뿐만 아니라 회사운영에 대한 느슨한 통제 때문에 도산의 위기에 처한 회사들에 관한 기사를 읽게 된다.

일반적으로 전사적인 계획과 통제를 강조하는 조직은 자신의 프로젝트에서 좋은 계획과 통제 기법을 이용한다. 그러나 여기서 최고경영층은 3천 달러 규모의 프로젝트를 1천만 달러 규모의 프로젝트와 똑같은 계획과 통제 절차대로 하라고 명령할 위험이 존재한다. 반면 엉성한 계획과 통제 절차를 허용하는 조직은 빈약한 계획과 통제를 갖는 프로젝트를 운영할 가능성이 높다.

## 사용자에게 편리한 계획과 통제 도구

계획과 통제 도구가 배우기 어렵거나 사용하기 귀찮은 경우에는 프로젝트에서 도구의 이용이 오히려 프로젝트 효율성을 감소시키고 관리비용을 증가시킬 가능성이 높다. 작업장에 컴퓨터가 등장함에 따라 많은 계획 및 통제 도구의 사용자 편리성이 개선되고 있다. 예를 들면 몇 년 전만 하더라도 일정계획을 수립하기 위해서는 값비싼 소프트웨어와 많은 자료처리 요원이 필요했지만 요즘에는 프로젝트 관리자 혼자서 일정계획을 수립할 수 있도록 도와주는 저렴한 소프트웨어들이 개발되었다.

# 계획과 통제 도구 : 일정

계획수립을 위한 노력은 서로 다른 과업들 간의 관계를 결정하고 프로젝트가 효율적이고 논리적으로 수행될 수 있도록 일정계획을 수립하는 데 집중된다. 그리고 이런 일을 다소 일상적으로 만들어 주는 여러 가지 도구들이 개발되었다. 여기에선 가장 단순한 것부터 가장 복잡한 프로젝트에 이르기까지 특정 프로젝트의 일정계획을 수립하기 위하여 정말로 필요한 세 가지 도구들을 소개할 것이다. 작업분류 체계도, 갠트차트, 일정계획 네트워크 등이 여기에 해당된다.

## 작업분류 체계도

사람들이 프로젝트 일정계획을 수립할 때 첫 번째로 하는 일은 프로젝트에 포함된 모든 과업들의 목록을 만드는 것이다. 먼저 프로젝트의 전반적인 그림을 그리고 포함되어야 하는 주요 단계를 열거한다. 그런 후 각각의 단계에 세부 사항을 추가하기 시작한다. 일반적으로 프로젝트 일정계획 수립은 커다란 그림에서 시작하여 점점 상세하게 결정해 나가는 하향식을 취한다.

대부분의 프로젝트 관계자는 자신들이 취하는 접근방법이 작업분류 체계도(WBS : Work-Breakdown Structure)라는 특별한 이름을 갖는다는 것을 모르고 수년 동안 프로젝트 과업을 조작해 왔다(엄격히 말해서 이 것은 사실상 과업목록이다. 진정한 작업분류 체계도는 제품에 초점을 맞춘다. 비행기 자체는 가장 높은 수준의 작업분류 체계도를 의미하고 날개는 그 다음 수준의 작업분류 체계도를 나타내며 보조날개는 그 다음 낮은 수준의 작업분류 체계도를 나타낸다. 그러나 오늘날 일정계획 수립 관례는 작업분류 체계도로 불리는 과업목록을 의미한다. 이 책에서는 현재의 관례를 따르도록 한다).

작업분류 체계도는 단지 과업들이 전체 프로젝트 구조에서 어떻게 조화를 이루는지에 대한 하향식 조직화를 의미한다. 작업분류 체계도는 프로젝트 일정계획 수립의 기초가 되므로 중요한 계획수립 도구이다. 작업분류 체계도는 보통 도표나 그림의 형태 중 한 가지를 취한다.

스파이 소설을 쓰는 프로젝트를 예로 들어보자. 표 6·1은 표로 작성된 작업분류 체계도를 보여주고 있다. 과업의 구조는 이런 4계층 작업 구조도에서 분명해진다. 가장 높은 단계는 전체 프로젝트의 목표에 해당된다. 여기에서는 스파이 소설 쓰기가 이에 해당된다. 그 다음으로 낮은 수준에서는 네 가지 기본적인 단계(소설의 배경 조사하기, 플롯 구성하기)가 존재한다. 각각의 단계는 여러 가지 과업들(도서관에 가기)로 분해되고 같은 방식으로 다시 하위 과업들(미·소 관계 파악)로 나뉜다.

작업분류 체계도에 필요한 계층의 수는 개인적인 선호도와 프로젝트 규모에 따라 다르다. 분명한 것은 규모가 매우 큰 프로젝트는 작은 프로젝트보다 더 많은 계층을 요구한다는 점이다.

그림 6·2는 같은 프로젝트에 대한 그림 형태의 작업분류 체계도를 보여주고 있다. 이런 형태의 작업분류 체계도는 마치 조직 구조도와 유사하게 보인다. 이런 형태에서 우리는 프로젝트의 서로 다른 부분들 간의 계층적인 관계를 손쉽게 파악할 수 있게 한다.

때로는 작업분류 체계도에 각각의 하위 과업들에 대한 비용 추정치를 포함하는 것이 유용하다. 이렇게 하면 비용이 함께 고려된 작업분류 체계도를 갖게 된다. 여기서 특정 계층의 비용을 알아내기 위해서는 한 계층 아래에 있는 개별적인 항목들의 비용들을 모두 더하면 된다. 우리

| 스파이 소설 쓰기 | | |
|---|---|---|
| **10.0.0** | **소설의 배경 조사하기** | |
| | 10.1.0 도서관에 가기<br>　　10.1.1 미·소 관계 자료 읽기<br>　　10.1.2 다른 스파이 소설 읽기<br>　　10.1.3 오늘날 관심을 끄는 주요 토픽을 파악하기 위해 시사 잡지 일기<br>　　10.1.4 관련된 도시의 지도 찾기 | |
| | 10.2.0 관련된 정부 관료와 면담<br>　　10.2.1 첩보기관 방문<br>　　10.2.2 국방기관 방문<br>　　10.2.3 FBI와 국무성을 포함한 민간기관 방문<br>　　10.2.4 지방경찰 면담 | |
| **11.0.0** | **플롯 구성하기** | |
| | 11.1.0 대략적인 구성<br>　　11.1.1 이야기 주제 설정<br>　　11.1.2 주요 소재 파악<br>　　11.1.3 연대순으로 사건 연결 | |
| | 11.2.0 상세한 구성<br>　　11.2.1 등장인물과 사건을 연결하는 상세한 도표 작성<br>　　11.2.2 소설에서 사용될 중요사건 파악 | |
| **12.0.0** | **이야기 쓰기** | |
| | 12.1.0 제1장<br>　　12.1.1 강에서 어린이 시체 발견<br>　　12.1.2 KGB 요원으로 밝혀진 시체<br>　　12.1.3 저격수가 FBI 요원으로 가장하다<br>　　12.1.4 저격수 집단 | |
| | 12.2.0 제2장<br>　　12.2.1 기타 등등 | |
| **13.0.0** | **출판업자와 접촉** | |
| | 13.1.0 신뢰할 만한 출판업자 파악<br>　　13.1.1 출판업자의 요구사항을 알기 위해 저자 지침서를 검토<br>　　13.1.2 출판업자를 상대하는 데 경험이 있는 저자와 상담<br>　　13.1.3 4명의 신뢰할만한 출판업자와 연락을 취하고 편집자와 예비 토론 | |
| | 13.2.0 유망한 출판업자에게 표본 내용 보내기<br>　　13.2.1 알맞은 내용 선택<br>　　13.2.2 내용을 주요 목표 출판업자에게 발송<br>　　13.2.3 출판업자와 사후 접촉 | |
| 표 6·1 | 표 형태의 작업분류 체계도 | |

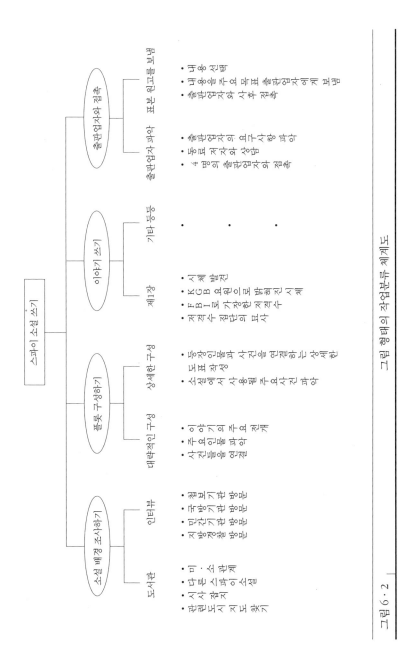

그림 형태의 작업분류 체계도

그림 6·2

는 작업분류 체계도에서 계층의 모든 항목들의 비용을 더함으로써 전체 프로젝트 비용을 추정할 수 있다. 그런 방법을 상향식 비용 추정이라 부른다.

## 갠트차트

갠트차트를 통해서는 과업(task)이 언제 시작되고 끝나는지를 알 수 있다. 갠트차트의 작성법은 그림 6·3과 같이 크게 두 가지가 있다. 두 방법 모두 과업(WBS에서 작성된)은 세로축에, 시간은 가로축에 표시된다.

그림 6·3a는 막대 차트의 변형으로 볼 수 있다. 가로축의 시간 데이터는 여러 과업의 계획된 시작일과 종료일을 나타낸다. 이 갠트차트에 실제 시작과 종료 시간이 덧붙여지면 프로젝트 통제에도 쓰일 수 있다. 따라서 실제 상황과 계획을 시각적으로 비교해 볼 수 있고, 프로젝트상의 일정이 얼마나 지연되는지 결정할 수 있게 된다.

예를 들면 그림 6·3a에서 과업 1이 계획보다 늦게 시작되었을 때 프로젝트가 일정에서 얼마나 빗나갔는지 알 수 있다. 과업 1의 실제 기간이 계획된 기간과 같기 때문에 이 과업의 일정 지연은 순전히 늦게 시작했다는 데 있음을 알 수 있다. 과업 2를 보면 늦게 시작했을 뿐 아니라 계획보다 오래 걸렸다는 것이 명확하다. 여기서 일정 지연은 늦게 시작했다는 것과 계획된 과업의 처리가 부진했던 탓이다.

그림 6·3b는 갠트차트에 대해 다르게 접근한 것이다. 이것은 막대 차트와 기본적 사실은 같으나 표시방법이 다르다. 이 방법에서는 시작 지점에 위로 솟은 삼각형, 종료 지점에 아래로 향한 삼각형을 그리고, 계획된 날짜에는 옅은 색깔의 삼각형, 실제 날짜에는 진한 색깔의

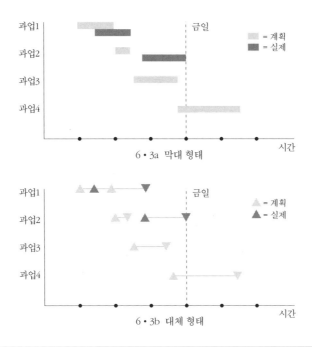

| 그림 6 · 3 | 갠트 차트 |
|---|---|

삼각형을 그린다. 다시 보면 그림 6 · 3b에서 과업 1은 늦게 시작하고 늦게 끝났지만 기간은 계획대로 임을 알 수 있다. 또한 과업 2는 늦게 시작하고 계획보다 기간이 길며, 매우 늦게 끝났음을 알 수 있다.

갠트차트는 프로젝트 일정관리와 계획에 널리 쓰인다. 그런데 대부분의 프로젝트 수행자들은 갠트차트가 무엇인지도 모르고 그냥 사용한다. 어떻게 쓰는지 특별히 배우지 않아도 이해하기 쉬우며 만드는데도 특별한 장비가 필요하지 않고 그저 그래프용지, 연필, 자만 있으면 된다. 갠트차트는 프로젝트의 목표와의 편차를 극적으로 나타내기 때문에 일정의 변동을 점검하는 데 특히 유용하다.

## PERT/CPM 일정 네트워크

갠트차트는 과업의 시작일과 종료일을 나타낼 때 특정 과업에 대한 일정의 변화가 프로젝트에 미치는 영향을 보여주지 못한다는 것이 근본적 약점이다. 즉, 갠트차트는 과업을 독립적인 활동처럼 간주하고 상호 연결된 속성을 고려하지 않는다는 것이다.

1950년대 후반에 이와 관련해 두 기법이 동시에 개발되었는데, 이를 통해 프로젝트 스태프는 시작일과 종료일의 변경이 전체 프로젝트 일정에 얼마나 영향을 미치는지 알 수 있게 되었다. 하나는 미 해군의 폴라리스 미사일 프로그램에서 개발된 것으로 프로그램 평가 및 검토 기법(PERT : Program Evaluation and Review Technique)이라 하며, 다른 하나는 듀퐁*DuPont*에 의해 개발된 것으로 핵심경로기법(CPM : Critical Path Method)이라 한다. 두 기법 모두 흐름도에 기반하고 있어서 비슷해 보이지만 일정 계산에 대한 접근법이 다르다.

처음에는 어느 한 방법이 다른 것보다 낫다고 토론하는 데 많은 시간이 허비되었다. 그러나 오늘날엔 둘 사이에 구별이 점점 없어지고 있다. 컴퓨터 기반의 일정관리 소프트웨어에서는 각 방법의 장점을 취합한 PERT/CPM 혼합법이 일반적으로 쓰이고 있다. 이 장에서는 두 방법을 구분하지 않는다.

### PERT/CPM 네트워크의 작성

PERT/CPM 네트워크 작성에 있어 첫 단계는 프로젝트에 대한 WBS를 만드는 것이다. 표 6 · 2는 피크닉 준비에 대한 프로젝트의 간단한 WBS를 보여주고 있다.

두 번째 단계는 WBS 안에 담겨 있는 정보들을 이용해서 특정한 흐름도를 만드는 것이다. PERT/CPM 네트워크의 역할은 그림 6·4a와 같이 일정 정보를 통합하여 기본적 흐름도로 만드는 것이다. 여기서 WBS에서 나열된 과업은 상자 안에 표시되어 일어나는 순서대로 배치되고, 과업 간의 관계는 선으로 표시된다. 예를 들어 '샌드위치 만들기'와 '과일 준비'를 잇는 선은 샌드위치 준비가 끝난 후에야 과일 준비를 시작한다는 것을 나타낸다. '바구니 준비' 쪽으로 가는 선들은 아이스 티를 만들고 과일 준비를 끝낸 후에야 피크닉 바구니 준비를 시작할 수 있다는 것을 나타낸다. 과업을 나타내는 각각의 상자 안에서 과업을 마치는 데 드는 시간의 양이 우측 상단에 표시된다. 예를 들어 아이스 티를 만드는 일은 15분이 걸린다.

| 과업 | 시간(분) | 수행자 |
|---|---|---|
| 1. 시작 | 0 | |
| 2. 아이스티 만들기 | 15 | 조지 |
| 3. 샌드위치 만들기 | 10 | 마샤 |
| 4. 과일 준비 | 2 | 마샤 |
| 5. 바구니 준비 | 2 | 마샤 |
| 6. 담요 준비 | 2 | 조지 |
| 7. 스포츠 용구 준비 | 3 | 마샤 |
| 8. 차에 싣기 | 4 | 조지 |
| 9. 기름 넣기 | 6 | 조지 |
| 10. 소풍 장소로 가기 | 20 | 마샤 |
| 11. 끝 | 0 | |

표 6·2      피크닉을 위한 WBS

**핵심경로(critical path)**

PERT/CPM 네트워크를 이해하는 데 중요한 개념으로 '핵심경로'가 있다. 일정 네트워크에서 핵심경로란 끝마치는 데 시간이 가장 오래 걸리는 경로를 말한다. 그림 6·4a에서 '시작'에서 '바구니 준비'로 가는 두 가지 경로를 보자. 위쪽 경로 '아이스 티 만들기'는 끝마치는 데 15분이 걸리는 반면, '샌드위치 만들기'와 '과일 준비' 2개의 과업으로 구성되는 아래쪽 경로는 12분 안에 끝마칠 수 있다. 네트워크가 그려진 방식대로라면 '시작'에서 '바구니 준비'까지 걸리는 최장 시간은 15분이다. 이는 아래쪽 경로가 3분 지연됨을 뜻한다.

핵심경로는 끝마치는 데 시간이 가장 오래 걸리므로 여유시간이 전혀 없다. 실제로 핵심경로상에 일정의 지연이 있다면 그 차이는 프로젝트 전체에 영향을 미치게 된다. 그러므로 핵심경로상의 과업을 마치는 데 예상보다 3분이 더 걸린다면 전체 프로젝트 일정은 그만큼 늦어진다. 핵심경로는 이런 일정의 지연에 대해 융통성이 없음을 의미한다. 핵심경로상에 있지 않은 활동들은 반대로 약간의 여유를 가지기 때문에 일정상 얼마간의 지연을 허용한다.

그림 6·4a에서 프로젝트에 대한 핵심경로는 굵은 선으로 표시된다. 프로젝트를 끝마치는 데 걸리는 시간을 알기 위해서는 단지 핵심경로상의 각 과업을 마치는 데 드는 시간을 더하기만 하면 된다. 여기의 예에서는 전체 프로젝트를 마치는 데 드는 시간은 50분이다(15+2+3+4+6+20 = 50분).

**비핵심 과업(non-critical task)과 여유시간**

비핵심 과업(non-critical tasks : 핵심경로상에 있지 않은 과업)은 약간의

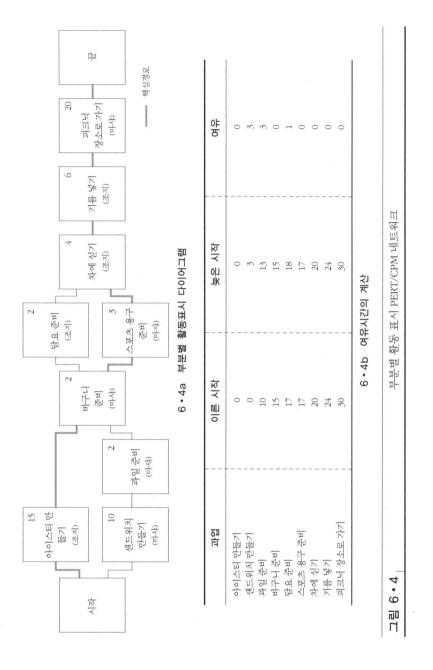

6·4a 부분별 활동표시 다이어그램

—— 핵심경로

6·4b 여유시간의 계산

| 과업 | 이른 시작 | 늦은 시작 | 여유 |
| --- | --- | --- | --- |
| 아이스티 만들기 | 0 | 0 | 0 |
| 샌드위치 만들기 | 0 | 3 | 3 |
| 파일 준비 | 10 | 13 | 3 |
| 바구니 준비 | 15 | 15 | 0 |
| 담요 준비 | 17 | 18 | 1 |
| 스포츠 용구 준비 | 17 | 17 | 0 |
| 차에 싣기 | 20 | 20 | 0 |
| 기름 넣기 | 24 | 24 | 0 |
| 피크닉 장소로 가기 | 30 | 30 | 0 |

그림 6·4 부분별 활동 표시 PERT/CPM 네트워크

여유시간이 있기 때문에 그 시작지점을 설정하는 데 있어서 융통성을 가질 수 있다. 위에서 살펴본 대로 '시작'과 '바구니 준비' 사이의 아래쪽 경로는 3분의 여유가 있다. 따라서 프로젝트 시작 후 3분까지는 샌드위치를 준비하지 않아도 된다. 3분 지점에서 샌드위치 준비를 시작하더라도 여전히 할당된 시간 안에 프로젝트를 끝마칠 수 있다. 그러나 4분 지점에서 샌드위치 준비를 시작한다면 전체 프로젝트 일정은 1분만큼 지연된다.

**가장 이른 시작지점과 가장 늦은 시작지점**

프로젝트에 대해 가장 이른 시작지점과 가장 늦은 시작지점을 계산하는 것은 쉬운 일이다. PERT/CPM 네트워크의 왼쪽에서 시작해서 오른쪽으로 진행해가면 된다. 먼저 핵심 과업(critical task : 핵심경로상에 있는 과업)에 대해 가장 이른 시작지점을 구한다. '아이스 티 만들기'는 시간 0에서 시작하고, '바구니 준비'는 시간 15에서, '스포츠 용구 준비'는 시간 17에서, '차에 싣기'는 시간 20에서, '기름 넣기'는 시간 24에서, 그리고 '피크닉 장소로 가기'는 시간 30에서 시작한다.

핵심 과업에 대한 가장 이른 시작지점을 구한 후에 비핵심 과업에 대한 가장 이른 시작지점을 구한다. 그런 후 다시 왼쪽에서 오른쪽으로 진행한다. '샌드위치 만들기'는 시간 0에서 시작하고, '과일 준비'는 시간 10에서, 그리고 '담요 준비'는 시간 17에서 시작한다.

가장 늦은 시작지점을 구할 때에는 오른쪽에서 왼쪽으로 진행한다. 다시 한 번 핵심경로에 집중해보자. 프로젝트가 끝나는 데 50분이 걸리기 때문에 '피크닉 장소로 가기'의 가장 늦은 시작지점은 시간 30이고(즉 50-20), '기름 넣기'의 가장 늦은 시작지점은 시간 24이며(즉

30-6), '바구니 준비'는 시간 15, '아이스 티 만들기'는 시간 0이다. 여기서 가장 늦은 출발시간은 가장 이른 출발시간과 동일함을 알아둘 필요가 있다. 핵심경로상의 과업은 언제나 그러하다. 과업을 시작하는 시간에 대해서는 전혀 신축성이 없다.

비핵심 과업에 대해 가장 늦은 시작지점을 구할 때는 역시 왼쪽으로 진행한다. 비핵심 과업인 '담요 준비'를 보자. '담요 준비' 후에 일어나는 활동은 핵심경로상의 과업인 '차에 싣기'이며, 이는 시간 20보다 늦게 시작하면 안 된다고 정했다. 즉, '담요 준비'가 2분을 소요하기 때문에 이에 대한 가장 늦은 시작지점은 시간 18이다(즉 20-2). 같은 논리로 '과일 준비'에 대한 가장 늦은 시작지점은 시간 13이며, '샌드위치 만들기'는 시간 3이다.

각각의 과업에 대한 여유시간은 가장 늦은 시작지점에서 가장 이른 시작지점을 빼면 구할 수 있다. 예를 들어 '과일 준비'에 대한 가장 늦은 시작지점은 시간 13인 반면, 그 가장 이른 시작지점은 시간 10이다. 이 과업에 대한 여유시간은 13에서 10을 뺀 3이다. 이것은 과업을 수행하는 데 3분의 여유를 가질 수 있음을 의미한다.

그러나 프로젝트가 수행되고 각각의 과업이 지체되면서 나머지 과업에 남겨진 여유시간은 감소한다. 만일 시간 12까지 샌드위치 준비를 끝내지 못한다면 2만큼의 여유시간을 소비하게 되고, 이는 '과일 준비'를 시작할 수 있는 가장 이른 시작지점은 시간 12이고 가장 늦은 시작지점은 13이어서 '과일 준비'에 대해 겨우 1단위의 여유시간을 남겨 놓음(13-12)을 뜻한다.

피크닉 프로젝트의 가장 이른 시작지점, 가장 늦은 시작지점, 여유시간에 대한 정보는 그림 6·4b에서 제공된다.

**자원과 네트워크의 형상화**

PERT/CPM 네트워크는 프로젝트에 투입될 수 있는 자원의 양에 의존하는 경우가 많다. 예를 들어 더 많은 사람이 이용 가능할수록 더 많은 활동을 병렬로 수행할 수 있다. 피크닉 준비에 있어서 두 명이 하는 일을 세 명이 도와준다면 5개의 활동이 동시에 수행될 수 있다. 한 사람은 아이스 티를 만들고, 두 번째 사람은 샌드위치를 만들며, 세 번째 사람은 과일을 준비하고, 네 번째 사람은 담요를 준비하고, 다섯 번째 사람은 스포츠 용구를 준비할 수 있다. 이런 환경 아래서는 그림 6·4에 그려진 것과 다른 PERT/CPM 네트워크를 만들 수 있다.

**부분별 활동 표시 vs 화살표 활동 표시 네트워크**

그림 6·4와 같은 PERT/CPM 네트워크를 '부분별 활동 표시(activity-in-node)' 네트워크라고 하며, 각 상자는 각각의 부분을 나타낸다. 다른 보편적 방법으로는 '화살표 활동 표시(activity-on-arrow)' 네트워크가 있다. 이 두 번째 방법은 그림 6·5에 표시되었다. 과업을 상자 안에 둔 부분별 활동 표시방법과 달리, 화살표 활동 표시방법은 각각의 이벤트(event : 도표의 원으로 둘러싸인 숫자)들을 연결하는 화살표 위에 과업을 표시한다. 이벤트는 과업의 시작이나 끝을 나타낸다. 그러므로 그림 6·5에서 이벤트 3은 과업 2 → 3('과일 준비')의 끝과 과업 1 → 3('아이스 티 만들기')의 끝, 그리고 과업 3 → 4('바구니 준비')의 시작을 나타낸다.

화살표 활동 표시방법을 쓸 때 가끔 자원을 소비하지 않는 가상 과업을 만들 경우가 있다. 그림 6·5에서 과업 6 → 5는 그런 가상 과업을 말하며, 이벤트 4에서 5로 가는데 2개의 과업 '담요 준비'와 '스포

248

츠 용구 준비'를 거치게 하고 싶기 때문에 만들어진다. 이 과업은 둘 다 4 → 5로는 설명될 수 없는데 그 이유는 4 → 5라고 쓰면 이것이 '담요 준비'를 나타내는 지 '스포츠 용구 준비'를 나타내는 지 혼동되기 때문이다. 따라서 과업 중 하나인 '담요 준비'는 임의로 4 → 6에 지정되어 4 → 5와 구별된다. 그러나 이렇게 함으로써 가상 과업 6 → 5가 생기게 된다.

이런 방법 중 쓰기에 편한 것을 선택하면 된다. 프로젝트 관리 서적은 두 방법의 상대적 장점에 대해 논하고 있지만 어느 한 쪽의 상대적 이점은 별로 중요하지 않다. 20년 전쯤에 PERT/CPM 네트워크를 배울 때는 화살표 활동 표시방법이 많이 쓰여서 이때 배운 사람들은 이 방법을 쓰기 편하다고 생각한다. 그런데 요즘은 컴퓨터용 일정관리 소프트웨어가 많이 보급되면서 컴퓨터 화면에 나타내기 쉽다는 이점 때문에 부분별 활동 표시방법 쪽을 선호한다.

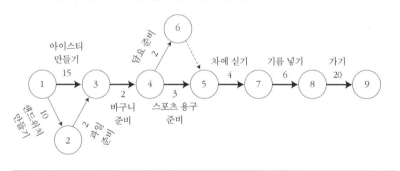

| 그림 6·5 | 화살표 활동 표시 PERT/CPM 네트워크 |

## 계획과 통제에 대한 PERT/CPM 네트워크의 유용성

PERT/CPM 네트워크는 프로젝트 스태프가 수행할 과업을 주의 깊게 확인하고 과업 간 관계를 정확히 결정할 수 있도록 해주기 때문에 프로젝트 계획에 분명 유용하다. 만약 과업만을 확인하고 과업 간 관계를 결정하지 않은 채 일에 착수한다면 프로젝트의 달성은 요원해질 것이다.

PERT/CPM 네트워크는 계획에도 유용하다. 이는 전체 프로젝트 일정의 지연과 각 과업의 시간 단축에 대한 영향을 결정하는 시나리오를 계획 입안자가 전개할 수 있도록 해주기 때문이다. 그리고 컴퓨터 일정관리 소프트웨어를 사용하면 최악의 경우와 최선의 경우에 대한 시나리오를 만드는 것이 상대적으로 쉬워져 일정을 단지 하나의 가설에만 의존하지 않아도 된다.

일정 네트워크는 통제 도구로는 덜 유용하다. 왜냐하면 네트워크를 계속 갱신하는 것은 아주 힘든 일이기 때문이다. 또 다른 이유는 일정 네트워크는 갠트차트처럼 일정의 변동을 도표로 보여주지 못하기 때문이다. 단지 갱신된 PERT/CPM 차트를 원본과 겹쳐놓는다고 해서 변동을 확인할 수는 없다.


## 계획과 통제 도구 : 예산


관리자들의 큰 책임 중 하나는 프로젝트 예산을 수립하고 그것을 고수하는 일이다. 프로젝트 예산의 초과여부는 관리자의 능력을 평가하는 하나의 잣대이다.

예산초과는 프로젝트 관리자와 그가 일하는 조직에 심각한 결과를 초래할 수 있다. 계약을 통해 돈이 들어오는 프로젝트를 생각해보자.

비용초과는 수행하는 조직에 대해 소송, 위약금, 재정적 손실을 야기할 수 있다. 프로젝트의 자금이 내부적으로 충당되는 경우라면 비용초과는 부족한 조직의 자원을 심각하게 고갈시킬 수 있다.

예산을 세우는 것의 중요성을 생각해 볼 때, 많은 조직들이 경영에 있어 이에 대해 초점을 맞추는 일은 당연하다. 따라서 많은 조직들은 조직의 특정한 환경과 운영 방식에 맞게 만들어진 잘 개발된 예산 수립 기법을 갖고 있다.

## 예산의 구성요소

프로젝트 비용은 보통 직접인건비, 간접비, 부가급부(fringe benefits), 보조비의 네 가지 요소로 구성된다. 직접인건비는 직원의 시간급을 프로젝트에 소요될 것으로 예상되는 시간의 양과 곱하여 결정된다. 자본집약적이 아닌 대부분의 서비스 프로젝트에서는 직접 인건비가 프로젝트 비용의 가장 큰 요소이다.

간접비는 직원들이 일하는 환경을 유지하는 데 드는 대표적인 비용이다. 비품, 전기료, 임대료, 그리고 종종 비서에게 드는 비용이 여기에 포함된다. 한 조직에서 간접비로 취급되는 것이 다른 조직에서는 다르게 취급될 수 있음을 알아둘 필요가 있다. 예를 들면, 보통 비서 서비스를 사용하지 않는 조직에서는 비서에 드는 비용은 직접인건비나 보조비로도 포함될 수 있다. 보통 간접비는 직접인건비에 따라 상대적으로 고정된다. 예를 들어 장기간에 걸쳐 직접인건비가 50% 증가되었다면 간접비도 비슷하게 50% 증가되는 경향이 있다.

부가급부는 직원들이 조직에서 봉급으로 지급받지 않는 소득이다. 고용인이 직원의 국민연금을 분담하는 것이 여기에 포함된다. 조직에 따라서는 의료보험, 생명보험, 이익분배 계획, 주식매입 선택권, 상여금, 대학 수업료 지급이 여기에 포함된다. 부가급부 비용은 또한 직접인건비에 비례한다.

　보조비는 조직의 일상 업무에서는 발생하지 않는 프로젝트 관련 비용이다. 프로젝트 여비, 특정 장비 및 재료 구입, 컴퓨터 이용시간, 컨설팅 비용, 보고서 복사 비용이 이 범주 안에 들어가는 대표적 항목이다.

　일반적으로 프로젝트에서 인건비를 알 수 있다면 전체 프로젝트 비용에 대한 추정을 할 수 있다. 정보화시대의 프로젝트에서는 종종 지식노동자의 봉급이 예산의 가장 중요한 부분이 되는데, 이 때 예산을 추정하는 것은 프로젝트 과업을 수행하는 데 필요한 노동량을 추정하는 것과 밀접한 연관이 있다. 간접비와 부가급부는 직접인건비와 연관된다. 또한 보조비를 어느 정도 예상할 수 있다면 전체 프로젝트 비용을 제대로 추정할 수 있을 것이다.

　표 6·3을 보면 여기서 가정한 기업의 직접인건비, 간접비, 부가급부는 77,500달러이다. 이 수치는 직접인건비(37,600달러)보다 2.09배가 크다. 그러므로 프로젝트 비용을 추정할 때 이 회사의 프로젝트 관리자는 보조비를 제외한 프로젝트 비용은 대략 직접인건비의 두 배 정도가 될 것이라고 합리적으로 추측할 수 있다. 물론 전체 비용의 최종 추정을 하는 데 있어 이 프로젝트 관리자는 프로젝트의 성격에 따라 상당한 금액이 될지 모를 보조비를 포함시켜야 할 것이다.

　이런 방법을 가리켜 '매개변수(parametric) 비용 추정' 이라 한다. 매개변수 비용 추정은 앞에서 설명한 작업분류 체계에서 도출되는 상향식 비용 추정 절차를 대체할 수 있다.

| | | | |
|---|---|---|---|
| 프로젝트 관리자(시간당 30달러/ 500시간) | $15,000 | | |
| 분석가(시간당 20달러/ 1,000시간) | 20,000 | | |
| 기술자(시간당 13달러/ 200시간) | 2,600 | | |
| 총 인건비 | | 37,600 | 37,600 |
| 간접비(인건비의 65%) | 24,440 | | |
| 총 인건비 + 간접비 | | | 62,040 |
| 부가급부(인건비 + 간접비의 25%) | 15,510 | | |
| 소계 | | | 77,550 |
| 운임(출장당 1,000달러/ 4회) | 4,000 | | |
| 컴퓨터(대당 3,500달러/ 2대) | 7,000 | | |
| 인쇄와 복사 | 2,000 | | |
| 총 보조비 | | 13,000 | |
| 총 프로젝트 비용 | | | 90,550 |

| 표 6 · 3 | 프로젝트 비용의 추정 |
|---|---|

## 관리 예비비(management reserve)

프로젝트 관리자는 프로젝트 비용이 초과되지 않을까 하고 항상 근심하게 된다. 그래서 관리자는 비용이 초과할 때를 대비해 보통 비용 추정에 있어서 약간의 여유분을 덧붙인다. 주로 사용되는 방법은 프로젝트 비용을 가능한 한 현실적으로 추정하여 이 추정액에 얼마간의 '추가 요소'를 덧붙임으로써 예기치 않은 문제가 생기면 이를 보상할 수 있도록 하는 것이다. 이때 불확실성이 적은 프로젝트에서는 관리 예비비로 보통 5~10%를 잡는다. 이 비율은 위험이 높은 프로젝트에서는 더 올라간다.

그런데 어떤 프로젝트 관리 전문가는 이것이 비용초과를 부추기고 긴축재정의 원칙을 손상시킨다며 관리 예비비의 설정에 반대한다.

## 예산 통제

앞에서 살펴본 바와 같이 프로젝트 스태프는 계획과 실제 수행과의 편차로 생기는 프로젝트의 변동(variance)을 감수해야 한다. 중요한 것은 변동의 존재 여부가 아니라 그 변동이 어느 정도냐 하는 것이다. 편차가 허용 가능한 범위를 벗어난다면 이 변동이 표시되고, 그 원인을 조사해야 한다.

표 6 · 4는 변동 분석이 예산 통제에서 쓰이는 방법의 예를 들고 있다. 이 표는 작은 프로젝트에 대한 월별 예산보고서를 나타낸다. 이 도표를 훑어보면 프로젝트가 잘 되어가고 있다는 것을 알 수 있다. 보고된 달의 총변동은 플러스(+) 방향이고(116달러 혹은 3.7%), 지금까지의 누적 지출의 총변동 역시 플러스여서(3,154달러 혹은 5.3%) 프로젝트가 예산이 약간 남는 상태로 운영된다는 것을 나타낸다.

그러나 예산보고서에서 좀더 자세히 볼 필요가 있는 항목들이 몇 가지 있다. 비품의 변동이 왜 그렇게 큰가?(1,582달러 또는 39.6%) 이 변동량은 프로젝트 스태프가 비품을 할인된 가격에 조달해서 프로젝트 비용을 절감할 수 있었다는 것을 의미할 수도 있다. 그러나 프로젝트 일정이 늦어져서일 수도 있다. 즉, 비품이 아직 구매되지 않았기 때문에 비품 비용이 낮아졌을 수도 있다.

그리고 왜 컨설턴트에게 500달러가 할당되었음에도 불구하고 단지 99달러만이 지출되었는가? 긍정적으로 보면 비용을 걱정하는 프로젝트 스태프가 외부 전문가를 쓰지 않고 내부 자원을 통해 문제의 답을 구했을 수 있다. 그러나 부정적으로 보면 변동된 양은 일정 지연의 결과일 수 있다. 비용이 들지 않은 이유는 컨설턴트를 아직 쓰지 않았기 때문이다.

| 지출 범주 | 전에 요구된 금액 | 예산해 | 당기 요구 금액 | 변동 | 변동 비율 | 누적 총 예산 | 누적 총 실제해 | 총계에서의 변동 | 변동 비율 |
|---|---|---|---|---|---|---|---|---|---|
| 봉급 | 28,716 | 1,500 | 1,716 | (216)[a] | 14.4* | 30,000 | 30,432 | (432) | 1.4 |
| 운임 | 536 | 150 | 0 | 150 | 100.0* | 800 | 536 | 264 | 33.0 |
| 비품 | 2,418 | 300 | 0 | 300 | 100.0* | 4,000 | 2,418 | 1,582 | 39.6* |
| 컨설턴트 | 99 | 0 | 0 | 0 | 0.0 | 500 | 99 | 401 | 80.2* |
| 간접비 | 17,804 | 975 | 1,115 | (140) | 14.4* | 19,500 | 18,919 | 581 | 3.0 |
| 요금 | 3,965 | 248 | 226 | 22 | 8.9 | 4,950 | 4,192 | 758 | 15.3* |
| 총계 | 55,538 | 3,173 | 3,057 | 116 | 3.7 | 59,750 | 56,596 | 3,154 | 5.3 |

· 일시 : 20개월이 소요되는 프로젝트에서 16번째 달

· 괄호 안의 금액은 음(−)의 변동이다.

· * 표시는 변동 폭이 10%를 넘음을 나타낸다.

표 6 · 4          예산의 추적

전반적으로 이 예산보고서는 프로젝트가 비용 측면에서 적절한 통제 하에 있다는 것을 나타낸다. 프로젝트가 끝나갈 시기쯤에 있어서 (겨우 넉 달이 남았다), 5.3%의 전반적 변동량에 대해 계획된 대로 전부 다 달성되지 못한 것이 아닌가 하고 걱정할 수도 있다. 프로젝트 일정을 훑어보면(특히 갠트차트) 일정의 지연이 있는지 알 수 있다. 지연이 발견되지 않는다면 잘 진행되고 있는 것이고, 프로젝트 비용의 절감을 기대할 수 있다.

## 누적비용곡선(cumulative cost curve)

프로젝트 계획과 통제시 흔히 비용곡선이라는 프로젝트에 대한 누적지출차트를 작성한다. 계획된 지출과 실제의 지출에 대한 비용곡선은 각 달의 지출과 이전 보고기간의 지출을 더해서 만들어진다. 이런 방법으로 평탄하고 상승하며 줄어들지 않는 비용곡선이 그림 6 · 6과 같이 생성된다. 곡선의 높이는 특정 시점에서 그 때까지의 총 비용을 나타낸다. 예를 들어 프로젝트의 맨 끝에서 계획된 지출의 '곡선 높이' 는 예산으로 잡힌 전체 비용을 나타낸다.

누적비용곡선(S곡선이라고도 한다)은 비용 변동을 한 눈에 보는 데 유용하다. 계획된 지출곡선과 실제 지출곡선의 높이 차이는 특정 시점에서 금전상의 차이를 나타낸다. 실제 지출곡선이 계획된 지출곡선과 아주 비슷해 보인다면 더할 나위 없다.

# 계획과 통제 도구 : 인적 · 물적 자원

인적 · 물적 자원 계획의 주요 목적은 프로젝트에 효율적으로 자원을 배분하는 것이다. 자원의 희소성은 자원계획 담당자가 극복해야할 근본적인 문제다. 보통 자원에 대한 요구는 이용 가능한 범위를 넘곤 한다. 이런 현실에서 계획 담당자는 가용 자원을 프로젝트 과업에 주의 깊게 할당해야 한다. 많은 프로젝트가 동시에 수행되는 매트릭스 조직에서는 자원을 할당하는 노력이 매우 복잡해질 수 있다. 왜냐하면 계획 입안자는 자원이 과다하게 할당되거나 활용되지 못하는 부분이 없도록 하면서, 여러 프로젝트의 과업에 필요한 것이 충족되도록 자원을 할당하려고 하기 때문이다.

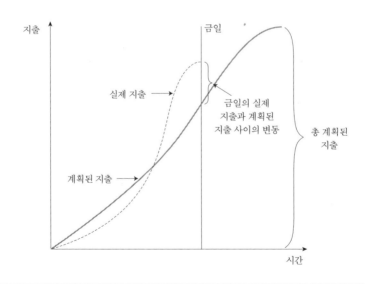

| 그림 6 · 6 | 누적비용곡선 |

계획 입안자가 자원 할당을 효율적으로 하는 것을 도와주는 많은 도구가 개발되어 있다. 흔히 쓰이는 도구에는 자원매트릭스, 자원갠트차트, 자원스프레드시트, 자원적재차트가 있다.

## 자원매트릭스

표 6 · 5는 자원매트릭스를 나타낸다. 그 기능은 인적 · 물적 자원을 프로젝트 과업과 연결하는 것이다. 이것을 작성하는 법은 세로축에 WBS에서 발견된 과업을 나열하고, 가로축에 가용 자원을 나열한다. 표 6 · 5는 조그마한 학교의 과학과 수학 커리큘럼을 개발하는 프로젝트에 대한 자원 할당을 보여준다.

## 자원갠트차트

자원매트릭스는 단지 과업에 대한 자원 할당만을 보여주며, 시간에 따라 자원이 어떻게 할당되는지는 보여주지 못한다. 이를 위해 그림 6 · 7의 자원갠트차트를 이용한다.

한편 자원갠트차트는 시간에 따라 과업마다 자원이 어떻게 할당되는지 보여준다. 이 차트를 통해 프로젝트 기간 동안 자원이 어떻게 배분되는지 한눈에 볼 수가 있고, 기존의 갠트차트처럼 자원갠트차트를 통해 자원 할당을 계획하고 추적할 수 있다. 그리고 여기서는 그려지지 않았지만 계획된 할당과 실제 할당을 나란히 두어 변동을 나타낼 수도 있다.

## 자원스프레드시트

자원스프레드시트는 그림으로 표기되는 자원갠트차트에 담긴 정보

| 작업 | 자원 | | | | | | |
|---|---|---|---|---|---|---|---|
|  | 방법론 학자 | 커리큘럼 전문가 | 평가자 | 과학 전문가 | 수학 전문가 | 인쇄기 | 메인프레임 컴퓨터 |
| 필요의 확인 | S | | | | | | |
| 요구사항 확정 | | | | P | | | |
| 예비 커리큘럼 설계 | S | P | | P | S | | |
| 설계 평가 | S | | | | | | |
| 과학 커리큘럼 개발 | | S | | P | | | |
| 수학 커리큘럼 개발 | | S | | | P | | |
| 통합 커리큘럼 검증 | S | P | | | P | S | |
| 연구결과 인쇄 및 배포 | | S | | | | P | |

• P=주요 책임, S=보조 책임

표 6·5  자원매트릭스

259

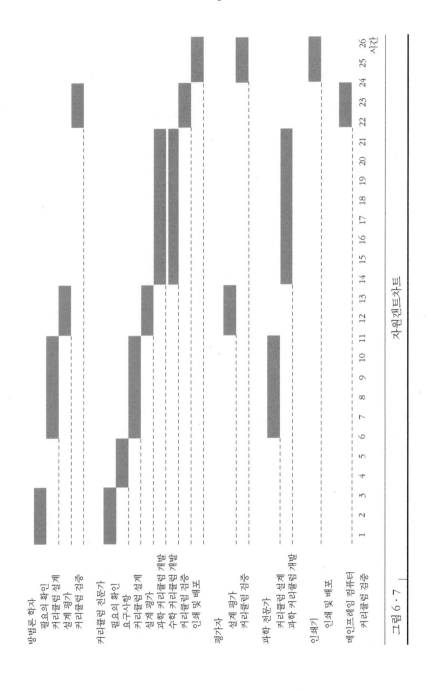

그림 6·7 자원겐트차트

를 표의 형태로 보여준다. 표 6·6은 커리큘럼 개발 프로젝트에 대한 집약된 자원스프레드시트를 나타낸다. 이 표를 통해 여러 기간 동안 프로젝트에 필요한 자원이 몇 단위인지 알 수 있다. 각 시간 단위마다의 모든 자원에 걸친 자원 요구사항을 더함으로써 시간에 따른 프로젝트의 전체 자원 요구사항을 계산할 수 있다(맨 밑에 '합계'를 참고하라).

자원스프레드시트는 컴퓨터 기반의 스프레드시트가 널리 확산됨에 따라 개발 및 유지가 쉽기 때문에 프로젝트 관리자 사이에서 많이 쓰인다. 스태프는 자원스프레드시트를 전산화함에 따라 여러 가지 시나리오를 쉽게 만들 수 있고, 이를 통해 자원 할당의 구성에 따른 영향을 결정할 수 있으며, 최선의 구성을 선택할 수 있다.

## 자원적재차트(resource loading chart)

자원적재차트(혹은 resource histogram이라고도 한다)는 자원 소비의 관점에서 프로젝트 수명주기를 그림으로 나타낸다. 차트를 보면 프로젝트 초기에는 시작할 준비를 갖추었기 때문에 상대적으로 자원 소비가 적지만 중반기에는 자원 사용이 최대로 되고, 마지막에는 자원 소비가 줄어든다는 것을 알 수 있다.

커리큘럼 개발 프로젝트에 대한 자원적재차트는 그림 6·8과 같다. 차트는 자원스프레드시트에서 얻어진 '합계' 데이터를 통해 쉽게 작성된다. 자원적재차트 내에 표시된 면적은 물리적 해석을 가능하게 한다. 즉 이 차트는 프로젝트에 들어간 노력을 시간별로 투입된 인력과 장비 등으로 나타낼 수 있다. 즉 인일(人日)은 'person-days'를 의미하며, 인시(人時)는 'person-hours'를 뜻한다.

그림 6·8의 자원적재차트는 계획과 실제 자원 할당의 윤곽을 보여

| | 시간 | | | | | | | | | | | | | | | | | | | | | | | | | |
|---|---|---|---|---|---|---|---|---|---|---|---|---|---|---|---|---|---|---|---|---|---|---|---|---|---|---|
| | 1 | 2 | 3 | 4 | 5 | 6 | 7 | 8 | 9 | 10 | 11 | 12 | 13 | 14 | 15 | 16 | 17 | 18 | 19 | 20 | 21 | 22 | 23 | 24 | 25 | 26 |
| 방법론 학자 | 1.5 | 1.5 | 1.5 | | | | | | | | | | | | | | | | | | | | | | | |
| 커리큘럼 전문가 | | 1 | 1 | 1 | 1 | 1 | 1 | 1 | 1 | 1 | 1 | 1 | 1 | 1 | 1 | 1 | 1 | 1 | 1 | 1 | 1 | 1 | 1 | 1 | 1 | 1 |
| 평가자 | | | | | | | | | | | | 2 | 2 | | | | | | | | | 2 | 2 | 2 | | |
| 과학 전문가 | | | | | | .75 | .75 | .75 | .75 | .75 | .75 | | | 2 | 2 | 2 | 2 | 2 | 2 | | | | | | | |
| 수학 전문가 | | | | | | .75 | .75 | .75 | .75 | .75 | .75 | | | 2 | 2 | 2 | 2 | 2 | 2 | 2 | | | | | | |
| 인쇄기 | | | | | | | | | | | | | | | | | | | | | | | | 3 | 3 | 3 |
| 메인 프레임 컴퓨터 | | | | | | | | | | | | | | | | | | | | | | .1 | .1 | .1 | | |
| 합 계 | 2.5 | 2.5 | 2.5 | 1 | 1 | 3.5 | 3.5 | 3.5 | 3.5 | 3.5 | 3.5 | 5 | 5 | 5 | 5 | 5 | 5 | 5 | 5 | 5 | 5 | 3.1 | 3.1 | 3.1 | 1.3 | 1.3 |

표 6·6 자원스프레드시트

주며, 그래서 변동 사항을 점검할 수 있음을 알 수 있다. 일반적으로 '실제' 적재차트 내의 면적이 '계획된' 차트 내의 면적보다 훨씬 크다면 계획보다 많은 인일(人日 : person-days)을 프로젝트에 투입한 것이며, '실제' 차트 내의 면적이 '계획된' 차트 내의 면적보다 작다면 계획보다 적은 인일 자원을 소비한 것이다. 그리고 두 면적이 똑같거나 거의 비슷하다면 자원 변동은 최소가 된다.

자원적재차트는 자원 통제에 드는 노력을 간단하게 해주기 때문에 프로젝트 관리에 널리 쓰인다. 그림 6·8은 '실제'와 '계획된' 차트를 보여준다. 두 차트를 비교하면 프로젝트에 필요한 자원을 좀 늦게 사용하기 시작했다는 것을 알 수 있다. 그러나 나중에 계획된 것보다 더 많은 자원을 사용하여 초기의 부족을 보충하고 있다.

프로젝트 수행에 소비된 인일의 총 수치는 원래 계획된 것보다 약간 많다는 사실에 주목해야 한다. 그렇다면 이것은 프로젝트에 대한 비용 초과를 뜻하는가? 꼭 그렇지는 않다. 자원적재차트의 근본적 결함은 자원 소비에 대해 고도로 집약된 정보만을 보여준다는 것이다. 즉 개

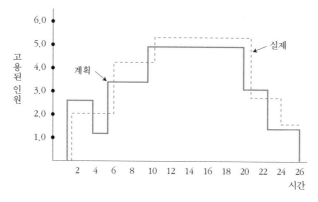

| 그림 6·8 | 자원적재차트 |

별 자원의 질이나 가격에 대해서는 아무 정보도 제공하지 않는다. 그래서 그림 6·8을 통해 계획보다 많은 인일이 프로젝트에 투입되었음을 알 수 있지만, 반드시 더 많은 프로젝트 비용이 투입됐다고 해석할 수는 없다. 프로젝트 예산에서 인일의 증가로 인한 영향을 알기 위해서는 직접 예산수치를 확인해야 한다.

## 자원의 평준화

자원 계획 입안자의 주된 관심은 인적·물적 자원을 효율적으로 할당하는 데 있다. 즉, 과다하거나 부족하지 않도록 적절한 과업에 적절한 자원을 할당하는 것이다. 이런 일은 특히 다른 프로젝트와 독립적으로 고유의 자원 요구사항을 가지면서 동시에 여러 프로젝트가 수행될 때는 더욱 쉽지 않다.

예를 들어 한 전문가가 우연히 같은 날에 4개의 다른 프로젝트에서 작업해야 할 수도 있다. 이 때 4개의 프로젝트가 기능별로 나뉘지 않는 한, 모든 프로젝트에 대해 예정된 요구사항을 다 충족시킬 수 없다. 한꺼번에 밀려온 프로젝트 때문에 정신없이 바쁘다가 그 일이 끝나면 그 전문가는 할 일이 전혀 없을 수도 있다. 그는 프로젝트에 공통적으로 발생하는 '배부르게 먹거나 굶거나' 하는 상황과 접하게 된다. 회사의 중앙컴퓨터를 이용하는 프로젝트 수행자도 이와 유사한 문제에 종종 빠진다. 컴퓨터를 쓰려고 하는 중요한 순간에 회사 안의 모든 사람들도 똑같이 사용하려 하며 프로젝트 수행자가 쓰지 않고 있으면 다른 사람도 사용하지 않는다.

자원의 평준화(resource leveling)는 대부분의 프로젝트 상황에 적용될 수 있는 개념이다. 계획 입안자는 제한되어 있는 자원으로 수요의 편차를 조절하려면 프로젝트 일정을 조정해야 한다는 사실을 깨닫는다. 자원의 평준화란 이처럼 자원이 어느 한편에 치우치지 않도록 하는 것이다. 조지가 10월에 처리해야할 프로젝트 업무가 많다면, 그를 필요로 하는 프로젝트 관리자는 조지가 한가해지는 11월에 그와 일할 수 있도록 프로젝트의 일정을 다시 짜야 한다.

자원의 평준화는 일정과 자원이용 간에 균형을 맞추는 것이 핵심이다. 프로젝트 계획 입안자가 일정을 최적화하는 방향으로만 프로젝트를 계획한다면 자원은 효율적으로 이용되지 않을 것이다. 반면 자원 이용을 최적화하려 한다면 일정은 부분 최적화에 그칠 것이다.

예를 들어 군용 무기를 개발하는 프로젝트라면 자원의 이용보다는 일정의 수행을 최적화하는 것이 더 중요한 경우가 있다. 그러나 대부분의 프로젝트에서는 자원의 제약으로 인해 자원의 평준화가 필요하며, 일정을 짤 때는 귀중한 인적 · 물적 자원의 이용에 대해서 충분히 고려해야 한다.

# 도표로 통제하는 프로젝트

지금까지 프로젝트 기획과 통제의 기본적 원칙과 여기에 널리 쓰이는 도구들을 살펴보았다. 이제 이런 원칙과 주요 도구들이 합쳐져서 어떻게 프로젝트 스태프에 대한 강력한 통제 방법론이 되는지 살펴보자.

프로젝트 관리자가 프로젝트 예산에만 온 신경을 쏟고 스케줄링이나 자원이용 문제를 무시한다면 프로젝트의 현황에 대해 잘못 파악하게 된다.

예를 들어 월별 예산경과 보고서를 검토할 때, 프로젝트 관리자는 예산 변동이 거의 제로에 가깝다는 사실에 기뻐할지 모른다. 물론 그는 심각한 상황에 처할 수 있는데, 이는 예산 변동 자료만으로는 과업이 제 시간에 끝나는지를 알 수 없기 때문이다. 비슷한 상황으로 일정이나 자원 이용만 본다면 역시 프로젝트의 진척상황에 대해 잘못 알게 될 것이다. 프로젝트를 전반적으로 알기 위해서는 일정, 예산, 자원 현안을 동시에 살펴보아야 한다.

이를 위한 효율적인 방법으로는 일정수행(갠트차트), 예산수행(누적비용곡선), 자원할당(자원적재차트) 도표를 종이 한 장에 그려서 모두 프로젝트 스태프가 쉽게 일정, 예산, 자원 정보를 비교해 볼 수 있도록 하는 것이 있다. 그림 6·9에서는 두 가지 다른 프로젝트 시나리오인 사례 A와 B가 나타나 있다.

사례 A의 갠트차트를 보면 심각한 문제가 생겼음을 알 수 있다. 즉 프로젝트는 일정에 맞게 시작되었으나 각 과업이 원래 추정된 것보다 오래 걸리고 있다. 인원이 충분치 않아서 일정의 지연이 생긴 것은 인원적재차트에 반영되어 있으며, 인원적재차트는 프로젝트 스태프가 계속해서 부족하다는 것을 보여주고 있다. 스태프가 원래 기대한 것만큼 고용되지 않았기 때문에 예산이 남고 있으며, 이는 누적비용곡선에 나타나 있다. 컴퓨터의 사용을 나타내는 물적자원 적재차트는 프로젝트가 지연되고 있음을 나타낸다. 컴퓨터를 많이 사용하는 시스템개발 과업이 아직 시작되지 않았기 때문에 컴퓨터가 완전히 사용되고 있지 않은 것이다.

　사례 B에선 완전히 다른 상황이 나타난다. 갠트차트를 보면 프로젝트가 일정대로 진행됨을 알 수 있다. 만약 프로젝트 관리자가 일정에만 신경 쓴다면, 그는 프로젝트가 아주 잘 되고 있다고 생각할 것이다. 그러나 예산자료와 자원적재차트를 보면 일정은 맞지만 비용이 예상보다 많이 들고 있음을 알 수 있다. 실제로 누적비용곡선은 프로젝트의 예산보다도 비용이 초과되고 있다는 불길한 정보를 나타내고 있다. 다시 말해 프로젝트는 심각한 비용초과를 겪고 있는 것이다. 사례 B의 차트는 프로젝트 일정을 맞추기 위해 추가 자원이 투입되고 있는 고전적인 '붕괴 시나리오(crashing scenario)'를 나타내고 있다.

　모든 프로젝트 관리자는 프로젝트 관리를 위해 여기서 제시한 방식대로 갠트차트, 누적비용곡선, 자원적재차트를 사용해야 한다. 이 차트들은 일정, 예산, 자원이용의 변동에 대한 알기 쉬운 정보를 제공하며, 종합적으로 볼 때는 프로젝트 진행에 대해 즉각적이고 완전한 통찰력을 관리자에게 제공한다.

　이런 귀중하고 종합적인 안목을 통해 프로젝트 관리자는 분산된 자료로 단편적으로 들여다보는 것이 아니라 완벽하게 프로젝트의 상황을 보면서 진행을 수정하는 의사결정을 할 수 있다. 필요한 계획과 통제 자료가 모아지면 차트는 손이나 컴퓨터로 몇 분 안에 그릴 수 있다. 이처럼 차트들을 통합하기가 쉽다는 사실은 이 방법을 더욱 돋보이게 한다.

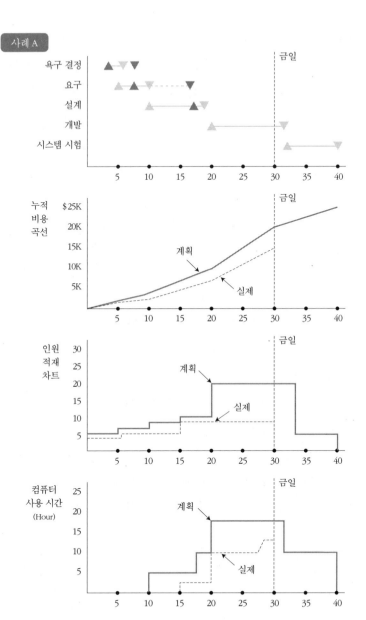

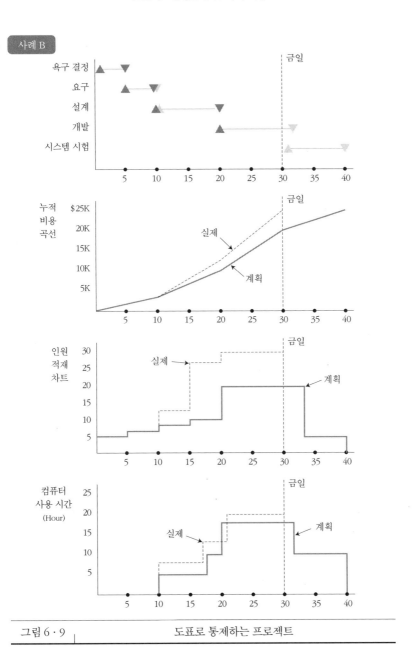

# 프로젝트 관리 소프트웨어

프로젝트 관리 훈련은 PC에서 작동하는 프로젝트 관리 소프트웨어의 출현으로 인해 1980년대 초반에 크게 각광을 받았다. 1983년에 개발된 '하버드 프로젝트 매니저' 소프트웨어는 관리의 초점을 예산, 스케줄링, 자원관리 방법론에 맞추었다. '하버드 프로젝트 매니저'는 PERT/CPM 차트, 갠트차트, 누적비용곡선, 자원적재차트, 그리고 여러 가지 표를 생성할 수 있다. 사실상 이것은 통합적 프로젝트 관리 및 계획 패키지였다. 특이한 것은 아주 조악한 소프트웨어도 1천 달러에 팔리던 때에 가격이 겨우 2백 99달러(곧 1백 65달러로 할인되었다)였다는 점이다.

그때부터 프로젝트 관리 소프트웨어는 아주 복잡한 도구로 발전해 왔다. 1990년대 중반까지 가장 널리 쓰이던 패키지(Microsoft Project for Windows)조차 몬테카를로 시뮬레이션(Monte Carlo simulation : 불확실한 상황에서 의사결정을 목적으로 만들어진 확률적 시스템) 기능이 추가되어 있었다.

PC 프로젝트 관리 소프트웨어가 복잡해질수록 배우고 사용하는 것도 어려워졌다. 예컨대 '하버드 프로젝트 매니저' 같은 패키지는 하루면 배울 수 있었다. 그런데 요즘의 소프트웨어 패키지를 능숙하게 사용하려면 최소 5일은 걸릴 것이다. 프로젝트 관리 소프트웨어의 교육에 대한 수요가 증대되면서 새로운 문제가 생겼다. '누가 교육받을 것인가?' 프로젝트 관리자는 처음에는 소프트웨어를 주도적으로 사용하는 사람이어야 한다고 생각했다. 그러나 이런 식으로 하면 프로젝트 관리자는 소프트웨어를 쓰는 데 대부분의 시간을 보내다가 정작 프로젝트 욕구를 다루는 데는 시간이 모자라게 된다.

오늘날 프로젝트 관리 소프트웨어를 사용하고 있는 대부분의 조직에서는 소프트웨어 전문가인 내부 컨설턴트나 지원 그룹을 상주시키고 있다. 항상 최신의 스케줄링, 예산 수립, 자원할당 소프트웨어 패키지를 사용하도록 하는 것이 그들의 책임이다. 또한 최근에 개발된 이런 소프트웨어를 실제 업무에 적용해서 프로젝트 스태프들이 사용할 수 있도록 하는 것도 그들의 책임이다.

대부분의 업무에서 프로젝트 관리 소프트웨어는 프로젝트 전문가에게 이득을 줄 것처럼 보인다. 이 소프트웨어는 필요한 프로젝트 관리 표준을 프로젝트 수행조직에 강제 적용시킨다. 모든 종업원이 여러 프로젝트에서 같은 소프트웨어를 사용한다면, 그들의 계획 및 통제자료는 호환될 수 있다. 또한 이 소프트웨어는 프로젝트 측정의 가치에 대해 사람들을 민감하게 만들 것이다. 사람들이 프로젝트 관리 소프트웨어를 통해 프로젝트 활동을 계획하고 유지한다면 과거의 자료를 계속 축적하여 미래의 프로젝트 관리에 지침을 제공할 수 있을 것이다. 이제 누군가가 '50줄로 이루어진 프로그램을 시험해보려면 얼마나 걸립니까?' 라고 물어본다면, 팀원들은 프로젝트 관리 소프트웨어에 기록된 과거의 실행을 뒤져보고 답을 해줄 수 있을 것이다.

그러나 이 소프트웨어도 결점은 있다. 첫째, 프로젝트 스태프에게 관리적인 부담을 증대시킨다. 이 부담은 소프트웨어 사용으로 얻어지는 이득과 항상 상쇄되는 것은 아니다. 둘째, 융통성의 부족으로 인해 만들어지는 많은 차트와 표가 특정한 조직과 별로 관계가 없을 수도 있다. 셋째, 이 소프트웨어로 인해 프로젝트 관리는 PERT/CPM 차트, 누적비용곡선 등의 표준기술과 주로 관련이 있다는 시각을 굳히게 되는데, 실제 프로젝트 관리는 프로젝트 권력 관계, 투입된 자원의 관리, 욕구가 정확히 정의되었는지 확인하는 것 등의 '가벼운(soft)' 현안에 도 초점이 맞춰져야 한다.

# 7
# 특수한 문제와
# 복잡한 프로젝트를 관리하는 법

...

6장에서는 기본적 계획과 통제 원칙을 살펴보았는데, 여기서 언급된 개념과 도구들은 현재 널리 받아들여져 표준으로 쓰이고 있는 것들이다. 이번 장에서는 프로젝트 관리자에게 매우 중요하면서도 프로젝트 관리 교과서에서는 간과하기 쉬운 전문적 논점과 주제들에 대해 자세히 살펴볼 것이다. 그 구체적인 내용은 대규모 프로젝트의 계획 및 통제, 복합적인 프로젝트, 계약(contracted)된 프로젝트, 관료적 이정표(bureaucratic milestone)가 있는 프로젝트들이다.

## 대규모 프로젝트의 계획과 통제

소규모 프로젝트를 아무리 잘 다루는 사람이라 할지라도 대규모 프로젝트를 다루면 실패할 수 있다. 마찬가지로 대규모 프로젝트를 수행하는 데 뛰어난 사람도 소규모 프로젝트를 다루는 데 어려움을 겪을 수 있다. 대규모 프로젝트와 소규모 프로젝트는 관리 방식이 달라서 요구사항에 차이가 있기 때문이다.

이런 차이를 살펴보기 전에 먼저 소규모 프로젝트와 대규모 프로젝트가 무엇인지 알아보자. 프로젝트의 크기를 결정하는 기준이 있는 것은 아니다. 보통 프로젝트의 크기는 생각하기 나름인 경우가 많다. 필자가 참석했던 프로젝트관리 세미나에서 한 공군 소령이 말했다. "당신은 1천만 달러짜리 프로젝트가 대단한 것처럼 이야기하는데, 내가 있는 곳에선 그건 쌈짓돈 정도에 불과합니다."

대규모 프로젝트와 소규모 프로젝트의 차이를 알기 위해서는, 극단적으로 차이가 나는 2개의 프로젝트를 보고 관리적 요구사항에 있어 구별되는 점이 있나 알아봐야 한다. 소규모 프로젝트의 예로는 두 명이 한 달간 진행하는 5천 달러짜리 프로젝트를 들 수 있다. 한편 대규모 프로젝트는 수십억 달러를 들여 인간을 달에 보내는 '아폴로 프로젝트' 같은 것을 예로 들 수 있다.

소규모 프로젝트의 기본적 특성은 인적·물적 자원을 적게 소비하며 단기간이고 대상이 좁으며 조직이 수행하는 전체 행위의 일부분만을 다룬다는 것이다. 그런 프로젝트 운영의 세부사항은 대부분의 프로젝트 관리자에겐 감당할 만하다. 그래서 이런 세부사항을 형식을 갖춰 열거할 필요성이 적다. 만약 세부사항들을 형식을 갖춰 나열한다면 여기에 드는 관리 비용 때문에 계획과 추적에 필요 이상의 많은 돈이 지출될 위험이 있다.

한편 수십억 달러짜리 프로젝트의 기본적 특징은 무엇인가? 대량의 인적·물적 자원을 소비하면서 장기간이 걸리고, 집중해야 할 범위가 넓다는 것이다. 이런 프로젝트를 다루기 위해 실제로 별도의 조직이 만들어진다. 이런 큰 프로젝트에서는 계획된 개발과 계획되지 않은 개발이 무엇인지 알 수 있도록 형식을 갖추고 잘 정의된 계획 및 추적 시스템을 만드는 것이 중요하다. 반 이상의 예산이 형식적인 계획 및 추적과 관련된 관리적 문제에 투입되기도 한다.

## 대규모 프로젝트 계획 및 통제시 형식의 필요성

6장에서 논의된 계획 및 통제 기법들은 큰 프로젝트나 작은 프로젝트 모두에 적합하지만 실제로는 소규모 프로젝트에 더욱 적합하다. 예를 들어 '작업분류체계도(WBS)엔 몇 단계까지 있어야 하는가?' 라는 질문에 대한 합리적인 대답은 '프로젝트 관리자가 편하게 느끼고 잘 실행될 것이라고 예상하는 수준' 이다.

그러나 WBS를 정의하는 데 있어서의 이런 융통성을 대규모 프로젝트에서는 기대하기 어렵다. 각 과업의 리더들은 WBS의 작성법에 대해 명확하고 형식적인 지시를 받아야 한다. 그렇지 않으면 각자의 노력이 종합적인 상위 WBS로 모아지지 않게 된다. 정부의 대규모 군 프로젝트에서 WBS를 작성하는 데 필요한 것들을 묘사하는 예를 간략하게 살펴보자.

| | | |
|---|---|---|
| 단계 1 | 프로그램 | 1백만 인시(person-hours) |
| 단계 2 | 프로젝트 | 10만 인시 |
| 단계 3 | 과업(task) | 1만 인시 |
| 단계 4 | 하위과업(subtask) | 1,000 인시 |
| 단계 5 | 작업묶음(work package) | 100 인시 |

| | |
|---|---|
| 표 7 · 1 | 형식을 갖춘 작업분류 체계 |

대규모 군 프로젝트에서 WBS는 상향식(bottom-up)으로 만들어진다(표 7·1). WBS의 최하위 단계(여기에서는 '작업 묶음'이라 함)에서는 각 항목에 100인시가 필요하다고 정식 지시가 내려진다. 이런 항목들 10개가 묶여 다음 단계인 하위과업이 구성되며, 이 하위과업은 1,000인시가 필요함을 나타낸다. 차례로 10개의 하위과업은 하나의 과업을 구성하고, 이런 과정을 거쳐 최상위 단계인 하나의 프로그램(10만인시)을 구성한다.

그런데 형식성이 증가됨에 따라 대규모 프로젝트의 경우 프로젝트 스태프 간에 의사소통을 유지하기 위해 문서가 급격히 늘어나는 부작용이 생겼다. 예를 들어 작은 과업에 약간의 변경만 생겨도 이에 영향을 받는 15~20명의 프로젝트 수행자들에게 일일이 통지를 해야 하는 것이다. 전형적인 대규모 프로젝트에서는 매년 수천 건의 변경이 일어나고, 수백만 장의 문서가 필요하며, 그래서 문서가 목적지에 도착하는 것을 보장하는 체계를 만들어야 하고, 이런 정보의 저장 및 검색을 위한 추가 절차를 만들어야 하는 등 일이 복잡해진다.

초대형 프로젝트에서는 스태프가 수많은 정보에 파묻혀 중요한 정보와 하찮은 정보를 구분하지 못할 위험이 있다. 정보의 중요도를 판단하는 일은 예산과 일정을 추적하는 데 있어 특히 중요하다. 프로젝트 계획 및 추적을 맡는 기계 장치에서 자료가 홍수처럼 쏟아져 나오는 상황에서 프로젝트 스태프는 자신에게 오는 수많은 정보와 수치의 의미를 어떻게 이해할 수 있을까 고민하게 되었다. 그 결과 그들은 예산 및 일정 정보를 더 잘 관리하기 위해 획득가치기법이라는 방법에 주목하고 있다.

## 획득가치기법(the earned-value technique)

획득가치기법은 원가회계사에 의해 개발되었으며, 프로젝트 스태프가 프로젝트에서 생기는 일을 더 잘 추적하는 데 도움을 주도록 설계되었다. 원가자료나 일정자료 자체만으로는 실행에 대한 잘못된 인식을 가질 가능성이 있다. 6장에서는 이런 문제가 갠트차트, 누적비용곡선, 자원적재차트를 통해 해결 될 수 있고, 이렇게 함으로써 일정, 예산, 자원 성과를 즉시 개관해 볼 수 있음을 살펴보았다. 그러나 이런 방법을 수만 개의 활동이 있는 대규모 프로젝트에 적용하려 한다면 프로젝트 스태프는 질리고 말 것이다. 즉, 갠트차트가 너무 커지고 복잡해져서 무엇을 의미하는지 이해할 수 없게 될 것이다.

그림 6 · 9에서는 도식적인 차트를 이용한 반면 획득가치기법은 수치를 이용한다. 이 접근법을 이용해 프로젝트 전문가는 비용과 일정의 변동을 동시에 검토할 수 있으며, 프로젝트의 진행상황을 전반적으로 볼 수 있게 된다. 많은 고위 정부 프로그램 관리자들은 이런 접근법이 없다면 대규모 프로젝트를 어떻게 통제할 지 상상이 안 간다고 말한다.

획득가치기법은 세 가지 기본개념으로 되어 있다. 하나는 예정작업 예산원가(BCWS : Budgeted Cost of Work Scheduled)이다. 이것은 기존의 계획된 예산 개념으로 즉 특정 과업(혹은 하부과업이나 작업 묶음)의 비용이 얼마나 들지를 말해 준다. 두 번째는 수행작업 실제원가(ACWP : Actual Cost of Work Performed)이다. 이것은 기존의 실제원가 개념으로 일정의 성과를 낳기 위해서 실제로 얼마만큼의 비용을 들여야 하는지를 나타낸다.

프로젝트 스태프는 보통 계획된 비용과 실제 비용으로 비용의 변동을 계산한다. 그런데 획득가치기법은 수행작업 예산원가(BCWP : Budgeted Cost of Work Performed)라는 개념의 도입을 통해 흥미를 끌고 있다. '수행작업 예산원가'란 용어를 잠시 들여다보면 BCWP의 목적이 무엇인지 알 수가 있다. 이 용어의 '예산원가(budgeted cost)'란 부분은 원래의 계획과 관계된 부분이고, 반면에 '수행작업(work performed)'이란 부분은 실제로 성취된 것을 말한다. 그러므로 BCWP 혹은 획득가치는 계획한 구성 요소들을 실제의 구성 요소들과 조합한 것이다. BCWP를 통해 원래 성취하기로 계획한 것에 비추어 실제 수행을 평가할 수 있다.

BCWP의 의미를 명확히 하기 위해 한 가지 예를 들어보자. 가령 프로젝트를 시작할 때 T 과업은 수행하는 데 1천 달러가 들며, 11월 1일까지 끝날 것이라고 추정한다고 하자. 그러나 11월 1일에 과업의 진척상황을 검토해본 결과 70%밖에 완료되지 않았다고 하면, 1천 달러 가치의 작업(BCWS)을 수행하기로 계획했지만, 실제로는 7백 달러 가치의 작업(BCWP)밖에는 달성하지 못한 것이다. BCWP는 실제로 달성한 작업의 금전 가치에 대한 척도이다(획득가치라는 용어는 여기서 유래한다).

이 세 가지 기본 개념(BCWS, ACWP, BCWP)은 예산과 일정의 변동을 새롭고 강력한 방법으로 계산할 수 있도록 해준다. 예산과 일정의 변동은 각각 하나의 숫자로 표현된다. 우리는 이 두 숫자를 동시에 접했을 때 예산과 일정 양쪽의 관점에서 프로젝트의 진행상황을 알 수 있다.

획득가치기법에서 예산 변동은 'BCWP-ACWP'로 계산된다. 그 이유를 알아보기 위해 ACWP가 5백 달러라는 정보를 포함시켜서 위에서 든 예를 확장해보자. BCWP는 7백 달러 가치의 작업을 했다는 것을 나타내고, ACWP는 그렇게 하기 위해 5백 달러가 들었다는 것을 의미한다. 분명히 수행한 작업의 부분에 대해 계획보다 2백 달러 (BCWP-ACWP)만큼 초과 달성되었다. 즉, 2백 달러만큼의 예산 변동이 있는 것이다. 그런데 이것이 좋은 상황에 있음을 의미할지는 일정 정보를 검토하기 전에는 확신할 수 없다.

획득가치기법에서 일정의 변동은 'BCWP-BCWS'로 알 수 있다. 일정의 변동은 여기서 금전적 용어로 해석되고 있음을 주의하라. 계획된 작업과 실제 작업의 차이는 원래 추정된 예산에 따라 값이 매겨진다. 일정의 변동 개념을 명확히 하기 위해 다시 위의 예를 살펴보자. 1천 달러 가치의 작업을 계상했었지만 실제로는 7백 달러 가치의 작업밖에 수행하지 못했기 때문에 일정지연의 금전적 가치는 3백 달러이다. 즉, 마치기로 했던 3백 달러 가치의 작업을 마치지 못한 것이다.

예산과 일정의 변동을 함께 생각해보면 다음과 같은 상황에 처해 있음을 알 수 있다. 우선 일정이 지연되었다. 11월 1일까지 과업이 완료되어야 하지만 그 날 3백 달러 만큼의 수행할 작업이 남아 있음을 발견하였다. 수행된 7백 달러 만큼의 작업을 볼 때 이 일을 해오는 데 겨우 5백 달러밖에 들지 않음을 알 수 있으며, 이 사실은 지금까지 2백 달러를 절약한 것을 의미한다. 그러나 이 절약은 일정이 상당히 지연되어서 생긴 것일 뿐이다.

예리한 독자들은 획득가치기법에 근본적 약점이 있음을 알아차렸을 것이다. BCWP를 계산하기 위해선 과업이 몇 퍼센트나 완료되었는지를 알아야 한다. 과업이 아직 시작되지 않았다면 과업의 완료도는 0%이다. 그리고 과업이 종료되었다면 100% 완료된 것이다. 그러나 이 두 극단 사이에서 얼마나 과업이 완료되었는지 추정하는 것은 매우 어려운 일이다.

이 어려움의 본질을 알아보기 위해 예를 들어 살펴보자. 총 1백만 개의 돌덩어리가 필요한 피라미드 건축 프로젝트에서 90만 개를 사용한 상황일 때 작업을 얼마나 끝냈는지를 판단해야 한다고 가정해보자. 이때 주요 건축 재료의 90%가 사용되었기 때문에 수치를 보면 90%의 작업이 완료되었다고 보기 쉽다. 그런데 문제는 남은 10만 개의 돌덩어리가 처음의 90만 개보다 높이 운반되어야 한다는 점이다. 이 돌들은 맨 꼭대기에 맞춰져야 하기 때문에 처음에 10만 개의 돌을 운반할 때와는 비교할 수도 없이 많은 노력이 든다. 따라서 이 피라미드 프로젝트의 완성도는 90%에도 훨씬 못 미친다. 수행해야 할 일이 명확한 문제에서조차 프로젝트가 얼마만큼 완료되었는지 말하기 어려운데 주로 무형적인 영역에서 운영되는 정보화시대의 프로젝트에 대해 이런 추정을 하는 것이 얼마나 어렵겠는지 생각해보라.

획득가치기법은 이런 문제를 다룰 수 있는 수단을 갖고 있다. 이것은 '50 대 50' 규칙이다. 이 기법을 사용하면 프로젝트 스태프는 과업이 얼마나 끝났는지 측정해볼 필요가 없다. 일단 과업이 시작되면 절반의 노력이 투입된 것으로 계산하고, 과업이 완료되면 나머지 절반의 BCWS를 더한다. 고려해야 할 과업이 많을 때에는 이런 기법은 BCWP에 대한 통계적 근사치를 훌륭하게 제공한다.

그림 7·1에서 갠트차트는 5개의 과업을 나타내며, 각각 1백 달러 가치의 작업을 나타낸다. 5개의 과업 중 4개는 이미 시작되었다. 이 넷 중 셋은 완료되었다(하나는 부분적으로 완료된 과업이며 하나는 아직 시작되지 않은 것이다). 이 50 대 50 규칙을 사용하면, 회계 장부에 3개

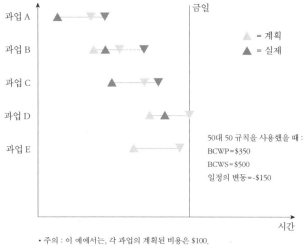

금일

▲ = 계획
▲ = 실제

50대 50 규칙을 사용했을 때 :
BCWP = $350
BCWS = $500
일정의 변동 = -$150

시간

• 주의 : 이 예에서는, 각 과업의 계획된 비용은 $100.

| 그림 7 · 1 | 50 대 50 규칙의 적용 |

의 완료된 과업에 대해 3백 달러 가치의 성과가 완료되었다고 적고, 시작되었지만 끝나지 않은 과업에 대해서는 50달러라고 기입한다. 다섯 번째 과업은 시작되지 않았기 때문에 장부에는 이 과업에 대해 아무것도 기입하지 않는다. 획득가치는 얼마인가? 답은 3백 50달러이다. 이 5개의 과업에 대한 BCWS는 물론 5백 달러이고, 이 수치를 스케줄의 지연을 계산하는 데 사용할 수 있다. 즉, 3백 50달러 가치의 작업을 완료하였지만 5백 달러 가치의 작업을 완료했어야 하는 것이다. 그래서 일정은 1백 50달러 가치의 작업만큼이나 지연된 것이다. 또한 이런 자료를 통해 5개의 과업에 대한 예정된 작업의 70%(350/500×100)밖에 완료하지 못했음을 계산할 수 있다.

어떤 사람들은 50 대 50 규칙보다 더 보수적인 방법을 선호할 것이고, 그들 중 대다수는 10 대 90 규칙을 채택한다. 과업이 시작되면 그 가치의 10%가 프로젝트 회계 장부에 기입된다. 그리고 과업이 완료되면 나머지 90%가 더해진다. 이런 보수적 방법을 사용하여 BCWP를 계산하면 위의 예에서의 BCWP는 3백 10달러이다. 이것은 5개의 과업을 62%(310/500×100)밖에 끝내지 못했음을 나타낸다. 더 보수적인 규칙인 0 대 100 기법을 사용하면 위의 예에서는 목표의 60%만 성취한 것이 된다.

많은 프로젝트 관리 전문가들은 획득가치기법을 초대형 프로젝트의 통제에 있어 필수적이라고 굳게 믿고 있다. 뿐만 아니라 이는 소규모 프로젝트에도 유용하다.

## 복합적인 프로젝트의 계획과 통제

프로젝트는 종종 동시에 진행되는 프로젝트의 집합인 포트폴리오로 조직된다. 이런 프로젝트가 상호 관련되어 있든지 독립적이든지 간에 중요한 것은 이 프로젝트들이 동일한 경영관리를 받게 된다는 점이다. 프로젝트 포트폴리오는 다른 상황에서도 발견된다. 예를 들어 자료 처리 부서에서 흔한데, 이 곳의 스태프는 장기, 단기, 대규모, 소규모의 각종 프로젝트에서 바쁘게 일한다. 경영관리 컨설팅 회사는 기능적 관점에서 보면 개인적 프로젝트가 복합된 기업과 다를 것이 없다. 이와 유사하게 R&D 부서, 감사 부서, 광고 회사에서는 관례처럼 다수의 프로젝트가 진행된다.

## 프로젝트 포트폴리오

프로젝트 포트폴리오는 다양한 형태와 크기로 존재한다. 그림 7 · 2 는 포트폴리오가 취할 수 있는 세 가지 형태를 나타낸다.

그림 7 · 2a는 똑같은 기본적 주제를 다루기는 하나 각각 독립적인 프로젝트들의 포트폴리오를 나타내고 있다. 한 프로젝트의 결과는 다른 프로젝트와 거의 관계가 없다. 프로젝트를 함께 묶는 것은 프로젝트 선정 과정으로서 여기서는 목표와 상관없는 프로젝트들을 걸러 낸다.

이런 종류의 포트폴리오에서는 적절한 프로젝트의 선정이 주요 관리 문제다. 프로젝트들이 독립적이기 때문에 프로젝트들 간의 활동을 조정하는 문제는 중요하지는 않다. 계획 및 통제 현안은 주로 각 프로젝트 관리자의 책임 아래 있다.

그림 7 · 2b에서 포트폴리오는 하나의 프로그램(예를 들면 '아폴로 우주왕복선' 프로그램)을 구성한다. 이 포트폴리오는 그 구성 프로젝트 간에 상당히 상호의존성이 높다는 것이 주요 특징이다. 이런 연관된 프로젝트들은 서로 강하게 연계되어 있고 공통의 결과를 갖는다. 한 프로젝트가 어려운 상황에 처하면 전체 포트폴리오가 위험에 처할 수 있다. 결과적으로 이런 종류의 포트폴리오는 주의 깊게 전 포트폴리오에 걸쳐 계획과 통제를 해야 한다. 대체로 프로그램 오피스는 이런 일을 하기 위해 만들어지며, 강력한 프로그램 관리자는 전체 포트폴리오에 대한 지배권을 갖는다.

그림 7 · 2c는 공통된 점이 없는 프로젝트들을 묶어놓은 것에 지나지 않는다. 여기서 계획과 통제는 각 프로젝트 관리자들의 몫이다.

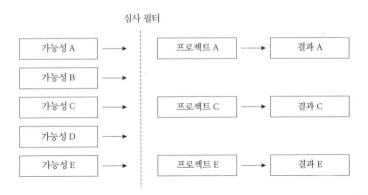

7 · 2a 공통요소가 많은 독립적인 프로젝트들로 이루어진 포트폴리오

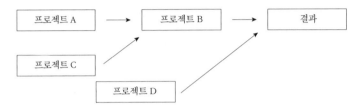

7 · 2b 상호의존적인 프로젝트들로 이루어진 포트폴리오(프로그램)

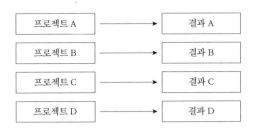

7 · 2c 독립적인 프로젝트들로 이루어진 포트폴리오

그림 7 · 2                다양한 프로젝트 포트폴리오

## 포트폴리오 관리시 특별히 고려할 사항

단일 프로젝트보다는 프로젝트 포트폴리오가 관리하기 까다롭다. 다음과 같은 이유 때문이다.

- 포트폴리오는 단일 프로젝트보다 더 복잡하다

   백만 달러짜리 프로젝트 1개와 십만 달러짜리 프로젝트 10개의 차이를 비교해보자. 백만 달러짜리 프로젝트에는 프로젝트 관리자가 한 명 있지만, 그보다 작은 프로젝트들로 된 포트폴리오에는 여러 명의 관리자가 있게 된다. 백만 달러짜리 프로젝트에서는 계획 및 추적을 할 프로젝트는 단지 하나뿐이다. 하지만 포트폴리오에는 추적할 프로젝트가 10개나 된다. 보통 하나의 대규모 프로젝트보다는 10개의 작은 프로젝트 쪽이 기입할 양식도 많고, 프로젝트 검토 회의도 많으므로 전체적으로 더 많은 관리 경비가 들게 된다.

- 포트폴리오 수행을 최적화하려면 개별 프로젝트에 대한 부분 최적화를 해야 한다

   포트폴리오 관리자의 목적은 포트폴리오 수행을 최적화하는 것이다. 따라서 그는 우선권이 낮은 프로젝트를 희생시키고 우선권이 높은 프로젝트를 선택해야 한다. 그는 또한 자원 할당 및 일정 의사결정을 해야 한다. 하지만 개별 프로젝트들의 부분 최적화가 포트폴리오의 이익을 위해 필요할 수도 있으며, 그 부분 최적화된 프로젝트의 관리자는 '시간 내에, 예산 안에서, 명세서대로 일을 끝낸다'는 신조를 지키려 한다. 이런 결과 포트폴리오 관리자는 불만을 느낄 수 있고 포트폴리오 스태프들의 저항에 부딪힐 수도 있다.

- 포트폴리오는 대규모 프로젝트의 횡포에 희생될 위험이 있다

포트폴리오 안에 있는 각기 다른 규모의 프로젝트 간에 균형된 시각을 유지하는 것은 어려운 일이다. 대규모 프로젝트는 소규모 프로젝트보다 내용이 많이 알려져 있으며 가시적이다. 대규모 프로젝트는 부족한 자원을 얻기 위해 최선의 노력을 기울인다. 게다가 어려운 상황에 있을 때 포트폴리오의 소규모 프로젝트는 뒤섞여서 길을 잃게 된다. 소규모 프로젝트에 배당된 빈약한 자원조차 대규모 프로젝트의 몫으로 돌아갈 수 있다. 이런 일이 일어나면 대규모 프로젝트뿐 아니라 소규모 프로젝트도 어려움에 처하게 된다.

## 포트폴리오에서 프로젝트 순서 정하기

포트폴리오에서 프로젝트의 순서가 정해지는 방법은 포트폴리오의 성과와 깊은 관계가 있다. 예를 들어 상호연관성이 높은 프로젝트들로 된 프로그램에서는 프로젝트들의 시작일과 종료일을 꼭 파악해서 프로그램 성과를 높이도록 오랫동안 계획을 세워야 한다. 이런 날짜들이 주의 깊게 선택되지 않는다면 스케줄링에 병목이 생기고 전체 프로그램 성과가 악화된다.

포트폴리오에서 프로젝트의 순서가 정해지는 방법은 또한 프로젝트에서 나오는 이익의 흐름에도 영향을 미친다(예를 들어 이익금, 생산단위, 증가된 생산성). 그림 7 · 3a에서 똑같은 예산을 가진 프로젝트 A와 B는 동시에 수행된다. 이익은 프로젝트가 둘 다 끝나야 나온다. 그림 7 · 3b에서는 프로젝트 A와 B의 예산은 그림 7 · 3a의 것과 같은 크기이고, 포함하는 예산 기간은 같다. 그러나 엇갈리는 프로젝트들로부터 나오는 이익의 흐름은 아주 상이하다. 이익은 A가 끝나자마자 더

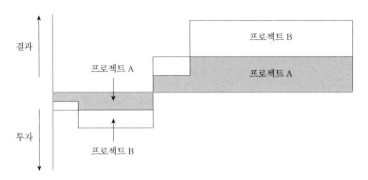

7 · 3a  A와 B의 병행적인 스케줄링

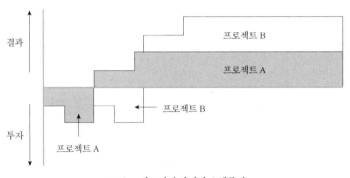

7 · 3b  A와 B의 순차적인 스케줄링

| 그림 7 · 3 | 프로젝트 스케줄링 순서는 결과의 흐름에 영향을 미친다 |
| --- | --- |

일찍 나온다. 그림에서 보이는 기간 중에서 A에 대한 이익의 흐름은 두 번째 경우가 더 큰 반면에 B의 경우는 양쪽이 같다. 결과적으로 이익의 흐름의 관점에서 보면 한 프로젝트가 끝나고 그 다음 프로젝트가 시작되는 두 번째 시나리오가 더 낫다.

## 격차 분석(gap analysis)

6장에서는 단일 프로젝트에 대한 예산 수립의 어려움을 논하였다. 다수의 프로젝트로 이루어진 포트폴리오에 대한 예산 할당에서는 더 큰 문제가 생긴다. 가령 할머니들이 여러 손자들에게 사과 파이를 다른 모양과 크기로 나눠줘야 할 때 겪는 어려운 상황을 접하는 것이다. 즉, 예산은 고정되어 있는데 실제의 필요에 따라 합리적으로 분배하기가 어려운 것이다. 그래서 여러 개의 작은 프로젝트에 자금을 분산시키거나 한두 개의 대규모 프로젝트에 자금을 집중시키거나 이 두 양극 사이에서 태도를 결정하기도 한다.

그림 7 · 4에 있는 격차 분석은 프로젝트 전문가가 프로젝트 포트폴리오에서 이용할 수 있는 실제적인 예산 선택사항을 시각화하는 데 도움을 준다. 격차 분석은 탐험적(exploratory) 예측과 규범적인(normative) 예측을 모두 이용한다. 규범적인 예측을 할 때는 미래 상태를 짐작하며 '그곳에 도달하기 위해 무엇이 필요한가?' 하고 묻는다. 한편 탐험적 예측을 할 때는 과거의 경험을 통해 추정(extrapolate)한다. 그리고 격차 분석에서는 현재 포트폴리오에 있는 프로젝트의 미래 예산 요구를 추정할 때 탐험적 예측을 사용한다.

그림 7 · 4에서는 프로젝트 A, B, C, D에 대해 이와 같은 추정을 하였다. 이 겹치는 예산 곡선은 각각 4개의 프로젝트에 대해 예상되는 프로젝트 수명주기를 그림으로 표현한 것임을 주목하라. 개별 프로젝트에 대한 미래의 예산이 수립된 후에 이런 예산이 함께 합쳐져서 포트폴리오에 있는 프로젝트에 대한 총예산(그림의 위쪽 반)을 만들어낸다. 그래서 프로젝트들은 완료되면 더 이상 자원을 소비하지 않기 때문에 이 총예산은 장기적으로 하향 곡선을 그린다.

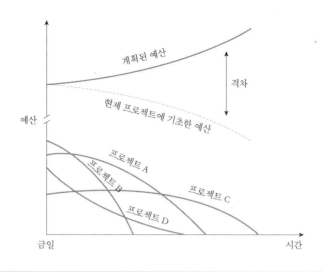

| 그림 7 · 4 | 격차 분석 |
|---|---|

격차 분석에서 현재 프로젝트의 총예산 요구를 나타내는 곡선은 모든 프로젝트(아직 시작되지 않은 것도 포함)에 대해 예상되는 총예산에 관한 곡선과 비교된다. 그림 7 · 4에서 계획된 예산은 상승하는데, 현재 프로젝트의 예산은 하강하면서 둘 사이의 격차가 점점 벌어지고 있다.

규범적인 예측도 그림에 그려보자. 예상되는 격차를 검토하고 '격차를 메우기 위해 어떻게 포트폴리오 구성을 해야 하는가?'라는 질문을 던져보자. 극단적으로는 대규모 프로젝트 하나를 시작함으로써 격차를 메우려 할 수 있다. 그 예산이면 현존하는 프로젝트의 하강으로 인해 생긴 처진 부분을 채울 수 있을 것이다. 또 다르게는 점점 작은 프로젝트를 수행함으로써 포트폴리오의 프로젝트 수를 늘리려 할 수 있을 것이다.

격차 분석은 포트폴리오의 구성방식에 대한 답을 주지는 않지만 계획 입안자들이 미래의 포트폴리오 성격을 개념화하는 데는 유용한 도구가 될 수 있다.

## 계약에 의한 프로젝트의 계획과 통제

많은 프로젝트가 계약을 맺어 수행된다. 예컨대 건축 프로젝트는 종종 프로젝트 재정을 책임지는 개발자와 실제 건축을 감독하는 하청업체 간에 맺어진 도급계약에 기초한다. 그리고 하청업체는 배관, 배선, 통풍, 목공 등 특정 영역을 전문으로 하는 다른 하청업체와 다시 일하게 된다.

프로젝트 계약의 최대 자금제공자는 물론 정부다. 미국에서는 연방정부가 소프트웨어의 사소한 변경에서부터 우주방위시스템 구축을 망라하는 프로젝트에 이르기까지 매년 수십 억 달러의 계약을 발주한다. 주류감독국의 주류저장시스템으로부터 시립학교의 과학 커리큘럼을 재설계하는 일까지 모든 것이 발주받기 좋은 목표이다.

계약에 의한 프로젝트는 민간 영역에서도 흔히 일어난다. 큰 회사든 작은 회사든, 내부자원으로는 효율적인 비용으로 다룰 수 없는 특수한 '필요'가 있다. 이를 다루기 위해 외부의 전문가를 이용하게 된다. 민간 영역의 기업들은 하청을 주는 것을 '외주(outsourcing)'라고 부른다. 1980년대와 1990년대에 기업의 다운사이징(감량경영)과 리엔지니어링(기업혁신)이 한창인 시절에, 기업들은 많은 일들이 외부에 의해 수행되는 것이 비용 면에서 더 효율적일 것이라고 판단했다. 결과적으로 많은 거대 기업의 종업원 수는 엄청나게 줄어들고, 외주업체로 활동하는 소규모 기업들을 이용하는 비중이 높아졌다.

고객은 지금 프로젝트를 수행하는 조직의 외부에 있다. 이 고객은 프로젝트에서 본전을 뽑아내는 데 관심이 많을 것이다. 때문에 그들은 진척상황을 감독하는 데 있어서 많은 역할을 맡으려고 하며, 자신이 사실상의 프로젝트 관리자라고 여기고 통제하려 들 것이다. 게다가 고객의 욕구를 충족시키고 프로젝트의 요구사항을 규정하는 것은 도급계약을 맺은 프로젝트의 경우엔 더욱 중요하다. 왜냐하면 요즘에는 고객을 만족시키지 못하면 소송을 당하게 되기 때문이다.

## 계약의 종류

계약이란 법적으로 구속력이 있는 협정으로 계약 당사자들의 의무와 권리를 규정한다. 계약은 다양한 형태로 이루어진다. 프로젝트에서 흔히 나타나는 일반적 계약은 다음과 같은 요소들을 포함한다.

- 고정가격(firm fixed price)
- 고정가격＋실제가격 조정(economic price adjustment)
- 고정가격＋장려금(incentive)
- 고정가격＋상금(award)
- 재결정 규정을 둔 고정가격
- 노력 조건(effort term) 수준에 따른 고정가격
- 원가 상환(cost reimbursable)
- 원가 공유(cost sharing)
- 원가＋장려금
- 원가＋상금
- 원가＋고정 보수(fixed fee)
- 시간과 재료

프로젝트 관리에 대한 도급 협정이 미치는 결과를 알기 위해 모든 종류의 계약에 대해 깊게 파고들 필요는 없다. 대신에 가장 흔한 두 가지 형태의 도급계약을 맺은 프로젝트에 대해 살펴보자.

### 고정가격계약(fixed-price contracts)

고정가격계약을 할 때에는 돈을 주는 쪽(funder)과 일을 수행하는 쪽(performer)은 가격을 교섭할 수 있다. 수행업체는 정해진 가격으로 계약하기로 동의한다. 그리고 수행업체에서는 가격 이하의 비용을 들여 프로젝트를 수행할 수 있다면 이윤을 얻는 것이고 결정된 가격보다 비용이 많이 들면 손해를 보는 것이다.

고정가격계약을 할 때는 수행업체측의 프로젝트 관리자는 비용을 절감하라는 엄청난 압력을 받는데, 이는 한 푼이라도 아낄수록 이익이기 때문이다. 정기적으로 고정가격계약을 수행하는 프로젝트 조직에서는 많은 경우에 프로젝트 관리자에게 장려금을 주어 비용을 절감하도록 하고 있다. 이런 노력은 표면적으로는 효율을 높이는 관리자에게는 보상이 주어지는 훌륭한 전술이다. 그러나 부정적 측면으로는 안이한 방법을 취하는 풍토가 생기고 품질의 저하가 초래될 수 있다는 점이다.

이론적으로 고정가격계약은 프로젝트 관리책임을 전부 수행업체에 두고 있는데, 이는 수행업체가 특정 가격에 특정한 일을 하기로 동의했기 때문이다. 일을 하는 쪽에서 비용이 더 들게 되면 손해를 본다. 이론적으로는 발주처에서 할 일이란 결과를 제 날짜에 가져오는지 기다리기만 하면 되는 것이다. 그런데 실제로 발주처측은 수행업체의 작업을 감독해야 한다.

고정가격계약은 일종의 '협정' 일 뿐 시간 내에 약속대로 결과를 제출하겠다는 '보장' 은 아니다. 일이 예정과 달리 잘못될 수도 있다. 생각지 않은 일이 발생해 지연이 생길 수 있는데, 이것은 발주처에 심각한 타격을 준다. 결과물이 발주업체가 주문한 대로인지 혹은 결과물의 품질이 받아들일 만한 지에 대한 논쟁이 일어날 수도 있다. 만족하지 못한 발주처측에선 수행업체에게 고정가격계약서를 들이밀며 독촉할 수 있지만 이런 계약 독촉이 발주처의 희망대로 될 것이라고 보장하지는 못한다. 마지막으로 발주처는 수행업체를 고소할 수 있다. 그러나 소송은 돈이 많이 들고 고통스러우며 항상 발주처에 유리하지도 않다.

프로젝트를 수행하는 조직의 관리자의 입장에서 고정가격계약은 압박을 많이 받는 불리한 계약이다. 만약 비용이 적정선을 넘어서면 이익은 줄어든다. 최악의 경우에는 프로젝트가 기업에 손해를 끼칠 수 있다. 경험이 많은 수행업체에선 보통 예측불가능하고 비일상적인 프로젝트에 대해서는 고정가격계약을 맺기를 꺼린다. 그래서 위험한 고정가격 프로젝트를 수행하는 경우에는 그에 합당한 프리미엄을 청구하고, 프로젝트 경비를 좀 부풀려서 예상치 못한 우발 상황에 대비해야 한다.

### 원가가산계약(cost-plus contract)

원가가산계약을 할 때 발주처는 수행업체가 프로젝트를 하는 데 든 비용을 상환해주고 추가적인 보수나 상여금을 지급한다. 따라서 수행업체측은 노력에 따라 이익을 낼 수 있다. 이런 계약은 프로젝트 비용이 얼마나 들지 예측하기 어려운 매우 투기적인 프로젝트에서 자주 성립된다.

수행업체의 프로젝트 전문가는 고정가격계약보다는 원가가산계약을 할 때 압박을 훨씬 덜 받는다. 비용이 초과되면 발주처에서 책임진다. 그러나 원가가산계약을 할 때는 수행업체가 진척상황을 느슨하게 점검할 위험이 항상 있다. 원가가산계약에서 모니터링이 제대로 안되면 지출을 통제할 수 없기 쉬운데, 이는 낭비를 막을 명확한 규정이 없기 때문이다.

수행업체에 대한 명확한 비용 제한이 없다면, 발주처에선 원가가산계약에 대해 프로젝트 성과를 열심히 점검해야 한다. 예를 들어 수행업체는 두 달에 한 번씩 경과 보고서를 발주처에 제출하거나 매달 요약 보고를 하도록 요구받을 수 있다. 중요한 프로젝트에선 발주처는 계속 프로젝트의 성과를 모니터링하기 위해 수행업체에 회사의 대표를 상주시키려고 할 수 있다. 발주처에서 프로젝트의 경과를 놓치지 않는 것이 중요하긴 하지만 지나친 간섭은 프로젝트를 망칠 수 있다.

## 계약에 의한 프로젝트의 계획변경 관리

프로젝트 관리자는 프로젝트 계획의 변경을 잘 추적해야 한다. 그리고 고정가격계약을 할 때는 발주처에서 주문한 변경을 주의 깊게 처리해야 한다. 왜냐하면 변경으로 인해 프로젝트 비용이 늘어나는 일이 자주 있기 때문이다. 건축 도급업자들은 이런 점에 유의해서 스태프들에게 발주처가 요구한 변경사항이라면 뭐든지 놓치지 않고 발주처에 비용을 청구할 수 있도록 해야 한다. 이런 정책이 뒤따르지 않으면 이윤은 금세 사라지고 만다.

변경 요구를 다루는 명확한 정책이 없다면 나약한 프로젝트 관리자들은 심각한 어려움에 처할 수 있다. 고객을 충족시키려고 이곳저곳에 마지못해 사소한 변경을 하는 경우가 그렇다. 잠시 후에 그들은 사소한 변경이 가해져서 이윤 한계에 도달하였음을 깨닫게 된다. 이 시점에선 뭘 해야 할지 모르게 되는데 이는 이미 고객의 요구를 다 들어주는 방향으로 흘러버렸기 때문이다. 그들이 염려하는 것은 고객의 욕구를 무시하는 것처럼 보일 수도 있다는 점이다. 그러나 그들은 변경에서 오는 추가비용을 더 이상 감당할 수 없게 된다.

프로젝트 수행업체에서는 발주처가 요구하는 계획변경을 기록한 후 그 비용을 발주처가 부담해야 하는 것을 분명히 해놓는 것이 좋다. 그리고 변경이 실제로 일어나기 전에 발주처에 요청에 대한 비용이 얼마나 드는지를 알려야 한다. 그래도 발주처에서 변경을 원한다면 이런 취지를 분명히 밝혀 서명하도록 하여, 발주처에서 요청에 의한 비용의 결과를 인식하고 있다는 것을 나타내주어야 한다. 이런 이유로 인해 발주처는 변경을 요청하기 전에 다시 생각해보게 될 것이다. 또한 이런 정책은 수행업체의 프로젝트 관리자가 고객의 요청에 잘 따르다가 갑자기 태도를 바꿔 콧대가 세지는 일을 피하게 한다.

## 정부 계약 프로젝트 vs 민간 계약 프로젝트

필자는 몇 년 전에 워싱턴에서 사업을 개시한 한 회사와 일한 적이 있다. 이 회사의 워싱턴 전략은 연방 계약으로 생기는 모든 새로운 사업을 통해 매년 30%씩 성장하는 것이었다. 나는 80명 정도의 프로젝트 관리자를 만나보았는데, 그들 대부분은 서부의 본사에서 워싱턴으로 전근된 사람들이다. 이들 대부분은 워싱턴 계약에 불만이 있었고 정부와 일하는 것을 못마땅해 했다. 그래서 그들은 민간 영역의 일로

돌아가고 싶어 했다.

이런 기분은 프로젝트 관리자들 사이에서 흔했다. 나는 프로젝트 관리자를 찾아가서 정부의 일에 대한 인식, 또 민간 영역의 일과 차이점을 말해달라고 했다. 응답들은 매우 똑같아서 몇 가지 문제들로 요약할 수 있었다.

그 중 두 가지 문제가 특히 눈에 띄었다. 첫째, 정부는 느리고 관료적이기 때문에 함께 일하기 어렵다는 것이었다. 민간 영역에서라면 며칠이면 할 일을 정부와 교섭을 하는 경우엔 몇 달, 몇 년을 끌 수 있기 때문이다. 둘째, 정부에서 도급업자를 대할 때에는 거의 공짜로 일을 하려 한다는 인식이 있었다. 그들은 이런 일들이 특히 고정가격계약의 경우 확실하다고 주장했다. 정부는 프로젝트에 변경을 요구하고 나서는 변경에 대한 지불승인을 거부한다(원래 계약에 포함되어 있지 않았다는 이유로).

사실상 모든 프로젝트 관리자들은 민간 영역에서 일하는 것이 더 만족스럽다고 했다. 그들은 민간 영역에서는 신용과 융통성을 중요시한다고 말했다. 대부분의 사람들은 일을 가능한 한 효과적으로 하는 것이 모두에게 최선의 이익이 된다고 인식하고 있다. 따라서 일을 잘 수행하지 못하는 도급업자는 다시는 일을 얻지 못하게 된다. 프로젝트에 대한 변경이 요청되면 이 요구는 악수를 통해 굳어지고, 발주처는 도급업자가 변경으로 인한 추가비용을 더 이상 요구하지 않을 것이라고 생각한다.

물론 도급업자의 프로젝트 성과에 대한 의견을 정부에 물으면 정부의 담당 공무원은 다른 견해를 갖는다. 대부분 정부의 계약 절차가 성가시고 다루기 어렵다는 것을 인정한다. 그러나 그들은 많은 도급업자들이 기회만 되면 정부를 이용하려 한다고 말하며 이에 대한 증거로 수많은 스캔들을 제시한다. 그들은 또한 정부는 매우 크기 때문에 프로젝트에 대해 강력한 예산통제 절차가 구현되어야 한다고 제안한다. 예를 들어 너무 열성적인 정부가 프로젝트에 비용이 많이 드는 변경을 가하도록 요구하는 것을 피하기 위해 변경 주문을 승인할 권한을 오직 계약을 담당한 공무원만이 갖도록 하는 것이다. 이런 강력한 통제 없이는 정부가 규칙을 지키도록 제약을 가할 수 없을 것이다.

대개 정부가 지불하는 도급계약 프로젝트는 그와 비슷한 크기의 민간 영역의 프로젝트보다 관리하기가 더 어렵다. 이것은 주로 프로젝트 관리과정의 많은 부분이 제대로 된 분별에 의해 운영되는 것이 아니라 임의적이고 현명하지 못한 규칙과 규제에 의해 운영되기 때문이다. 정부 프로젝트에서 문제를 최소화하는 중요한 열쇠는 계약 절차의 법적·관리적 측면에 대한 지식이다. 이것은 프로젝트 수행업체와 정부 발주처 양측에게 모두 중요하다. 서로 특정상황 아래서 허용가능한 것은 무엇인지 안다면, 정부 계약 프로젝트에서 만연한 많은 문제들이 해결될 것이다.


# 관료적 이정표가 있을 때의 계획과 통제

프로젝트 관리 지침서들은 대개 일정 최적화나 자원 최적화를 주로 다루고 있다. 그러나 많은 관료 조직에서 성공적 계획은 일정이나 자원의 최적화와는 별 상관이 없으며, 조직에 중요한 주요 '관료적 이정표(breaucratic milestone)'를 파악하고 이정표가 달성되도록 과업의 순서를 정하는 것과 관련이 있다.

이런 이정표는 종종 조직의 회계 주기와 관련이 있다. 예를 들면, 프로젝트 관리자가 회계연도 2002년에 자금을 조달받고 싶다면 모두 2000년 10월까지 예비예산요구서를 철하여 보관해야 할 것이다. 그런데 만약 2000년 10월의 서류 정리하는 날을 놓친다면, 회계연도 2002년에 자금을 조달하지 못할 것이다. 이런 관료적인 현실이 많은 조직에서 프로젝트 스태프는 프로젝트 계획을 그런 이정표에 맞춰서 하는 것이 더 현명한 방책일 것이다.

기술자들은 종종 관료적 이정표에 거의 신경쓰지 않는다. 그들은 프로젝트와 아무 논리적 연관이 없는 요구사항에 의해 자신의 일이 좌우되는 것을 불쾌하게 생각한다. 그들은 이정표를 무시하거나 가능한 한 마지막까지 이정표에서 요구하는 사항을 충족하는 것을 지연시킨다. 독단적인 이정표에 화내는 것은 이해할만 하지만, 이정표에 저항하거나 무시하는 것은 위험하다. 게다가 1장에서 보았듯이 관료적인 복잡함에 통달한 프로젝트 스태프들은 관료적 권위를 세우는 기술을 발휘해서 수수께끼 같은 관료제의 미로를 헤치고 프로젝트에 대해 제대로 협상할 수 있다.

그림 7 · 5는 해군에 있으면서 주위에서 프로젝트들이 실패하는 것을 봐온 프로젝트 관리자들에 의해 몇 년 전에 만들어진 계획 및 통제 도구를 나타낸다. 그들은 이 실패들을 분석하여 실패의 가장 큰 원인을 조직이 부여한 임의적인 이정표에서 요구사항에 주의를 기울이지 않기 때문이라고 판단했다. 프로젝트 관리자들은 예산 요청서나 경과 보고서 혹은 관료적으로 중요한 시기에 제출할 검증 자료를 갖고 있지 않았다. 그 결과로 그들은 자금조달 기회를 상실했다.

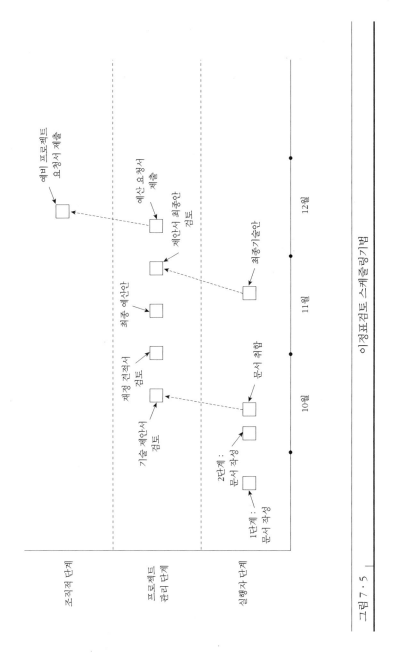

그림 7 · 5

그들이 개발한 계획 및 통제 도구인 이정표검토 스케줄링기법은 조직적 단계, 프로젝트 관리 단계, 수행자 단계의 세 가지로 이루어진다. 최상위 단계(조직적 단계)는 조직이 부여한 중요한 이정표를 언급한다. 그림 7·5에선 간단하게 보이기 위해 한 가지 이정표(10월에 예비프로젝트 예산요청서를 제출하는 데 필요한 사항)만 표시했다. 실제로는 이런 단계라면 많은 이정표가 있을 것이다.

그 다음 단계(프로젝트 관리 단계)는 프로젝트 관리자가 조직이 부여한 이정표를 처리하기 위해 집중해야 할 특수한 요구사항을 나타낸다. 예를 들어 그림 7·5처럼 관리자는 예산 요청서의 최종안에 통합될 프로젝트의 기술적·재정적 요소를 검토해야 한다.

최하위 단계(실행자 단계)는 예산 청구서 최종기한인 10월이 지켜지도록 프로젝트 스태프들이 달성해야 할 이정표를 나타낸다. 프로젝트 관리자는 직원들이 이런 최하위 단계의 이정표를 진지하게 받아들이는지를 확인하는 데 많은 노력을 기울인다.

이런 계획차트는 하향식으로 만들어진다. 일의 첫 번째 순서는 최상위 단계를 수정될 수 없는 조직의 절체절명의 요구로 채우는 것이다. 일단 관련된 조직적 이정표가 이 단계를 언급하면 중간 단계의 이정표(프로젝트 관리 단계)가 정해진다. 이 이정표들은 최상위 단계의 이정표를 충족시키는 방향으로 만들어진다. 마지막으로 최하위 단계의 이정표가 결정된다. 이런 이정표들은 프로젝트 관리가 중간 단계의 이정표를 달성할 수 있도록 배열된다. 예를 들어 '기술 제안서 검토'라는 이정표(프로젝트 관리 단계)가 10월 중순까지 계획대로 달성되어야 한다면, 프로젝트 직원들은 제 날짜에 각각의 단계별로 문서를 작성하고 그것들을 취합해야 한다.

최하위 단계의 이정표는 프로젝트 직원과의 상담 후에 정해져야 한다. 그렇지 않으면 프로젝트 관리자는 비현실적이고 달성할 수 없는 이정표를 강요할 위험이 있다. 게다가 프로젝트 스태프들이 이정표를 설정할 때 참가한다면, 그들은 프로젝트 계획을 스스로 받아들여 그것을 가능한 한 효과적으로 수행하려고 할 것이다.

# 결론

6장에서는 프로젝트 계획과 통제에 대한 일반적인 방법들을 소개했다. 6장에서 논의된 도구들(작업분류체계, 갠트차트, PERT/CPM 네트워크, 자원적재차트)은 대부분의 프로젝트 관리 서적과 세미나에서 볼 수 있다. 그리고 7장에서는 많은 프로젝트 관리자들이 접하지만 널리 논의되지 않은 계획 및 통제에 관련된 주제들을 다루었다.

6, 7장에서 도구에 대해 강조했지만 성공적인 계획 및 통제가 틀에 박힌 도구의 적용보다 더 중요하다는 교훈을 잊지 않기를 바란다. 프로젝트의 성공요인은 스태프들이 동의하는 사려깊은 계획을 개발하는 데 충분한 시간을 투자하는 것이며, 한두 명이 복잡하고 전산화된 PERT/CPM 네트워크로 계획을 만든다고 되는 것은 아니다. 또한 '나는 프로젝트가 잘 진행되도록 항상 최선을 다하겠다' 는 태도가 프로젝트 관리에 있어서 틀에 박힌 경과보고서를 작성하는 것보다는 더 중요하다. 물론 극단적인 것은 좋지 않다. 적극적인 참여와 좋은 도구가 합쳐지면 계획과 통제의 부족으로 인한 프로젝트의 실패 가능성이 줄어들 것이다.

# 8
# 유능한 프로젝트 관리자의 성공원칙

...

프로젝트 전문가들은 허둥지둥 눈앞의 문제에만 주의를 집중하고, 사소한 일에 매달리다가 전체에 대한 폭넓은 시각을 갖지 못하는 경우가 흔히 있다. 그래서 주위에 일이 한꺼번에 터지면 한 걸음 물러나서 프로젝트를 바라보는 데 어려움을 겪곤 한다.

이번 장에서는 정보화시대의 프로젝트에 있어서 한 걸음 뒤로 물러나 프로젝트 관리 과정을 전체적으로 보는 것에 대해 다루었다. 프로젝트를 성공적으로 이끌기 위해서 명심해야 할 훌륭한 프로젝트 관리의 기본적 요소에 대해서 알아보자.

## 기본 원칙

프로젝트 관리자의 수고를 덜어주는 다섯 가지 원칙이 있다.

> 1. 당신이 무슨 일을 하고 있는지 의식할 것. 우발적으로 행동하는 관리자
> 가 되지 마라.
> 2. 기초준비를 많이 할 것. 시작을 잘 해야 한다.
> 3. 어쩔 수 없이 발생하는 문제를 예견한다.
> 4. 보이지 않는 것을 살핀다는 것. 현실을 알기 위해 깊이 파들어 가라.
> 5. 가능한 한 융통성이 있을 것. 쓸데없는 엄격함과 형식에 빠지지 마라.

## 1. 당신이 무슨 일을 하고 있는지 의식할 것. 우발적으로 행동하는 관리자가 되지 마라

우리가 보아왔듯이 프로젝트 관리는 우연히 맡게 되는 직종이다. 사람들은 프로젝트가 무엇인지, 또 어떻게 관리해야 하는지에 대해 어렴풋이 아는 상황에서 프로젝트 관리 책임자로 갑자기 뛰어들게 된다. 그들의 관리 방법은 대부분 시행착오의 반복을 통해 학습된다. 그들은 미지의 것을 처음으로 발명하듯이 일을 하게 되는데 대부분 잘 해내지 못한다.

프로젝트 관리의 이론과 실제에 대해 조금만이라도 배운다면 프로젝트 관리자들이 겪는 근심과 낭비는 피할 수 있다. 예를 들어 프로젝트 스태프가 보통 직접적인 통제권이 거의 없는 부서에서 차출된다는 사실을 알게 된다면, 눈에 보이는 저항과 참여 부족에 대해 화를 내는 데 시간을 낭비하지 않고 이런 스태프들이 좀더 잘할 수 있도록 감화시키는 데 힘을 쏟을 수 있을 것이다.

프로젝트 관리자들은 자신들이 무엇을 하고 있는지 알면 일을 잘할 수 있다는 말을 하루에도 몇 번씩 되뇌어야 할 것이다. "나는 프로젝

트 전문가이고, 프로젝트를 진행하고 있다. 프로젝트는 목표 지향적이고 복잡하며, 기한이 있고 독특한 일이다. 프로젝트는 선택에서 종료까지의 수명주기를 거친다." 이런 장황한 이야기를 의식적으로 늘어놓는 이유는 프로젝트 전문가들에게 지난 수십 년 동안 프로젝트는 무엇이고 무엇을 필요로 하는지에 대해 많은 사람들이 생각해왔다는 것을 상기시키기 위해서이다. 프로젝트는 현재 하는 일을 잘 알고 있는 상황에서도 관리가 어렵다. 되는 대로 관리하기란 더더욱 어렵다.

## 2. 기초준비를 많이 할 것. 시작을 잘 해야 한다

많은 사람들이 천사들도 가기를 꺼리는 곳으로 달려간다는 속담이 있다. 사람들은 보기도 전에 달려드는 경향이 있다. 이렇게 사람들은 결과지향적이기 때문에 결과를 달성하기 위해 반드시 밟아야 할 단계들을 간과한다. 이런 특성이 어떤 사람들에겐 효용이 있다. 예감이나 낌새에 주의를 기울이는 것만으로 해결책을 얻을 수 있다면 그런 사람들은 선구자다. 대담하고 정력적이며 원기가 넘쳐흐른다.

그러나 준비도 없이 달려드는 경향에는 단점이 더 많다. 즉 많은 상황에서 어떤 행동을 할까 잠시 생각해보는 것이 대담한 것보다 중요할 때가 있다. 대부분의 프로젝트에는 성급함보다는 깊은 생각이 더 필요하다.

프로젝트는 독특하고 목표 지향적인 체계이다. 또 프로젝트는 복잡하다. 그렇기 때문에 아무렇게나 임기응변식으로는 효과적인 관리를 할 수 없다. 프로젝트는 주의 깊게 선정되고 계획되어야 한다. 프로젝트의 구조를 결정하기 위해서도 많은 생각을 해봐야 한다. 그리고 얻어낸 최종 결과물이 유용한지 확신하기 위해 많은 시간을 들여 내·외부 고객을 고려해야 한다.

일을 정확히 하기 위해서는 프로젝트가 시작할 때 특별한 주의를 기울이는 것이 좋다. 일을 올바로 하는 데는 많은 시간과 노력이 필요하다. 예를 들어 프로젝트에 실제 필요한 것이 무엇인지 파악하는 것, 요구사항을 주의 깊게 규정하는 것, 프로젝트 목표달성을 위한 활동 방침을 계획하는 것은 시간이 드는 일이다. 성급한 사람은 프로젝트에 바로 뛰어드는 것이 문제를 정확히 파악하는 것보다 더 만족스러울지도 모른다.

그러나 프로젝트를 시작할 때 적절한 기초준비를 하지 않으면 다양한 프로젝트 과업을 제대로 수행할 수 없다. 결국 프로젝트 스태프는 일을 올바로 할 때까지 이런 과업들을 몇 번이고 반복해서 해야 할 것이다. 그러나 재작업은 비용이 많이 든다. 시작할 때 제대로 하기 위해 시간을 들이는 것보다는 재작업에 더 많은 비용이 든다는 사실은 분명하다.

### 3. 어쩔 수 없이 발생하는 문제를 예견한다

이 책에서 반복해서 강조하는 점 중 하나는 프로젝트 관리자들이 접하는 많은 문제들이 예측 가능하다는 것이다. 예를 들어 만약 프로젝트 전문가 매트릭스 조직에서 일하고 있다면 다음과 같이 사람들과 관련된 문제를 겪을 것이다.

- 프로젝트 관리자는 다른 부서에서 온 스태프를 제대로 통제할 수 없을 것이다.
- 이 스태프들이 프로젝트를 별로 열심히 하지 않을 것이다.

- 이 스태프들이 프로젝트에 가장 적합한 사람이 아닐지 모른다.

또한 다음과 같은 문제도 있을 수 있다.

- 포트폴리오 관리자의 목표는 종종 개별 프로젝트 관리자와 다르다. 왜냐하면 포트폴리오 성과를 최대화하기 위해 개별 프로젝트 성과의 부분 최적화를 요구할 것이기 때문이다.
- 일정과 예산의 변동이 일어난다. 미래를 정확히 예측하는 것은 불가능하기 때문이다. 그래서 '변동이 있는가?'라고 묻기보다 '수용 가능한 변동이 있는가?'라고 묻는 편이 낫다.
- 소비자의 욕구는 변할 것이다.
- 프로젝트의 요구사항이 불분명하게 기술되면 잘못 해석될 우려가 있다.
- 과다한 계획과 통제는 그것이 잘 안되어 있는 경우와 마찬가지로 프로젝트의 비효율성을 가져오며 비용과 일정의 초과로 나타날 것이다.
- 모든 프로젝트는 숨겨진 의제(agenda)를 가지고 있는데, 보통 이것은 명시된 의제보다 더 중요하다.

이런 불가피한 현실을 관찰함으로써(이런 현실은 전체적인 문제 중 일부에 불과하다) 프로젝트에 대립과 문제가 생기려고 하는 것을 보게 된다. 그러나 이런 문제를 예견할 수 있다면 문제에 앞서 대처하는 법을 결정할 수 있다. 프로젝트 관리자로서 경험이 많아질수록 이런 문제를 이용해 이점으로 활용하는 법도 배울 수 있다.

## 4. 보이지 않는 것을 살핀다는 것. 현실을 알기 위해 깊이 파들어 가라

프로젝트 관리자가 사물을 보이는 대로만 받아들인다면 계속 어려움에 처하게 될 것이다. 예를 들어 고객들은 자신이 무얼 원하는지 정확히 안다고 생각하지만 사실 어렴풋이 알고 있는 경우가 대부분이다. 고객이 필요로 하는 것을 그대로 받아들이는 프로젝트 관리자는 프로젝트에 대한 커다란 변경을 고객으로부터 요청받거나 만들어낸 결과물을 고객에게 거절당하면서 이런 말을 들을 것이다. "이건 우리가 원하는 것도 아니고 요청한 것도 아닙니다."

또 다른 예가 있다. 한 프로젝트 관리자가 비서들에게 새로운 문서관리시스템을 사무실에 설치해주는 경우라면, 숨겨진 고객인 비서들의 상급자, 사무실의 고객, 그 부서의 정보자원 관리자가 필요로 하는 것은 무엇인지 정하는 데 실패할 것이다. 결과적으로 비서가 필요로 하는 것을 충족시키는 반면 다른 중요한 사람들이 필요로 하는 것을 만족시키지 못하여 프로젝트는 실패할 수 있다.

프로젝트 관리자가 실제 프로젝트에서 일어나는 일들을 이해하지 못한다면 그들은 그림자를 좇는 꼴이 되며 정확한 의사결정을 하지 못할 것이다.

《The Politics of Projects》에 소개된 로버트 블록Robert Block의 프로젝트 권력관계에 대한 접근법은 프로젝트 관리자가 좀 더 현실적일 수 있도록 돕고 있다. 그의 접근법을 이용하면 프로젝트 관리자는 현실을 제대로 파악하도록 설계된 많은 단계들을 체계적으로 통과할 수 있다. 먼저 프로젝트 관리자는 프로젝트의 결과에 영향을 미칠 수 있는 모든 사람들을 주의 깊게 파악해야 한다. 그리고 숨겨진 목표에 집중하여 조직과 모든 관련인물의 목표를 정해본다. 이 일이 끝나면 자신의 강점과 약점을 평가한다. 프로젝트에서 당면한 문제를 정의하기 시작해야 하는 때가 바로 이 시점이다.

프로젝트 관리자가 현실적인 노력을 하는 것(정보를 가려내고, 실제 상황을 파악하고, 전체 프로젝트에 대한 기본가정을 인식하는 것)은 문제 정의 단계에서 매우 중요하다. 일단 문제가 정확히 정의되면 해결 방안을 만들고 시험해보고 조정할 수 있다(블록의 접근법에 대해서는 1장을 참조하라).

## 5. 가능한 한 융통성이 있을 것. 쓸데없는 엄격함과 형식에 빠지지 마라

프로젝트 관리는 열역학 제2법칙의 기본적 원칙(사물은 무질서 상태를 지향한다)과의 투쟁으로 볼 수 있다. 프로젝트 관리로 이런 결과를 뒤집어 보자. 즉 사물의 자연적 상태가 혼돈처럼 보일 때 체계(order)를 만들려고 노력하는 것이다.

그러나 체계를 만들려고 노력할 때 형식적인 프로젝트의 요구로 인해 융통성이 제약될 위험이 있다. 체계는 구조에서 나오기 때문에 경직성이 발생하는 것이다. 프로젝트에 형식적인 구조를 많이 부여할수록 혼돈을 적게 접할 수 있다. 그러므로 모든 프로젝트에 대한 변경은 프로젝트 관리의 세 가지 단계에 의해 승인되어야 하며 스태프들은 매주 경과보고서를 작성하기를 권한다. 또한 매우 상세하게 계획을 종합하여 우연히 생기는 일이 없도록 한다. 그리고 매일 스태프 회의를 주재하여 직원들이 자기가 할 일을 알도록 확인한다. 하지만 이런 체계를 실현하려는 노력으로 인해 고리타분한 관료주의의 함정에 빠질지도 모른다.

프로젝트 조직에서 정책 입안자들이 겪는 가장 힘든 일 중 하나는 체계에 대한 필요와 이에 상충하는 융통성 간에 균형을 맞추는 일이다. 왜 융통성이 필요한가? 프로젝트에는 돌발 상황이 많은데, 지나치게 엄격한 체계는 딱딱한 막대기가 조금만 구부리면 부러지듯이 이에 제대로 대응할 수 없기 때문이다. 이런 상황은 실체가 없는 것을 다루는 정보화시대의 프로젝트와 특히 관련이 있다. 정보화시대의 프로젝트는 특성상 계획을 상세하게 세우기 어렵고 강력하게 통제하기가 쉽지 않다.

종종 사람들은 과도한 형식 없이도 체계가 얻어질 수 있다는 것을 이해하지 못한다. 관리자가 프로젝트에서 무엇을 하고 있는지 알고, 우발적으로 행동하지 않고, 초기에 기초준비를 하고, 피할 수 없는 문제를 예측하고, 현실을 제대로 파악한다면 프로젝트에서 체계를 세울 수 있다. 게다가 만일 프로젝트에서 불필요한 형식성과 엄격성을 없앤다면 꿩 먹고 알 먹는 셈이 된다. 즉, 동시에 체계도 잡고 융통성도 얻을 수 있는 것이다.

어떤 프로젝트에는 강한 형식성이 필요할 수 있다. 예를 들어 프로젝트가 커질수록 유지되어야 할 의사소통 통로가 폭발적으로 증가하게 되는데, 이런 의사소통을 조정하기 위해 형식을 갖춘 표준규약이 필요하게 된다. 그 결과로 100만 달러가 넘는 예산 프로그램에서 총 예산 중 50~65%가 프로젝트 관리에 들어간다.

원하는 결과물을 얻기 위해 해야 할 일이 정해져 있는 위험이 적은 프로젝트에도 엄격한 형식성은 적합할 수 있다. 예를 들어 거의 똑같은 주택단지를 건설할 때, 프로젝트 스태프는 충족시켜야 할 많은 형식적 요구사항을 상세하게 규정해야 한다. 여기에는 우연의 여지가 없을 것이다. 이처럼 위험이 낮은 프로젝트는 융통성이 그다지 필요하지 않는데, 이는 위험이 높은 프로젝트보다는 돌발 상황을 적게 맞게 되기 때문이다.

정보화시대의 프로젝트는 보통 이런 두 가지 범주에 속하지 않는다. 벽돌과 회반죽을 만지는 일이 아니라 정보를 다루는 일이므로 건물을 짓거나 전투기를 만드는 프로젝트와는 다르기 때문이다. 또한 다루기 힘들고 실체가 없는 것들을 대상으로 하기 때문에 불확실성이 많은 것도 한 이유이다. 이와 같은 프로젝트의 작은 규모와 높은 불확실성 때문에 관리에 있어서 엄격한 형식성이 그다지 필요하지 않다. 그러므로 대부분의 경우에서 강한 형식성은 바람직하지 않다. 하지만 정보화시대의 프로젝트에 있어서 융통성이 필요하다는 사실을 빈약한 계획과 통제를 변명하는 데 쓰지 말아야 한다.

## 맺는 말

도입부에서 말했듯이 필자는 이 책을 프로젝트 관리의 여행안내서로 계획했다. 그리고 이 책은 지도로써 독자들이 프로젝트 관리의 영역으로 여행할 때 만날 수 있는 커브길, 장애물, 움푹 파인 곳을 보여준다. 한편으로는 수리 지침서로써 예방 관리에 주로 집중하여 고장을 피하고 작은 문제를 해결할 수 있는 정보도 제공한다.

필자는 이 여행안내서가 그리스의 어느 섬이나 스코틀랜드를 여행하는 사람들을 위해서 씌어진 전형적인 것보다 조금 더 훈계조라고 생각한다. 이런 전형적인 여행안내서의 필자들은 보통 엄청난 과장을 하면서 그 지방의 아름다움을 칭찬하고 독자들이 젊었을 때 살았더라면 좋았을 것이라며 황홀한 묘사를 한다. 그런데 나의 여행안내서는 오히려 지구상의 분쟁지역에 대한 안내서와 좀더 유사하다. 스코틀랜드 여행안내서는 가볼 만한 식당, 지역의 다양한 동식물 등을 설명하는 데 많은 지면을 할애한다. 반면에 분쟁지역에 대한 안내서는 지뢰를 피하는 법, 지혈대 만드는 법, 바위투성이인 지역에서 헬리콥터 공격을 피하기 위해 위장하는 방법 57가지에 대해 집중적으로 다룬다.

프로젝트 관리 환경은 스코틀랜드보다는 분쟁지역의 환경과 더 비슷하다. 프로젝트 관리 지역을 헤매는 것은 경험 없는 사람들에겐 위험할 수 있다. 프로젝트 관리라는 세계에서 일은 뒤틀어지기 쉽다.

프로젝트 관리자가 되는 것은 해볼 만한 경험이다. 많은 사람들에게 있어 프로젝트 관리는 경영관리의 영역에 처음 진출하는 것이 된다. 프로젝트 관리는 경력을 쌓는 데 필요한 경영관리의 기술을 제공하고, 게다가 다른 영역에서는 좀처럼 갖기 힘든 행동의 독립성과 일정한 책임도 제공한다. 창조적으로 문제를 해결하고 혼돈에서 체계를 만들기를 좋아하며, 도전을 즐기는 사람들에게 프로젝트 관리는 기분 좋은 일이 될 것이다.

# 참고문헌

Ahuja, H. N., Dozzi, S. P, and Abou Rizk, S. B. 《Project Management : Techniques in Planning and controlling Construction projects》 (2nd ed.) New York : wiley, 1994.

Archibald, R. D. 《Managing High-Technology Programs and projects》 (2nd ed.) New York : Wiley, 1992

Badiru, A. B. 《Quantitative Models for Project planning, scheduling, and Control》 Westport, Conn. : Quorum Books, 1993

Badiru, A. B., and Simin Pulat, P. 《Comprehensive Project Management : Integrating Optimization Models, Management Practices, and Computers》 Englewood Cliffs, N.j. : Prentice-Hall, 1995.

Barkley, B., and Saylor, j. H. 《Customer-Driven Project Management : A New Paradigm in Total Quality Implementation》 New York : McGraw-Hill, 1994.

Belasco, k. S. 《Bank Systems Management : The Project Management Guide to Planning and Implementing System Installations, Conversions, and Mergers》 Chicago : Probus, 1994.

Bennatan, E,. M. 《On Time, Within Budget : Software Project Management Practices and Techniques》 Boston : QED Publishing Group, 1992.

Bent, J. A. 《Project Management for Engineering and Construction》 Englewood Cliffs, N.j. : Prentice-Hall, 1993.

Berkeley, D., de Hoog, R., and Humphreys, P. 《Software Development Project Management : Process and Support》 New York : Horwood, 1990

313

Birnberg, H. G. 《Project Management for Small Design Firms》 New York : McGraw -Hill, 1992.

Block, R. 《The Politics of projects》 Englewood Cliffs, N.J. : Yourdon Press, 1983

Boehm, B. 《Industrial Software Metrics Top-Ten List》 IEEE Software, Sept. 1987, PP. 264-271.

Briner, W., Geddes, M., and Hastings, C. 《Project Leadership》 New York : Van Nostrand Reinhold, 1990.

Brooks, F. P. 《The Mythical Man-Month : Essays on Software Engineering. Reading, Mass》 Addison-Wesley, 1975

Cleland, D. I., and Gareis, R. 《Global Project Management Handbook》 New York : McGraw-Hill, 1994

Chicken, J. C. 《Managing Risks and Decisions in Major Projects》 New York : Chapman and Hall, 1994

Culp, G. L., and Smith, R. A. 《Managing People (Including Yourself) for Project Success》 New York : Van Nostrand Reinhold, 1992.

Dansker, E. 《Integrated Engineering/Construction Projects : Proposal to Completion》 Park Ridge, N.J. : Noyes Publications, 1992.

DeMarco, T., and Lister, T. R. 《Peopleware : Productive Projects and Teams》 New York : Dorset House, 1987.

Dinsmore, P. C. 《Human Factors in Project Management》 (rev. ed.) New York : AMACOM, 1990.

Dinsmore, P. C. 《The AMA Handbook of Project Management》 New York : AMACOM, 1993.

Fleming, Q. w. 《Cost/ Schedule Control Systems Criteria : The Management Guide to C/SCS》 Chicago : Probus, 1992.

Fleming, Q. W. 《Subcontract Planning and Organization》 Chicago : Probus, 1993.

Frame, J. D. 《The New Project Management : Tools for an Age of Rapid

Change Corporate Reengineering, and Other Business Realities》
San Francisco : Jossey-Bass, 1994.

Grady, R. B. 《Practical Software Metrics for Project Management and
Process Improvement》 Englewood Cliffs, N.J. : Prentice-Hall, 1992.

House, R. The 《Human Side of Project Management》 Reading, Mass. :
AddisonWesley, 1988.

Huffadine, M. 《Project Management in Hotel and Resort Development》
New York : McGraw-Hill, 1993.

Humphrey, W. S. 《Managing the Software Process》 Reading, Mass. :
Addison Wesley, 1989.

Humphreys, K, K., and English, L. M. 《Project and Cost Engineers'
Handbook》 (3rd ed.) New York : Marcel Dekker, 1993.

Jessen, S. A. 《The Nature of Project Leadership》 London : Oxford
University Press, 1992.

Kelly, E, D. 《Selecting and Retaining a Planning Consultant : RFPs, RFQs,
Contracts, and project Management》 Chicago : American Planning
Association, 1993.

Kerzner, H. 《Project Management : A Systems Approach to Planning,
Scheduling, and Controlling》 New York : Van Nostrand Reinhold,
1995.

Kezbom, D. S., Schilling, D. L., and Edward, K. A. 《Dynamic Project
Management : A Practical Guide for Managers and Engineers》 New
York : Wiley, 1989.

Kidder, T. 《The Soul of a New Machine》 Boston : Little. Brown, 1981.

Kimmons, R. L. 《Project Management Basics : A step by step Approach》
New York : Marcel Dekker, 1990.

King, D. 《Project Management Made Simple : A Guide to Successful
Management of Computer Systems Projects》 Englewood Cliffs, N.J.
: Yourdon Press, 1992

Kliem, R L. 《The Noah Project : The Secrets of Practical project Management》 Brookfield, Vt. : Gower,1993.

Kliem, R. L., and Ludin, I.S. 《The People Side of Project Management》 Brookfiled, Vt. : Gower, 1992.

Leavitt, J. S.,and Nunn, P.C. 《Total Quality Through Project Management》 New York : McGraw-Hill, 1994.

Levy, S. M. 《The Construction Superintendent' s Handbook》 New York : Van Nostrand Reinhold, 1992.

Levy, S. M. 《Project Management in Construction》 (2nd ed.) New York : McGraw-Hill, 1994.

Lewis, J. P. 《How to Build and Manage a Winning Project Team》 New York : AMACOM, 1993.

Lewis, J. P. 《The Project Manager' s Desk Reference : A Comprehen-sive Guide to Project Planning, Scheduling, Evaluation, Control, and Systems》 Chicago : Probus, 1993.

Lovejoy, S. 《A systematic Approach to Getting Results》 Brookfield, Vt. : Gower, 1993.

Meredith, J. R., and Mantel, S. J. 《Project Management : A managerial Approach》(2nd ed.) New York : Wiley, 1989.

Morita, A. 《Made in Japan : Akio Morita and Sony》 New York : Dutton, 1986.

Nadler, D. A., Gerstein, M. S., Shaw, R. B., and Associates. 《Organizational Architecture : Designs for Changing Organizations》 San Francisco : Jossey-Bass, 1992.

Oberlander, G. D. 《Project Management for Engineering and Construction》 New York : McGraw-Hill, 1993.

Peters, T. 《Liberation Management : Necessary Disorganization for the Nanosecond Nineties》 New York : Knopf, 1992.

Rakos, J. J. 《Software Project Management for Small and Medium Sized

Projects》 Englewood Cliffs, N. J. : Prentice-Hall, 1990

Randolph, W. A. 《Getting the Job Done! : Managing Project Teams and Task Forces For Success》 Englewood Cliffs, N.J. : Prentice-Hall, 1992.

Ritz, G. J. 《Total Construction Project management》 New York : McGraw-Hill, 1994.

Rosenau, M. D. 《Successful Project Management : A Step by Step Approach with Practical Examples》 (2nd ed.) New York : Van Nostrand Reinhold, 1992.

Ruskin, A. M., and Estes, W, E. 《What Every Engineer Should Know About Project Management》 (2nd ed.) New York : Marcel Dekker, 1995.

Sanders, N. 《Stop Wasting Time : Computer Aided Planning and Control》 Englewood Cliffs, N.J. : Prentice-Hall, 1991.

Senge, P. M. 《The Fifth Discipline : The Art and Practice of the Learning Organization》 New York : Doubleday, 1990.

Shaughnessy, H. 《Collaboration Management : New Project and Partnering Skills and Techniques》 New York : Wiley, 1994.

Thomsett, M. C. 《The Little Black Book of Project Management》 New York : AMACOM, 1990

Turtle, Q. C. 《Implementing Concurrent Project Management》 Englewood Cliffs, N.J. : Prentice-Hall, 1994

Warne, T. R. 《Partnering for Success》 New York : ASCE Press, 1994.

Webb, A. 《Managing Innovative Projects》 New York : Chapman and Hall, 1993.

Weinberg, G. M. 《The Psychology of Computer Programming》 New York : Van Nostrand Reinhold, 1971.

Westney, R. E. 《Computerized Management of Multiple Small Projects》 New York : Marcel Dekker, 1992

## 지은이 소개

### J. 데이빗슨 프레임

데이빗슨 프레임J. Davidson Frame은 워싱턴 시 조지워싱턴 대학교 경영
행정 대학원(SBPM)의 경영과학(management science) 교수이다. 현재 대학
원 과정에서 프로젝트 관리, 국제과학 및 기술, 통계학을 강의하고 있다.
그리고 SBPM(경영행정대학원)의 과학, 기술, 혁신에 관한 프로그램의 책임
자이며 경영과학과의 학과장이기도 하다.

프레임은 1990년 이래로 프로젝트관리협회의 프로젝트 관리 자격증 프로
그램의 이사로 재직해왔고, 학계에 들어서기 전에는 컴퓨터 로라이즌스
사의 부사장 겸 워싱턴 지사의 관리를 맡아왔다. 그는 그 곳에서 약 25개
의 정보시스템 프로젝트를 관리했다.

1967년 우스터 대학에서 학사학위를 수여받은 후, 1969년과 1976년에 아
메리칸 대학교에서 석사 및 박사학위를 취득하였다. 저서로는《The New
Project Management》를 포함하여 약 40편의 논문이 있다.

## 옮긴이 소개

### 양기영

서강대학교 경영학과를 졸업하고,

동대학교 대학원 경영학과에서 MIS 석사학위를 취득한 뒤,

고려대학교 대학원 경영학과 MIS 전공 박사과정을 수료하였다.

제주산업정보대학 경영정보과 교수를 역임한 바 있다.

### 한경수

현 두원공과대학 인터넷과 교수.

고려대학교 산업공학과를 졸업하고,

한국외국어대학교 경영정보대학원에서 석사학위를 취득한 뒤,

고려대학교 경영학과 MIS 전공 박사과정을 수료했다.


## 감수자 소개

### 박영민

프로젝트관리와 관련한 컨설팅, 교육, 소프트웨어 등 솔루션 사업을 하고 있는 한국피엠소프트(주)의 대표이사로 재직 중이며, 지난 20여 년간 여러 산업의 다양한 프로젝트관리에 참여하여 풍부한 경험과 지식을 갖고 있는 프로젝트관리 전문가이다. 한국프로젝트관리기술회의 대외협력위원장을 겸하고 있으며, 프로젝트관리 분야의 국제 활동을 활발히 하고 있다. 이 책의 저자인 데이빗슨 프레임 박사와도 지난 10여 년간 각별한 관계로 지내고 있다.